Thijs Besems / Gerry van Vugt · Wo Worte nicht reichen

Thijs Besems/Gerry van Vugt

Wo Worte nicht reichen

Therapie mit Inzestbetroffenen

Kösel-Verlag

ISBN 3-466-30302-8
© 1990 by Kösel-Verlag GmbH & Co., München
Printed in Germany. Alle Rechte vorbehalten
Druck und Bindung: Kösel, Kempten
Umschlag: Elisabeth Petersen, Glonn
Umschlagfoto: Elisabeth Petersen

2 3 4 5 6 · 95 94 93 92 91

Inhaltsverzeichnis

Einleitung

Das Thema Inzest wird in zahlreichen Veröffentlichungen behandelt. Der Schwerpunkt liegt dabei auf Erfahrungsberichten und theoretischen Analysen der Hintergründe und der Entstehung. Verschiedene Forschungen machen immer deutlicher, daß viele Psychotherapeuten nicht wissen, wie sie mit dieser Problematik in ihrer Arbeit umgehen können, und daß viele Betroffene sich in ihrer Therapie schlecht verstanden fühlen. In diesem Buch wollen wir versuchen, Kollegen Mut zu machen und sowohl Verständnis für die Betroffenen als auch Techniken zur konkreten Arbeit zu vermitteln. Gleichzeitig möchten wir auch, daß die Betroffenen sich in diesem Buch wiederfinden können. Wir hoffen, daß es ein Beitrag sein kann, um einen Schritt weiter zu kommen, in der Bewältigung ihrer schwierigen Geschichte.

Wir berichten über die therapeutische Praxis, nicht mit dem Ziel, sie als Modell vorzuführen, sondern als Möglichkeit einer Therapie, die auf diese Weise tatsächlich stattgefunden hat. Die Grundstruktur ergab sich aus den vielen Sitzungen mit verschiedenen Betroffenen. Diese Praxis führte uns zu unterschiedlichen Schwerpunkten der Inzestproblematik. Wir verbinden sie mit den uns bis jetzt bekannten Theorien und Forschungen. Anschließend erklären wir unsere therapeutischen Interventionen, damit TherapeutInnen ihre therapeutische Arbeit hinterfragen und womöglich ergänzen können. Aber auch, damit KlientInnen den therapeutischen Prozeß klarer sehen können und verstehen, was mit ihnen passiert und welche Zusammenhänge es gibt.

Zuerst beschreiben wir einige allgemeine Aspekte der Inzestproblematik, und warum wir nicht von sexuellem ›Mißbrauch‹ reden wollen. Anschließend besprechen wir, wie TherapeutInnen umgehen können mit der Art, wie die Betroffenen ihre Verletzungen und Schmerzen verarbeiten, was ihr Schweigen bedeutet und wie sie in dem Schweigen doch sehr viel mitteilen. Weil Inzest eine körperliche, eine emotionale und auch eine intellektuelle Erfahrung ist, befürworten wir eine Therapie, die so umfassend wie möglich ist, diese drei Bereiche gleichzeitig anspricht und vor allem auch konkret ist, damit die Gefühle für die Betroffenen wieder greifbar werden. Aus verschiedenen Gründen fällt es vielen Betroffenen sehr schwer, über ihre Erfahrungen zu reden. Gleichzeitig ist es aber sehr wichtig, daß sie es könnten. Mutmachen und Fragen reichen da als therapeutische Unterstützung meistens nicht aus und als Therapeut stellvertretend für sie sprechen, ist nicht die Lösung. Mit Hilfe von Materialien können Betroffene sprechen, wenn der Therapeut lernt, diese Sprache zu verstehen.

Nachdem die Betroffenen ihre Erfahrungen erzählt haben, kommt der nächste Schritt im therapeutischen Prozeß, nämlich die Verarbeitung des Traumas, verraten zu sein und gleichzeitig im Stich gelassen zu werden. Im Zusammenhang mit der Rolle des Täters und der Mutter gehen wir auf die Frage ein, wer am besten diesen therapeutischen Prozeß begleiten könnte: ein Therapeut, eine Therapeutin oder beide gemeinsam.

Parallel zur Verarbeitung der Vergangenheit fördern wir den Aufbau von Fähigkeiten, die Betroffene in ihrem bisherigen Leben nur sehr mäßig oder überhaupt nicht entwickeln konnten, wie Lebendigkeit, Lustempfinden und Selbstwertgefühl. Es ist aber ungerecht zu erwarten, daß diese harte Arbeit ausschließlich von den Betroffenen geleistet werden soll. Auch die Gesellschaft, zum Beispiel die direkte Umgebung, kann eine wichtige, positive, unterstützende Rolle erfüllen. Vor allem, indem Inzestbetroffene verstanden, in ihrem Verhalten akzeptiert und von ihrem Schuldgefühl entlastet werden. Denn ohne die Wertschätzung von anderen ist es kaum möglich, ein zerstörtes Selbstwertgefühl wieder aufzubauen.

Das Problem der männlichen Inzestbetroffenen wird in diesem Buch nicht ausreichend beschrieben. Es mangelt in diesem Bereich an Veröffentlichungen und insbesondere uns auch an Erfahrungen.

Wir haben versucht, unsere Arbeit so zu beschreiben, daß ein möglichst konkretes Bild entstehen kann, wie wir therapeutisch

vorgehen. An ganz wichtigen Stellen bemerkten wir aber regelmäßig, daß unsere Worte nicht ausreichen. Wir konnten eine Situation
nicht so treffend beschreiben, wie wir sie erlebt hatten. Wir sagen
unseren Kollegen immer wieder: »Versucht eine Erfahrung so darstellen zu lassen, daß sie greifbar wird, daß ein Foto davon gemacht
werden könnte. Dann fiel uns ein, daß wir es auf die gleiche Weise
in dem Buch handhaben können, wenn das so konkret ist. Deswegen
haben wir manche Fotos von unserer Arbeit hier aufgenommen.
Nicht, um unsere Worte zu illustrieren, sondern um Informationen
weiterzugeben, die wir mit Worten nicht beschreiben konnten. Wir
bedanken uns bei unseren Klientinnen sehr, daß sie mit ihren
schmerzhaften Erfahrungen soweit in die Öffentlichkeit gehen
konnten, daß wir ihre Bilder, Aufnahmen, ihre verletzte Intimität
hier aufnehmen durften. Wir sind uns daher bewußt, daß sie gerade
mit ihrer Geschichte damit ein großes persönliches Risiko auf sich
nehmen. Wir wünschen ihnen, daß ihrem gerade neu gewachsenen
Vertrauen durch diese Öffentlichkeit in keinster Weise geschadet
wird.

1
Inzest, unfreiwillige sexuelle Erfahrung

Ursula:

»Ich möchte eigentlich anfangen mit dem, was für mich das größte Problem ist und was mir das Leben jetzt am allermeisten schwer macht. Es ist mir heute deutlich geworden, als wir auf der Autobahn waren. Das waren im wesentlichen zwei Sachen. Ich bin diese Strecke in den letzten fünf Jahren oft gefahren. Und ich habe es schier nicht ausgehalten. Es tat alles wahnsinnig weh, und ich hatte meine Augen nur auf die Straße gerichtet. Ich konnte keinen Baum und keinen Strauch sehen. Das war vor fünf Jahren. Seit einem halben Jahr ändert sich das. Und jetzt ist es aber immer noch so, daß es da irgendwelche Dinge gibt, die meinen Augen weh tun und in meinem Körper unheimliche Schmerzen hervorrufen. Und ich versuche, mit meinen Schmerzen so umzugehen, daß es kaum jemand merkt, aber ich möchte sie abgestellt haben. Das erfordert meine ganze Konzentration. Ich sehe dann was, und das geht so schnell, es muß mich an etwas erinnern. Und das schmerzt, jetzt, auch hier jetzt, weil ich Angst habe. Das ist im ganzen Bauchraum, hier, dann ist es als wenn eine Röhre so durchgeht. Das Schlimmste ist, alles was ich mit den Augen sehe, tut mir innerlich unheimlich weh. Was hat sich geändert bis jetzt, daß diese Landschaft nicht mehr weh tut, nur einzelne Teile.«

Barbara:
Ich bin heute das erste Mal richtig gerne gekommen.
Ich will im Frühjahr mein Diplom machen, das ist noch viel Arbeit. Ich habe Angst, daß ich es nicht schaffe. Ich habe im Moment überhaupt viel Angst. Ich habe Erstickungsängste beim Schwimmen. Ich habe große Schwierigkeiten, ins Wasser zu gehen. Ich habe Angst, daß ich sterben muß. Bis vor acht Jahren war ich gerne im Wasser. Dann spürte ich

plötzlich, daß ich keinen Boden unter den Füßen hatte, daß das Wasser mir an den Hals kam. Wie mein Leben vor neun Jahren war? Ich bin dann von meinem Mann geschieden worden, habe meinen Job aufgegeben und habe angefangen, mein Abitur zu machen.

Auf diese Weise beschrieben zwei unserer Klientinnen ihre momentanen Probleme. Im Verlauf der Sitzungen stellte sich heraus, daß es eine prägnante Zusammenfassung war von den Problemen, die Frauen tagtäglich, auch nach 30 Jahren noch, haben, wenn sie Opfer von Inzesthandlungen gewesen sind.

Frauen, die in ihrer Kindheit unfreiwillig sexuelle Erfahrungen machen mußten, kämpfen jahrzehntelang mit verschiedenen Schwierigkeiten, die ihre Gesamtpersönlichkeit erheblich beeinträchtigen. Die Erfahrungen aus unserer Praxis stimmen überein mit dem, was wir in der Literatur vorfinden. Die meisterwähnten Probleme sind: sich schwer konzentrieren können, Hoffnungslosigkeit, Angst, Suizidversuche, körperliche Beschwerden, Eßprobleme, Selbstverletzungen, Verunsicherung, sich isoliert fühlen, sich bedroht fühlen, Mißtrauen in Beziehungen, Probleme mit der Sexualität.

Wir wollen in diesem Buch eine Therapieform beschreiben, mit der Therapeuten und betroffene Frauen gemeinsam einen Weg finden können, um die eigene Geschichte bewältigen und einen neuen Lebensstil entwickeln zu können. Wir können uns vorstellen, daß Sie zuerst mehr Informationen haben möchten über Inzest, wie Inzest in unserer jetzigen Kultur möglich ist und gleichzeitig tabuisiert wird, und über die Folgen für Betroffene. Wir raten Ihnen, Forschungen, Erfahrungsberichte und sonstige Veröffentlichungen, die über dieses Thema publiziert sind, zu lesen. Wir haben dazu eine Literaturliste aufgenommen. Wir möchten hier nämlich nicht hervorragende Bücher, wie *Lots Töchter* von José Rijnaarts, wiederholen. Auch eine Zusammenfassung wäre schade. Dennoch wollen wir hier einige Ergebnisse aus Forschungen nennen, damit bei Ihnen nicht der Eindruck entsteht, das Thema sei harmlos:

Draijer nennt als wichtigste Ergebnisse:
- 99% der Täter sind Männer.
- 20% der Täter sind die Väter der Betroffenen.
- Durchschnittlich dauert die Zeit in der Inzest stattfindet 3,8 Jahre.
- 15% aller Frauen haben Inzesterfahrungen mit Familienmitgliedern.
- 1% aller Männer haben Inzesterfahrungen mit Familienmitgliedern.
- Für etwa die Hälfte der betroffenen Frauen war es eine einmalige Erfahrung.
- Die andere Hälfte der betroffenen Frauen mußte jahrelang sexuelle Erfahrungen mit Vater, Großvater oder anderen Familienmitgliedern machen. Meistens wurden diese Erfahrungen von Gewalt begleitet.
- Inzest fängt bei 38% vor dem 6. Lebensjahr, am häufigsten im Alter zwischen drei und vier an.
  Bei 30% zwischen sechs und zwölf Jahren.
  Bei 30% nach dem zwölften Lebensjahr.

Warum wir nicht von sexuellem ›Mißbrauch‹ reden

Im folgenden möchten wir darstellen, wie verschiedene Autoren Inzest erklären. Eine gängige Definition von Inzest ist: »Geschlechtsverkehr zwischen Blutsverwandten, die keine Ehe eingehen können.« Wir unterstützen Rijnaarts Kritik dieser Definition: sie ist zu umfassend: sie ist in bezug auf das Geschlecht neutral, während die meisten Täter doch Männer sind; die Sexualität wird sehr stark betont, und Macht und Abhängigkeit werden überhaupt nicht erwähnt; auch der emotionale Aspekt von Ekel, Abscheu und Angst wird überhaupt nicht erwähnt. Wir möchten noch als Kritikpunkt hinzufügen, daß die eindeutige Verantwortlichkeit den Erwachsenen für die Handlungen in dieser Definition fehlt.
Diese verschiedenen Aspekte werden in Draijers Beschreibung von Inzest berücksichtigt:

Sexuelle Kontakte von älteren oder erwachsenen Familienmitgliedern mit einem Kind unter 16 Jahren, gegen den Willen des Kindes oder ohne daß das Kind – wegen der Anwendung von körperlicher oder psychischer Macht oder Gewalt oder gefühlsmäßigem Unterdrucksetzen – das Gefühl hat, diese sexuellen Kontakte verweigern zu können oder sich entziehen zu können. Sexuelle Kontakte sind alle tatsächlichen sexuellen Berührungen, vom Berühren der Brüste oder des Genitalbereichs bis zur Vergewaltigung.[1]

Familienmitglieder sind nicht nur Väter und ältere Brüder, sondern auch Onkel, Großväter, Neffen und Vettern.

Wir würden aber gerne noch stärker, als Draijer das macht, die Verantwortlichkeit des Erwachsenen betonen. Ihre Beschreibung kann nämlich den Eindruck erwecken, daß es sich um einen Kontakt handelt, der entsteht, ohne daß klar ist, wer dafür die Verantwortung trägt. Deutlich ist nur, daß das Kind es nicht will. Aber falls ein Erwachsener sagt, daß er es auch nicht wollte, daß es etwas ist, das einfach zwischen den beiden so entstanden ist, dann hat der Erwachsene damit genügend Spielraum, um sich aus der Verantwortlichkeit zurückziehen zu können, und die Schuldgefühle des Kindes werden wieder vergrößert. Weil das Schuldgefühl ein Problem ist, das die betroffenen Frauen fast tagtäglich mit sich herumschleppen, erscheint es uns wichtig, daß die Umwelt sich eindeutig von dieser auch nur möglichen Schuldzuweisung distanziert. Deswegen möchten wir den Anfang von Draijers Beschreibung wie folgt ändern:

Inzest ist ein sexueller Kontakt oder eine Reihe von sexuellen Kontakten, die ältere oder erwachsene Familienmitglieder mit einem Kind unter 16 Jahren herstellen, …

Wir finden es wichtig, daß der erwachsene Täter die eindeutige Verantwortung hat, auch wenn er sie nicht wahrhaben will, für seine völlig oder nicht völlig bewußten sexuellen Handlungen mit dem Kind. Gleichzeitig unterstreichen wir damit Alice Millers Aussage, daß das Kind immer unschuldig ist.

Auch durch die feministische Bewegung ist dieser Aspekt der Unschuld der betroffenen Frauen immer wieder stark betont worden.

Wahrscheinlich hat das auch dazu geführt, daß verschiedene Autoren, wie Rijnaarts, Miller, Lohstöter, Rosh, Gardiner-Sirtl, Armstrong, Spring von sexuellem Mißbrauch reden. Sie wollen damit den Tätern die eindeutige Verantwortlichkeit geben und klarmachen, daß es hier um grobe Einbrüche in die Persönlichkeit geht. Wir stimmen dem zu, sind aber der Meinung, daß hier fast buchstäblich das Kind mit dem Badewasser ausgeschüttet wird. Die Autoren haben sicherlich gemeint, mit diesem Terminus die betroffenen Kinder bzw. betroffenen Frauen zu schützen. Dennoch ist es für die Betroffenen oft sehr verletzend und bedrohlich, wenn ihre unfreiwilligen sexuellen Erfahrungen mit dem Begriff ›sexueller Mißbrauch‹ zusammengefaßt werden. Wir möchten dafür plädieren, auch in Zukunft über Inzest und nicht über sexuellen Mißbrauch zu reden. Und zwar aus folgenden Gründen:
– Das Wort Mißbrauch läßt vermuten, daß es auch Gebrauch gibt. Eine unserer Klientinnen sagte einmal, ich will nicht mißbraucht sein, aber ich will sicherlich auch nicht gebraucht werden. Ich bin kein Gegenstand, den man gebrauchen oder mißbrauchen kann. Mißbrauch bedeutet letztlich nichts anderes als irgend etwas auf die falsche Weise gebrauchen. In bezug auf Menschen können wir das nicht anwenden, denn wir möchten auf keinerlei Weise gebraucht werden. Sie? Wenn wir schreiben, daß Kinder oder Frauen mißbraucht werden, schreiben wir also, daß sie auf die falsche Weise gebraucht wurden. Das bedeutet, daß sie auch auf die richtige Weise gebraucht werden könnten. Damit würden wir vermuten lassen, daß es grundsätzlich die Möglichkeit gäbe, Kinder und Frauen als Objekte zu gebrauchen. Und das wollen wir nicht. Kinder und Frauen sind keine Objekte. Man kann sie nicht gebrauchen, und man kann sie deswegen auch nicht mißbrauchen. Man kann nur auf richtige oder falsche Weise mit ihnen umgehen. In dem Wort Mißbrauch wird zwar betont, wer die Verantwortlichkeit hat, aber es fehlt völlig der Respekt für die Betroffenen.
– Wenn wir einer Frau sagen – wir erleben selten, daß eine Betroffene es über sich selbst sagt –, daß sie mißbraucht worden ist, betonen wir damit, daß sie als Objekt behandelt worden ist. Die ganzen unfreiwilligen Erfahrungen haben ihr Selbstwertgefühl

schon sehr stark herabgesetzt. Wenn sie mit diesem Wort konfrontiert wird, fühlt sie sich in ihrer Wertlosigkeit bestätigt. Sie fühlt sich wie »ein alter Lappen, der schmutzig geworden ist und weggeschmissen wird«. Das Wort ›Mißbrauch‹ hat eine stigmatisierende Wirkung: der alte Lappen wird nie wieder wie neu. Die mißbrauchte Frau wird sich immer schmutzig fühlen.

– Sehr problematisch ist das Wort ›Mißbrauch‹ für alle Frauen, die ihre Inzesterfahrungen nicht eindeutig beschreiben können. Unserer Erfahrung nach trifft das bei 90% der Inzestbetroffenen zu. Fast immer geht es um ambivalente Gefühle. Die Erfahrungen waren schrecklich, angstbesetzt, zu tief verletzend, aber oft zum Teil auch wärmend, miteinander verbindend und es war etwas Schönes dabei. Wenn wir das Wort ›Mißbrauch‹ benutzen, verbieten wir den betroffenen Frauen diese positiven Gefühle, die auch in den Erfahrungen enthalten waren. Das bringt die Frauen in große Schwierigkeiten. Denn wer kann es schön finden, mißbraucht zu sein.

Eine Klientin beschrieb: »Ich bin mißbraucht, so nennen sie das, aber es war auch schön. Dann kann ich wohl nicht normal sein, wenn ich so etwas Abscheuliches auch noch schön finde.« Das Wort ›Mißbrauch‹ wird den ambivalenten Gefühlen der Betroffenen nicht gerecht. Ihnen wird ein Gefühl aufgedrängt, das sie oft nicht ausschließlich empfinden. Ein Teil ihrer Gefühle wird weggewischt. Weil die Frau selber aber ihre positiven Gefühle nicht wegwischen kann und sie immer wieder auftauchen, wird sie sie mit dem Wort ›Mißbrauch‹ verbinden. Das macht den Weg frei für masochistische Phantasien. Wenn sie positive Gefühle empfindet in Situationen, in denen sie mißbraucht wurde, wenn es scheint, als ob sie körperlichen und emotionalen Schmerz bei sexuellen Erfahrungen genießt, wird sie sich in dem Gefühl bestätigt fühlen, daß sie nicht normal ist, in diesem Fall masochistisch.

Wir können zwar verstehen, daß die Autoren das Wort ›Mißbrauch‹ benutzten, um die betroffenen Frauen zu verteidigen. Gleichzeitig werden hiermit aber die Frauen auch deutlich im Stich gelassen. Mögliche positive Gefühle sind bei Inzesterfahrungen nicht erlaubt. Das wird vor allem dadurch bedingt, daß die Täter diese positiven Gefühle des Kindes sofort aufgreifen würden, um sich ihrer Eigenverantwortlichkeit zu entziehen. Wenn sie sagen: »Sie hat es doch auch gerne gemacht, ich habe es auch für sie getan«, meinen die Täter, daß sie dann auch nichts Schlimmes gemacht haben. Zu recht hat die feministische Bewegung stark dagegen angekämpft. Uns scheint es aber nicht angemessen, den Punkt der ambivalenten Gefühle zu vernachlässigen oder zu negieren. Auch wenn das Kind bei den Inzesterfahrungen positive Gefühle empfindet, bedeutet das nicht, daß das Kind diese Situation gewollt hat oder dafür verantwortlich ist. Im Gegenteil. Die Verwirrung der widersprüchlichen Gefühle sorgt noch mehr dafür, daß das Kind die ganze Situation überhaupt nicht einschätzen und schließlich auch sehr schlecht verarbeiten kann. Der Erwachsene hat die volle Verantwortlichkeit dafür, daß er das Kind Erfahrungen machen läßt, die das Kind selbst nicht gewollt hat. Während und nach den Erfahrungen tauchen bei dem Kind sehr viele verschiedene Gefühle auf. Wir denken, daß es die verletzendste und zutiefst in die Persönlichkeit eingreifende Störung ist, die einem Kind je passieren kann. Die Verantwortung für diese Verletzungen tragen die Erwachsenen. Das Empfinden positiver Gefühle während dieser verletzenden Erfahrungen macht sie nicht weniger, sondern noch viel mehr verletzend. Die Betroffene möchte auch nachher spüren, daß ihre Gefühle in aller Breite berücksichtigt und respektiert werden. Das ist unseres Erachtens mit dem Wort ›Mißbrauch‹ nicht der Fall.

Deswegen sprechen wir in diesem Buch über Inzest mit der Bedeutung, wie wir sie vorhin beschrieben haben oder wie Sandfort über »Unfreiwillige sexuelle Erfahrungen mit Erwachsenen«[2] geschrieben hat. Diese letzte Beschreibung läßt vermuten, daß das Kind auch freiwillige sexuelle Erfahrungen machen kann. In seinem Forschungsbericht beschreibt Sanfort, daß freiwillige sexuelle Kontakte in der Kindheit günstige Auswirkungen im Erwachsenenalter haben. Er nennt: verringerte Angst, stärkeres sexuelles Bedürfnis, schnellere sexuelle Erregung, größere Zufriedenheit mit dem derzeitigen sexuellen Leben. Das gilt sowohl für Jungen wie auch für Mädchen. Es bleibt bei Sandfort allerdings unklar, bei wieviel Prozent es sich hier um freiwillige sexuelle Erfahrungen mit Gleichaltrigen handelt und bei wieviel Prozent um Erfahrungen mit Erwachsenen. Er sagt zwar, daß die Erfahrungen mit Erwachsenen außerhalb der Familie besonders tiefgreifend sind, aber am tiefgreifendsten ist der sexuelle Kontakt mit Familienmitgliedern. Wir stimmen ihm zu, daß das Offenlegen der Vielzahl an Inzesterfahrungen und der tiefen Verletzungen und Störungen, die sie hervorgerufen haben, dazu führt, daß das Tabu der Sexualität in unserer Gesellschaft wieder vergrößert wird. Dennoch sind wir der Meinung, daß ein Kind durchaus positive sexuelle Erfahrungen machen kann. (Mit einem Partner, bei dem keine psychische und/oder physische Macht vorhanden ist.) Wir glauben aber, daß das in einem Kontakt eines Kindes mit einem Erwachsenen selten der Fall sein wird. Fast immer wird irgendeine Art Abhängigkeit vorliegen und es kann von einer wirklich freien Entscheidung des Kindes nicht die Rede sein. Auch wir können uns wie Rijnaarts nicht vorstellen, daß »ein sexueller Kontakt zwischen Vater und Tochter für beide ein Fest sein könnte«[3], und auch wir haben weder einen Bericht gelesen noch eine Klientin gehört, die mit Spaß an die sexuellen Kontakte, die sie als Kind mit den Erwachsenen hatte, zurückdenkt.

2
Du kannst deinen Schmerz
in unsere Hände legen

Ursula:
»Als es aufbrach war alles schmerzlich, alles tat weh. Meine Klei-
dung, die ich getragen habe. In der Küche, wenn ich den Eisschrank
aufmachte, kam es immer noch wieder, dann war es, als ob es mich
anstrahlt wie ein Monster, und dann konnte ich nicht essen.
Passiert ist das mit mir, ohne mein Wissen am 20.08.1983. Ich habe
also von diesem Mißbrauch soviel gewußt wie eine Bildzeitungs-
Überschrift. Da war mal etwas. So. Ich habe eine Ausbildung
gemacht als Beratungslehrerin, und da ist es eigentlich aufgebro-
chen. Aber mehr intellektuell. Wir sollten da in einer Dreiergruppe
ein Statement machen. Und mein Statement war: ›Die lachen mich
alle nur aus.‹ Und darauf sollte man selber die Antwort geben. Ich
hatte als Antwort: ›stell dich nicht so an‹, ›das bildest du dir alles
nur ein‹, ›reiß dich ein bißchen zusammen‹.
Diese Antworten wurden mir dann von den anderen widergegeben.
Und das wirkte. Das war der große Knall. Woher ich das kenne
mit dem Auslachen. Und da fiel es mir wie Schuppen von den Augen.
Daß meine Geschwister immer von mir sagten: »Uschi ist die
Geliebte von Leo.« So, das war der Anfang. Leo ist mein Vater.
Aber ich nenne ihn nicht Vater, Leo ist besser für mich. Aber das
waren im Grunde genommen alles nur Bruchstücke, so einzelne
Sachen, die auftauchten, aber kein Detail. Ich habe dann immer
gedacht, wenn ich mit Frauke, meiner Freundin, darüber geredet
habe: ›Ich spinne, ich bilde mir das alles nur ein, ich beschuldige
meinen Vater‹. Ich hatte auch zu der Zeit Gesprächstherapie und
da ist der erste Druck weggegangen. Und dann war am 20.08.
etwas, da bin ich nachts aufgewacht und habe zum ersten Mal in
meinem Leben bewußt geschwitzt. Das war nachts um drei Uhr. Es
stank in meinem Zimmer un… n… ja entsetzlich, erbärmlich. Und

das ist ein Raum, der liegt am Wald, es kann da gar nicht stinken. Das ist unmöglich. Und nach wenigen Sekunden wußte ich: das bin ich. Das war das erste Entsetzen, daß ich so stinken kann. Ich habe das Bett abgezogen und mich gewaschen und hatte ein Gefühl, mein Gott, du bist krank. Ich habe Fieber gemessen, aber ich hatte kein Fieber. Ich habe mich dann bis fünf Uhr im Bett gewälzt und merkte so etwas wie Angst, die kam, Todesangst. Es war der heiße Sommer, die Sonne ging auf, und ich konnte sie nicht mehr ertragen.

(Ursula seufzt, schluckt und spricht ganz langsam.) Ich bin ins Badezimmer gegangen, habe meine Zähne geputzt, alles ganz langsam und dann fing das Zittern an.

Und dann ging alles ganz schnell. Ich fing an zu zittern, zu kotzen, zu pissen, zu scheißen, alles auf einmal. Ich konnte nichts mehr halten. Ich hatte keine Gewalt mehr über mich. Ich bin dann nur noch so am Badewannenrand runter, damit ich nicht umklatsche. Damals war ich dünner als heute, und ich war erstaunt über die Menge an Flüssigkeit und Wasser, die aus meinem Körper herauskam. Ich fühlte mich völlig hilflos. Ich wollte schreien, aber es ging nicht, es saß hier völlig fest (Ursula hält sich ihren Kieferansatz fest). Ich hörte auch keinen Ton. Ich hatte so einen Kloß im Hals. Ich bin wieder zum Klo, denn ich wollte weiterkotzen, aber ich hatte nichts zu kotzen, es war nur das Gefühl. Als ich hochguckte, und das war das schlimmste, da stand hinter dem Klo eine Frau. (Ursula seufzt und weint.) Die hatte keinen Kopf, aber sie war irrsinnig dick und sie hatte Brüste, da hätte ich mich am liebsten dazwischengeschmissen, aber ich wußte, das stimmt nicht. Dann bin ich so, wie ich angezogen war, nach draußen, und ich habe gedacht, ich bin verrückt. (Ursula ist tief gerührt.) Und diese Frau schrie mir nach: ›Du bist schuldig, du bist schuldig, du bist schuldig‹. Dann wollte ich es wissen, ob sie da steht. Und sie stand da wirklich noch. Das war die totale Verzweiflung. Dann bin ich verrückt geworden. Aber total.«

Ursula vermittelt uns eindringlich, welch großen Schmerz sie mit sich trägt. Sie ist jetzt 48 Jahre alt und weiß seit acht Jahren von ihrem Schmerz. Sie hat den Schmerz mehr als 30 Jahre mit sich getragen, ohne ihn zu kennen. Wie alle Inzestbetroffenen hat auch Ursula sich selbst beigebracht, den großen Schmerz im Inneren nicht zu spüren. Eine Inzestverletzung tut weh. Und wie Alice Miller beschreibt, sind die angemessenen Reaktionen auf diese Verletzungen Schmerz, Trauer und Wut. Wenn die Verletzungen aber nicht als Verletzungen erlebt werden dürfen oder können, machen sie krank. Wenn die Umwelt verhindert, daß das Kind seine Verletzung ausdrückt, führt das zu einer Retroflexion: es tut mit sich, was es grundsätzlich mit einem anderen machen möchte, was aber verhindert wird. »Die grausame Realität wird noch grausamer, weil sie nicht als grausam wahrgenommen werden darf.«[4] Die Tatsache, daß Inzestbetroffene oft selbstzerstörende Aktivitäten entwickeln, worunter wir auch psychosomatische Krankheiten rechnen, führen wir darauf zurück, daß sie weder ihre Verletzung spüren durften, noch ihren Schmerz, Trauer, Wut, Ärger und Aggression ausdrücken konnten. Die unfreiwillige sexuelle Erfahrung führt unbedingt zu Verletzungen. Schlimmer als diese Verletzungen scheint aber noch das zu sein, was der Erwachsene weiter mit seinem Verhalten dem Kind gegenüber bewirkt. Der Täter respektiert keineswegs die Gefühle des Kindes und nimmt ihm mit Erpressung, Bedrohung oder Verharmlosung das Recht und die Möglichkeit, seine Gefühle auf adäquate Weise auszudrücken. Das führt dazu, daß das Kind seine Gefühle nicht mehr wahrnimmt (»Ich bin immer in meine Phantasiewelt gegangen, wenn er es wieder mit mir gemacht hat.«) und sie auch nicht mehr ausdrücken kann (»Immer wenn ich weinte, hat er mich angeschrien und geschlagen.«). Hierdurch entstehen bei dem betroffenen Kind zwei grundsätzliche Störungen:
– Eine Störung der Selbstwahrnehmung: Das Kind nimmt seine Gefühle und Bedürfnisse nicht (mehr) bewußt wahr.
– Eine Störung der Ausdrucksfähigkeit: Das Kind nimmt seine Gefühle und Bedürfnisse zwar wahr, ist aber nicht in der Lage, sie adäquat auszudrücken.

Der erwachsene Täter ist offensichtlich nur auf seine eigenen Gefühle fixiert. Damit fegt er das Kind völlig beiseite. Ein wesentlicher Aspekt einer sich entwickelnden Persönlichkeit wird damit völlig blockiert. Für Kinder ist es oft sowieso schwierig, ihre Gefühle so zu äußern, daß sie von anderen Menschen verstanden bzw. akzeptiert werden. In diesem Fall aber wird ihm sogar der Zugang zu seinen eigenen Gefühlen verwehrt. Hinzu kommt, daß der Ausdruck von Gefühlen als Folge körperlicher Schmerzen von der Umwelt, in diesem Fall oft die anderen Familienmitglieder, eher akzeptiert wird als ähnliche Reaktionen auf seelische Verletzungen. Auch die Umwelt bremst den Ausdruck von Gefühlen beim Kind erheblich, indem sie ihm zu verstehen gibt, daß sein Verhalten so nicht in Ordnung ist. Auch wenn das Kind seinen Schmerz, seine Verletzung nicht adäquat äußern kann, dann bedeutet das noch längst nicht, daß der Schmerz und die Verletzungen verschwunden sind. Sie sind so tief gegangen, daß sie sich einen Weg nach außen suchen. Weil das Kind sich nicht auf seine Art, zu der es fähig ist, ausdrücken darf, geschieht es auf alle mögliche andere Weise, worauf die Umwelt auch wieder korrigierend und bremsend reagiert. Dieser bremsende Einfluß hat zur Folge, daß das Kind immer unsicherer wird, sich immer weniger so mitteilt, wie es es möchte, sich letztlich immer weniger wahrnimmt und schließlich ein Fremder für sich selbst wird. Wenn aber die Gefühle nicht mehr auf die bisherige Weise ausgedrückt werden dürfen, werden sie sich neue Wege suchen.

Ausdrücken von Gefühlen

Da gibt es zum einen den persönlichen Aspekt: Der Mensch äußert sein Gefühl, weil es ihn befreit, weil es ihm Raum gibt, weil es Energien freisetzt. Auch Sie kennen wahrscheinlich das befreiende Gefühl, wenn Sie Ihre Traurigkeit mit Weinen ausgedrückt haben oder Ihre Fröhlichkeit mit Jauchzen oder Springen. Geschieht dies nicht, werden die entsprechenden Energien festgehalten, und es entstehen Spannungen im Körper, die auch zu psychischen Spannungen führen können.

Zum anderen gibt es auch den sozialen Aspekt: Wenn wir ein Gefühl ausdrücken, wollen wir damit auch von anderen verstanden und akzeptiert werden. Unser Weinen hat nicht nur den Sinn, unsere Traurigkeit auszudrücken, es soll auch bewirken, daß der andere Mensch uns weinen sieht und daß er darauf positiv reagiert. Kinder gehen zu den Erwachsenen, wenn sie traurig sind oder sich freuen. Sie möchten getröstet werden oder ihre Freude mit anderen Menschen teilen. Dieser Weg ist für inzestbetroffene Kinder fast immer abgeschnitten. Es gibt keinen, mit dem sie ihren Schmerz, ihre Verzweiflung, ihre Hoffnungslosigkeit teilen können. Sie werden nicht getröstet. Ihr Schmerz wird nicht angenommen. Hiermit fängt sowohl der Selbstzweifel an als auch die Entwicklung von Retroflexion und selbstzerstörende Aktivitäten oder Autoaggressionen.

Wie Trauer zu autoaggressiven Handlungen führt

Nach unseren Erfahrungen gibt es dabei folgende Entwicklung:

Verletzung

Ausgangspunkt ist eine Verletzung psychischer und/oder körperlicher Art. Psychische Verletzungen sind meistens nicht so greifbar und offensichtlich wie körperliche Verletzungen, und wir reagieren auch nicht immer sofort mit einem Schmerzgefühl auf sie. Während wir den Schmerz nach einer Körperverletzung unmittelbar spüren, nehmen wir den Schmerz, der durch eine psychische Verletzung verursacht wird, meistens erst sehr viel später wahr. Wenn meine Hand zwischen Tür und Wand geklemmt wird, schreie ich sofort. Wenn ich dagegen eine überfüllte Fußgängerzone entlanggehe, bemerke ich meistens erst später, daß es mir viel zu eng war. Diese verspätete Reaktion hat zur Folge, daß der ganze Bereich der psychischen Verletzung oft wenig greifbar ist. Dennoch gibt es Erfahrungen, die wir alle als Verletzung bezeichnen würden. Nämlich solche, die das Gefühl von Geborgenheit, Vertrauen, Sicherheit, Gleichgewicht und/oder das Selbstwertgefühl auf eine negative Weise beeinflussen. Inzesterfahrungen sind deshalb so erschütternd verletzend, weil sie nicht in einem, sondern in allen der genannten Bereiche gleichzeitig verletzen. Können Sie sich vorstellen, was bei Ihnen an Lebensgefühl bleibt, wenn sich Ihr Gefühl von Geborgenheit in Angst und Bedrohung verwandelt, wenn sich herausstellt, daß Sie den wichtigsten Personen um Sie herum nicht mehr vertrauen können, wenn Ihnen die Sicherheit Ihrer selbst genommen wird, die Sicherheit der Ruhe der Nacht, des Alltagablaufs, der Zuverlässigkeit Ihrer Familienmitglieder, wenn sich Ihr Selbstwertgefühl in Selbstzweifel und Selbstkritik wandelt und wenn Sie mit all diesem zu keinem flüchten können. Und so fühlt sich das von Inzest betroffene Kind. Seine ganze sich entwickelnde Persönlichkeit wird angegriffen.

Trauer

In seinem Buch *Anatomie der menschlichen Destruktivität* beschreibt Erich Fromm Experimente, in denen Tiere verletzenden Situationen der oben beschriebenen Art ausgesetzt werden und meistens unmittelbar und aggressiv reagieren. Es scheint so, als haben Menschen eine andere Art, Verletzungen zu verarbeiten. Ansatzweise sind zwar auch bei ihnen unmittelbare aggressive Reaktionen zu beobachten – wir alle kennen das Beispiel des Kindes, das gegen einen Stuhl tritt, weil es sich gestoßen hat –, offensichtlich sind wir aber als Menschen in der Lage, verletzende Erfahrungen zu verarbeiten, indem wir unseren Schmerz und unsere Traurigkeit zum Ausdruck bringen. Dabei sind beide der vorhin beschriebenen Aspekte von Bedeutung: einerseits das Äußern der Traurigkeit und andererseits das Gefühl, daß andere Menschen diese Traurigkeit akzeptieren und dem Betreffenden vermitteln, daß er sich zurecht verletzt fühlt.

Diese verständnisvolle und unterstützende Haltung ist bei der Verarbeitung von Trauer ganz wesentlich. Es ist selten hilfreich, wenn der andere die eigene Traurigkeit übernimmt, wenn er ›mitfließt‹

und selbst traurig wird; noch weniger hilft es, in seiner Traurigkeit zurückgewiesen zu werden. Entscheidend ist dagegen, daß es einen anderen Menschen gibt, der einen stützt und der vermitteln kann, daß die Traurigkeit richtig ist und sie auch bei ihm gezeigt werden kann. Mehr braucht dieser Mensch eigentlich nicht zu tun, vor allem soll er nicht versuchen, demjenigen, der traurig ist, seine Traurigkeit zu nehmen.

Ein wichtiges Prinzip im Umgang mit einem traurigen Menschen ist also, diesen darin zu unterstützen, daß er seine Verletzung durcharbeitet, und nicht, ihm seine Traurigkeit nehmen zu wollen. Auch Sie haben sicher unterschiedliche Erfahrungen mit Ihrer eigenen Traurigkeit gemacht. Vielleicht erinnern Sie sich noch daran, wie es war, als Sie selbst einmal traurig waren und jemand zu Ihnen sagte »So schlimm ist es doch nicht« oder tröstend meinte »Das geht ja bald wieder vorbei«. Vielleicht haben Sie aber auch einmal erlebt, daß in einer ähnlichen Situation jemand, an den Sie sich wandten, Sie in den Arm nahm und Ihnen sagen konnte: »Das ist aber auch wirklich schlimm«, ohne dabei selbst wackelige Knie zu bekommen.

Dieses zuletzt genannte Verhalten wollen wir in dieser Therapie weiterentwickeln. Wenn das Kind oder die Frau traurig ist, versuchen wir sie mit ihrer Traurigkeit aufzufangen. Auch Miller betont, daß es notwendig ist, daß jemand dabei ist, der den Schmerz und Zorn des Kindes toleriert und es dabei begleitet. Wichtig ist das Erleben in einfühlender therapeutischer Begleitung, weil der Schmerz sonst nicht zu ertragen wäre und die Angst vor der Rache der gekränkten innerlichen Personen wäre nicht auszuhalten. Das bedeutet, daß wir sie nicht wegschicken, sie aber auch nicht direkt in den Arm nehmen und trösten, denn das löst bei ihr wieder das Gefühl aus, »weggeschickt« zu werden. Wir befürworten, daß Therapeuten in solchen Situationen Körperkontakt mit den traurigen Menschen aufnehmen und ihnen zu verstehen geben: »Ich bin bei dir.« Außerdem wollen wir ihnen vermitteln, daß das Gefühl der Traurigkeit berechtigt ist. Das können wir tun, indem wir zum Beispiel sagen: »Ich verstehe, daß du traurig bist.« oder »Das ist aber auch schlimm.« Wir versuchen, die Gefühle, die wir bei der

Betroffenen vermuten, auszusprechen. Erst dann, wenn sie ihre Traurigkeit ausdrücken kann – indem sie beispielsweise weint –, nehmen wir mehr Körperkontakt auf und versuchen sie zu trösten. Wichtig dabei ist, nicht zu schnell trösten zu wollen, weil wir damit das Gefühl der Traurigkeit eher zu- als aufdecken würden.

Wir haben in unserer Arbeit erfahren, daß dieses Aushalten und unterstützen der Traurigkeit für viele Therapeuten eine schwere Aufgabe ist – sei es, weil das an ihre eigene Traurigkeit rührt oder weil auch sie den betroffenen Frauen so schwer erlauben können, in ihrem Leben tief traurig zu sein und nicht weiterzuwissen.

Wenn ein Mensch eine ihm zugefügte Verletzung verarbeitet hat, indem er seine Traurigkeit ausdrücken konnte und darin auch von anderen Menschen angenommen wurde, dann ist damit in den meisten Fällen die Verletzung aufgearbeitet. Wenn nicht, sucht sie sich einen anderen Weg. Das störende Gefühl wird dann zu Ärger.

Ärger

Ärger ist ein psychisches Unwohlsein, das wir meistens äußern, indem wir schimpfen, schreien, fluchen und/oder heftige Bewegungen machen. Auch auf dieses Verhalten reagiert die Umwelt selten so, wie wir es für angemessen halten. Wenn ein Kind seinen Ärger durch lautes Schreien ausdrückt, erleben wir selten, daß Erwachsene das Kind positiv unterstützend auffordern, noch lauter und noch mehr zu schreien, seinem Ärger noch mehr Luft zu machen. Meistens soll die Reaktion darauf bewirken, daß dieses Gefühl so schnell wie möglich unterdrückt wird. Die Familienmitglieder von Inzestbetroffenen sind darin keine Ausnahme. Der Täter wird sogar alles mögliche tun, um jeden Ausdruck von Ärger des Kindes zu unterdrücken.

Wir empfinden es als wichtig, daß die Inzestbetroffene auch später ihren Ärger ausdrücken kann. Wir üben mit ihr zu schreien, zu fluchen, zu schimpfen. Nicht auf eine bestimmte Person, sondern erst nur so, als Übung, weil sie diese Fähigkeit meistens überhaupt nicht entwickeln konnte. Auch hier versuchen wir wieder das Gefühl zu verbalisieren. Wenn das gelingt, tasten wir uns an den Grund des Ärgers heran: die Traurigkeit, die Verletzung. Das heißt, daß das Äußern des Ärgers nicht das Endziel der Therapie ist, sondern erst den Zugang zur darunterliegenden Traurigkeit ermöglichen soll. Wichtig ist, daß wir gemeinsam versuchen, die Angst zu bewältigen, vor dem direkten Ausbruch des Ärgers. Danach versuchen wir zu erreichen, daß der betroffene Mensch seine Traurigkeit ausdrücken kann und dadurch seine Verletzungen ernst nimmt.

Wenn Menschen ihren Ärger nicht mitteilen können oder dies von den Menschen um sie herum nicht akzeptiert wird, wirkt das Gefühl der Verletzung weiter und sucht einen anderen Weg, um sich auszudrücken. Es wird zur Wut.

Wut

Wut ist ein körperliches Unwohlsein. Das psychische Gefühl des Ärgers bekommt in der Wut eine körperliche Dimension: Es wird ausgedrückt. Kennzeichnend für Wut ist denn auch vor allem, daß dieses Gefühl ›heraus‹ muß, und zwar meistens explosionsartig und nicht zielgerichtet. Wut ist nach außen gerichtet und wird ausgetragen mit den Möglichkeiten, die sich in dem jeweiligen Moment zufällig bieten: die Tür zuschlagen, gegen einen Stein treten, eine Tasse auf den Boden werfen usw.

Weil Wut nicht primär gegen andere Menschen gerichtet ist, sondern zunächst einmal ein Gefühl ist, das heraus muß, wirkt sie meistens nicht extrem bedrohlich für andere Menschen. Ist der Wutausbruch vorbei, tritt oft wieder eine Ruhepause ein. Das bedeutet aber nicht, daß damit das grundsätzliche Problem gelöst ist. Derjenige, der seine Verletzung in der Wut äußert, hat nur noch nicht gelernt, wie er sie auch mit Traurigkeit und/oder Ärger äußern kann. Deshalb ist es therapeutisch wichtig, daß wir den Menschen, die wütend werden, zeigen, wie sie ihren Ärger ausdrücken und wie sie mit ihrer Traurigkeit umgehen können.

Nun ist in unserer Gesellschaft auch das Mitteilen von Wut leider sehr tabuisiert. Nicht jeder hat die Meinung von Miller, daß jeder das Recht auf seine Wut hat. Auch hier wäre es aus unserer Sicht wichtig, daß der Therapeut die Ausdrucksweise, über die die inzestbetroffene Frau noch verfügt, als positiv aufgreift und versucht zu unterstützen. Das bedeutet, daß wir ihr Mittel geben, mit denen sie ihre Wut noch besser ausdrücken kann: Wir geben ihr beispielsweise einen Stuhl, auf den sie schlagen kann, ein Kissen, in das sie beißen kann, Knete, in die sie greifen oder die sie werfen kann, ein Poster, gegen das sie treten kann. Wir fordern sie auf, ihre Wut noch stärker auszudrücken, und versuchen dann durch Stimulieren und Unterstützen, den Weg zurückzugehen. Wir fordern sie auf, beim Ausdruck von Wut laut zu schreien und ihren Ärger auszudrücken, bestätigen sie, daß sie tatsächlich wütend ist und ein Recht darauf hat und versuchen damit, ihre grundlegende Traurigkeit für sie erfahrbar zu machen. Jede Aktivität, mit der versucht wird, den Wutausbruch zu bremsen oder umzulenken, führt nach unserer Erfahrung dazu, daß das Gefühl der Verletzung wieder nicht direkt ausgedrückt werden kann, sondern sich einen anderen Weg suchen muß.

Aggressivität

Während Wut ungebündelt, nicht zielgerichtet und nach außen gerichtet ist, sind aggressive Handlungen komprimiert und zielgerichtet (lat. ad gredire = auf etwas oder jemanden zugehen). Das Gefühl von Unwohlsein, entstanden durch die Verletzung, wird jetzt gezielt einem Gegenstand oder einer Person gegenüber ausgedrückt. Wichtig ist es dabei, die Qualität der Aggression zu verstehen. Ziel aggressiver Aktivität ist nicht, den anderen Menschen zu verletzen oder etwas Böses zu tun, sondern sein eigenes Gefühl der Verletztheit so auszudrücken, daß der andere es wahrnimmt.

Aggression ist unseres Erachtens grundsätzlich nicht lebensvernichtend, sondern lebensbejahend: In der aggressiven Handlung bejaht der Mensch sein eigenes Leben. Es ist für ihn sogar notwendig, sich so zu verhalten, damit sein Leben weitergehen kann. Weil mit der Aggression häufig verspätet auf eine Verletzung reagiert wird, die lange zurückliegt, sind es oft ähnliche Attribute – eine ähnliche Jacke, eine vergleichbare Stimme usw. –, die jemanden zum Adressaten einer aggressiven Handlung machen, auch wenn er nicht der Verursacher der Verletzung ist.

Aggressive Tendenzen äußern sich in vielfältiger Weise: Man kann einen anderen an den Haaren ziehen, ihn kratzen, beißen, treten, ihm die Kleidung zerreißen.

Therapeutisch ist es wichtig, die aggressive Äußerung der Frau aufzufangen bzw. sie hervorzurufen, ohne sie dafür zu strafen, denn das würde zu einer neuen Verletzung führen. Das bedeutet allerdings nicht, daß wir die Frau auffordern, ihren Aggressionen noch stärker Ausdruck zu verleihen. Wir müssen sie hindern, sich und uns zu gefährden, und müssen sie vor neuen verletzenden Erfahrungen schützen.

In der Praxis bedeutet das, daß wir das aggressive Verhalten aufgreifen, und wenn nicht vorhanden, hervorrufen und es in verschiedenen zielgerichteten Bewegungen zum Ausdruck kommen lassen. Dies üben wir zunächst in einer Auseinandersetzung zwischen der Frau und uns, damit sie ein stellvertretendes konkretes Gegenüber hat. Nur dann kann sie ihre Gefühle wirklich bei uns herauslassen. Dann kann sie ihre Kraft, die sie bis dahin gebraucht hat, um sich ständig in allen Situationen zu kontrollieren, benützen, um ihre Gefühle auszudrücken. In der direkten leiblichen Auseinandersetzung mit den Therapeuten, in dem leiblichen Kontakt, spürt die Frau wieder ihre Kraft, ihre Energie und ihre Aggressionen.

In dieser Phase der Therapie arbeiten wir immer als Paar mit der Klientin. Dieses Arbeitsprinzip werden wir noch näher beschreiben.

In dieser Phase ist es wichtig, daß die Frau sich von zwei Therapeuten gestützt fühlt. Das kann ihr das Vertrauen vermitteln, daß sie ihre Kontrolle aufgeben kann, ohne daß etwas Schlimmes passiert. Es ist mittlerweile oft so viel Angst vor der eigenen Aggression entstanden, daß sich die Frauen den kleinsten Ausdruck von Aggression überhaupt nicht mehr erlauben. Wenn jetzt eine Frau und ein Mann mit ihr arbeiten, hat sie verschiedene Möglichkeiten, ihre Aggression zu spüren. Denn immer, wenn sie die Auseinandersetzung mit dem einen führt, hat sie den anderen als Unterstützung. Wir üben diese Auseinandersetzung zum Beispiel wie folgt:

Gerry (Therapeutin): »Stell dich bitte so hin, daß du gut stehst. Er versucht dich jetzt wegzuschieben und du versuchst, stehenzubleiben.«

Thijs (Therapeut): »Geh doch weg da, hau ab, ich will dich hier nicht mehr sehen.« Dabei versucht Thijs die Klientin beiseite zu schieben.

Wichtig ist, daß die Klientin spürt, wie sie durch die Therapeutin unterstützt, stehenbleiben und *standhalten* kann, sich nicht wegschieben lassen muß, wieviel Kraft sie hat und wieviel Aggressionen dabei freiwerden können.

Thijs steht, und die Klientin versucht, aufgefordert und unterstützt von Gerry, Thijs wegzuschieben. Als verbale Unterstützung zu ihrer körperlichen Aktivität hat sie die Aufforderungen »hau ab, geh weg, verschwinde« hinzugefügt. Hiermit versuchen wir eines der grundlegenden Gefühle, die zu der Verletzung und letztlich zu der Aggressivität geführt haben, zu aktualisieren. Auf diese Weise kann die Klientin ihre latente Aggression wahrnehmen und auch ihre darin verborgen liegenden Verletzungen spüren und ernst nehmen.

Gerry steht im Raum und die Klientin versucht, sie an den Handgelenken zu sich zu ziehen. Sie hat dabei als verbale Unterstützung: »Komm her, komm mit, komm zu mir«. Mit dieser körperlichen Auseinandersetzung versuchen wir, die Aggressivität zu aktualisieren, die dem damals fehlenden Erwachsenen gilt. Demjenigen, der sie damals beschützen sollte und bei dem sie als Kind hätte Trost finden sollen.

Später arbeiten wir daran, die aggressive Aktivität in Äußerungen von Wut umzuleiten. Anschließend versuchen wir zu erreichen, daß die Klientin ihren Ärger mitteilt, damit sie auch ihre Verletzung entdecken kann. Erst dann kann sie vielleicht ihre Traurigkeit selbst spüren und ausdrücken. Dies ist selbstverständlich ein langwieriger Prozeß, der sich meistens über Monate, oft sogar Jahre hinzieht. Wir müssen nämlich nicht nur mit den vielen Verboten und Drohungen der Klientin kämpfen, die sie in sich aufgenommen hat in bezug auf diese Art und Weise, ihre Gefühle zu äußern. Hinter diesen Verboten entdeckt die Klientin oft eine große Leere. Sie hat keine Erfahrungen, wie sie ihre aggressiven Gefühle ausdrücken kann. Es ist, als ob sie diese Sprache völlig neu lernen muß.

Wenn aggressive Aktivitäten unterbunden werden, ohne ihnen einen anderen Weg anzubieten, oder wenn das verletzte Kind seine Wut nicht aggressiv äußern kann, sucht sich das verletzte Gefühl einen anderen Ausweg und wird zur Autoaggressivität.

Autoaggressivität

Bei autoaggressiven Handlungen wird ein eigentlich nach außen gerichteter Impuls auf Grund verschiedener Umwelteinflüsse umgekehrt und gegen sich selbst gerichtet. Was man also ausdrücken und einem anderen antun möchte, tut man sich selber an. Dieses äußert sich beispielsweise durch: Nägelkauen, sich in den Arm schneiden, Zigaretten auf der Haut ausdrücken, die Brüste mit einem Tuch abbinden und sämtliche psychosomatische Reaktionen wie Kopfschmerzen, Entzündungen usw. Der Kampf, der nach außen ausgetragen werden müßte, wird jetzt in die Person verlagert, und die Frau kämpft das Problem mit ihrem eigenen Körper aus.

Diese Art Ausdrucksverlagerung kennen wir alle. Ein kleines Beispiel:

Auch Sie kennen vielleicht die Situation, daß Ihnen jemand während der Arbeitszeit etwas Verletzendes sagt. Sie spüren die Kränkung, können aber in dem Moment nicht darauf reagieren. Sie wollen auch in der Arbeitssituation nicht einfach losweinen und halten daher ihre Tränen zurück. Um unangenehmen Fragen oder erstaunten Blicken aus dem Weg zu gehen, trauen Sie sich auch nicht zu schimpfen oder heftig zu reagieren. Wenn Sie den Raum verlassen, verspüren Sie vielleicht noch den Wunsch, kräftig gegen die Tür zu schlagen, aber auch das können Sie sich nicht erlauben. Beherrscht schließen Sie langsam die Tür. Wenn Sie dann am Ende des Arbeitstages nach Hause fahren, bemerken Sie vielleicht, daß Sie etwas schneller fahren als sonst, über jeden Fußgänger schimpfen, der gerade die Straße überquert, oder daß Sie zu Hause überempfindlich auf Ihre Kinder reagieren. Vielleicht fragt der Partner noch, was mit Ihnen los sei, und Sie antworten: »Nichts Besonderes.« Und am späten Abend bekommen Sie dann plötzlich bohrende Kopfschmerzen.

Das Verzwickte bei autoaggressiven Verhaltensweisen ist, daß sie in einen Teufelskreis führen und neue selbstverletzende Reaktionen hervorrufen. Deswegen ist es wichtig, daß wir die eigentliche Ursache des Leidens aus dem Verborgenen holen. Dabei geht es nicht so sehr darum, daß der Therapeut versteht, was hinter diesem Verhalten steckt, sondern daß die Klientin selber entdecken und damit auch verstehen und akzeptieren kann, was die Ursachen ihres Verhaltens sind. Wenn autoaggressives Verhalten vorliegt, fangen wir in der Therapie damit an, um dann gemeinsam den Entwicklungsweg zurückzugehen. Über das Ausdrücken von Aggressivität, Wut, Ärger und Trauer wollen wir der Klientin ermöglichen zu spüren, daß sie verletzt ist, und was diese Verletzungen in ihr bewirkt haben. Erst dann wird sie entdecken können, daß die richtige Art, mit sich selbst umzugehen, eine andere ist als die Art, wie ihre Familienmitglieder mit ihr umgegangen sind. »Ich wußte nicht (…), daß das Loslassen statt das Festhalten von Tränen und Ärger die Arbeit war.«[5]

Oft führt erst ein langer Therapieweg zu diesem Punkt. Am Anfang dieses Weges sollen Therapeuten stehen, die über die Schmerzen der Inzestbetroffenen Bescheid wissen; Therapeuten, die keine Erklärungen brauchen und keine Leistungen von der Klientin erwarten; Therapeuten, die schweigen und ohne Fragen akzeptieren, die verstehen, weil sie sehen. Wir wollen dem betroffenen Kind, der betroffenen Frau eine Atmosphäre von Geborgenheit, Vertrauen und Sicherheit vermitteln, in der sie sich respektiert und wertgeschätzt fühlt. Das bedeutet zu Anfang vor allem, daß wir ihren Schmerz ernst nehmen. Ein Schmerz, den wir als so groß erachten, daß sie ihn nicht weiter alleine tragen soll. Wir wollen ihr vermitteln, daß sie ihren Schmerz in unsere Hände legen kann, auch wenn der Schmerz noch nicht klar beschrieben und benannt worden ist. Hiermit wollen wir zwei Erfahrungen mitteilen:

– Der Schmerz ist etwas, den die Klientin lange mit sich getragen hat und der in dieser Zeit auch eine wichtige Funktion für sie erfüllt hat. Aber gleichzeitig kann sie ihn auch wieder abgeben. Sie muß den Schmerz nicht ihr ganzes Leben lang mit sich tragen.

– Es gibt Menschen, die sie an ihrem Schmerz teilnehmen lassen kann. Sie werden nicht stellvertretend für die Klientin leiden, aber sie können ihren Schmerz annehmen, festhalten und aufbewahren. Bei diesem Vorgang ist es wichtig, daß der Therapeut die Klientin ganz wenig fragt. Eher sollte er viel von sich mitteilen.

Wir beide erzählen zu Beginn, wie wir selbst mit Verletzungen umgehen:

Gerry:

Ich weiß von mir, daß ich auf Verletzungen sehr schnell mit Tränen reagiere, ohne daß ich die Verletzung oft benennen kann. Oft wird mir erst viel später klar, was mich verletzt hat. Ich sehe dann auch, daß es doch das ist, was ich am Anfang schon schleierhaft vermutete, aber nicht wahrhaben wollte. Ich versuche oft, die Verletzung zu verdrängen, aber der Schmerz steht dann im Vordergrund und sorgt dafür, daß ich meine Trauer ausdrücke. Nachdem ich geweint habe, kann ich dann auch leichter darüber reden. Wenn ich weine, darf Thijs mich zum Beispiel bloß nicht fragen »Was hast du denn?« Denn das macht mich nur noch trauriger und wütender. Oder soll ich sagen, ich werde verzweifelter. Was mir sehr hilft und was ich auch schön finde, ist, wenn er mich, ohne etwas zu fragen, in den Arm nimmt und meinen Kopf streichelt. Aber oft schäme ich mich wieder dafür und will dann wegrennen.

Thijs:

Ich merke durchschnittlich ziemlich direkt, wenn mich etwas verletzt und kann es dann auch aussprechen. Die Gefühle, die diese Verletzung hervorruft, bekomme ich nur wie im Hintergrund mit. Ich merke, daß ich meistens stiller werde und spüre einen Druck auf den Augen, aber kann nicht weinen. Das kann ich nur bei einem Abschied. Das trifft mich meistens sehr, und dabei fühle ich mich immer wieder wie im Stich gelassen. Bei anderen Verletzungen merke ich, daß es mir hilft, wenn ich die Verletzung oft benenne und meinen Ärger darüber herauslassen kann. In solchen Fällen erzähle ich dann zum Beispiel Gerry innerhalb einer Stunde sechs- bis siebenmal das gleiche. Ich will meine Empörung ausdrücken, und das ist, als ob ich mir damit selbst klarmachen will, daß ich verletzt bin. Mir hilft dann, wenn ich der verletzenden Person einen heftigen Brief schreibe oder mit ihr ein Telefongespräch führe. Sehen möchte ich sie dann nicht. Wenn Gerry mich dann zwischendurch mal in den Arm nimmt, um mir zu zeigen, daß sie bei mir ist, spüre ich meine Verletzung ganz deutlich.

Wir befürworten in dieser therapeutischen Arbeit einen Stil der Offenheit. Wir teilen der Klientin mit, wie es uns in dem Moment geht, was für uns wichtig ist und welche Gefühle und Gedanken bei uns gerade vorherrschen. Wir wollen vor allem als Therapeuten in der therapeutischen Arbeit unser eigenes System, wie wir Gefühle ausdrücken, nicht hemmen oder blockieren. Wir finden es wichtig, auch in unserer Arbeit die Art zu beachten, wie wir mit uns selbst umgehen. Weil wir mit der Verschleierung und Unterdrückung von Impulsen, uns auszudrücken, wieder zahlreiche psychische Störungen in uns selbst hervorrufen können, wollen wir das soweit wie möglich vermeiden. Dies hat zur Folge, daß die Klientin auch viele Informationen über uns selbst bekommt. Nicht weil wir das für die Klientin für notwendig halten, aber für uns selbst, für unsere eigene Gesundheit und für unsere Arbeitsfähigkeit. Wir merken einfach ständig, daß wir uns selbst in der Arbeit blockieren, wenn wir nicht aussprechen, was sich in unserem Körper oder in unserem Kopf meldet. Gleichzeitig werden wir hierdurch für die Klientin transparent. Sie kann uns kennenlernen, ohne daß sie viel dafür tun muß. Es kann auf diese Weise eine Atmosphäre von Vertrauen entstehen, weil wir erreichbar für sie sind. Erst dann wird sie auch ihren Schmerz in unsere Hände legen können. Sie muß letztlich klar wissen, was diese Hände mit ihrem Schmerz tun werden. Ob diese Hände den Schmerz auch tragen können, sie auch behüten können. Oder wie Spring schreibt, daß die Klientin schauen muß, ob die helfende Person selber nicht hungrig ist, ob ihre Bedürfnisse anderswo befriedigt werden oder ob sie von ihr erwartet, daß sie sie in irgendeiner Weise befriedigt. Die Klientin weiß am Ende, daß die Therapeutin sich um sie kümmert, aber wenn sie nach Hause geht, ihr Leben auf ihre Weise genießen wird.[6]

Die Therapeuten können der Klientin schon einen großen Teil ihres Schmerzes nehmen, wenn sie direkte Informationen geben. In diesem Fall nicht Informationen über sich selbst, sondern zum Beispiel über Erfahrungen von anderen Inzestbetroffenen. Dadurch kann die Klientin erfahren, daß ihre Schmerzen nicht etwas irrsinnig Abnormales sind, sondern eine ganz normale Art, auf diese grausame Erfahrung zu reagieren. Solche direkten Informationen können ihr helfen, sich »von dem Schmerz (…) zu erholen. So konnte ich relativ ruhig über das Undenkbare nachdenken«.[7]

Wir wollen noch einmal betonen, daß wir versuchen, den Schmerz der Klientin anzunehmen, auch bevor sie den Schmerz benennt oder beschrieben hat. Denn das ist oft gerade das Problem. Sie fühlt einen Schmerz in sich, fühlt, daß es schmerzt, aber sie weiß nicht, was schmerzt. Durch den Prozeß der Selbstentfremdung, den wir hier zuvor beschrieben haben, ist es, als ob eine Mattscheibe zwischen die Klientin und ihren Schmerz geschoben ist. Wenn sie schon über ihren Schmerz reden kann, dann hat sie ihn schon ein Stück bewältigt. Wir erwarten diese Fähigkeit nicht von unseren Klientinnen. Wir fördern sie am Anfang auch nicht, sondern fangen weit davor an. Nur dann können wir erreichen, was Spring von ihren Erfahrungen schreibt:

Eve (…) öffnete ihre Hände und hielt sie wie Schalen, die einen unschätzbaren Wert umhüllen. Mein Leben? (…) Eve (…) die ein wertloses Leben in Händen hielt und mich einlud, meine Einsamkeit mit ihr zu teilen.[8]

Unsere Klientin Barbara beschreibt ihre Erfahrungen wie folgt:

Ich bekam eine Tonkugel in die Hand. Auf die Frage wer oder was der Ton in meiner Hand sein könnte, antworte ich spontan: »Das ist die kleine Barbara.« Ich fühlte wieder die Enge in meiner Kehle so wie den Zwang oder einen Mechanismus, zu würgen und zu krampfen. Im Moment weiß ich nicht mehr was dann passiert, jedenfalls ist Gerry plötzlich neben mir und legt den Arm um mich. Ich lehne mich an sie und halte die Kugel, die ich jetzt weniger heftig drücke und knete, in der Hand (was Barbara weiter mit der Tonkugel gemacht hat, beschreiben wir ausführlich in Kapitel 5). Thijs forderte mich immer wieder auf: »Mach die kleine Barbara nicht kaputt, sei liebevoll mit ihr.« Dann spüre ich, wie ich hochgezogen werde, ich fühle mich schwer aber ohne Kontrolle. Der Schmerz meiner Erinnerungen ist jetzt so stark, ich habe meine ›Vernunft‹ abgegeben und lasse mich in Gerrys Wärme und Schutz fallen. Ich *bin* die kleine Barbara und weine im Schoß meiner Mutter. Gerry drückt mir wieder die Kugel in die Hand, und wir halten sie beide mit den Händen fest. Thijs stellt eine Cassette an, eine volle warme Frauenstimme ertönt und ich fühle nur noch meinen Schmerz und Gerrys warmen Körper. Meine Umgebung nehme ich überhaupt nicht mehr wahr, ich wiege mich in Gerrys Armen in ihrem Schoß.

TherapeutInnen können Schmerzen von KlientInnen symbolisch übernehmen

Eine andere Möglichkeit, den Schmerz in unsere Hände zu legen, ergibt sich, indem wir die Klientin bitten, ihren Schmerz symbolisch darzustellen. Mit diesem Symbol kann sie dann ihren Schmerz an uns abgeben. Zum Beispiel:

Anne: »Ich habe so ein Gefühl von uah… in mir«

Gerry: »Kannst du das noch einmal machen?«

Anne: »Uah…«

Gerry: »Was hast du jetzt bei dir, oder an dir, das dieses Gefühl darstellen kann?«

Anne betrachtet sich und sucht in ihrer Tasche. Sie holt aus dieser Tasche eine Packung Kaugummi und zieht einen heraus. Ohne Worte zeigt sie ihn Gerry.

Gerry: »Wem möchtest du dieses Gefühl von dir geben?«

Anne schaut uns beide an: »Thijs«

Gerry: »Schau es dir noch einmal an. Ist das, was du jetzt in der Hand hast, dein Gefühl uah…?«

Anne: »Nein, es ist viel zu glatt, zu schön geformt. Eigentlich müßte ich es richtig ausgekaut haben.«

Gerry: »Das kannst du machen.«

Anne holt den Kaugummi aus dem Papier, nimmt ihn zögernd in ihren Mund und kaut ihn langsam. Nach einiger Zeit sagt sie: »Jetzt ist der Geschmack ab. Ja, jetzt ist er uah…«

Gerry: »Dann kannst du ihn aus deinem Mund nehmen und dem Thijs geben.«

Anne holt den Kaugummi aus ihrem Mund, betrachtet ihn und sagt: »Einfach so?«

Gerry: »Ja, warum nicht, wenn es das Gefühl ist.«

Anne: »Ja, das Gefühl ist es, uah… ekelig.«

Gerry: »Ja, gib ihn ihm dann.«

Anne: »Vielleicht will er ihn ja überhaupt nicht haben.«

Gerry: »Das kannst du ihn ja fragen.«

Anne: »Aber er ist so schmutzig, das kann ich ihm doch nicht zumuten.«

Gerry: »Frage ihn doch, es ist ja etwas von dir. Dein Gefühl.«

Anne: »Aber dann bin ich es los.«

Gerry: »Möchtest du das nicht?«

Anne: »Das weiß ich nicht.«

Gerry: »Du kannst Thijs ja fragen, ob er es für dich aufbewahren will, dann kannst du es immer wieder abholen, wenn du es wieder haben möchtest.«

Anne: »Das kann ich einmal versuchen.«

Gerry: »Frage ihn mal.«

Anne nimmt das Stückchen Aluminiumpapier, legt den Kaugummi hinein geht zu Thijs und fragt ihn: »Willst du dies so für mich aufbewahren?«

Thijs: »Ja, das will ich machen. Möchtest du mir noch etwas dazu sagen?«

Anne zögert, legt den Kaugummi in Thijs Hände und sagt: »Oh, es tut so weh.«

Thijs nimmt den Kaugummi in die eine Hand und Annes Hand in die andere. »Es ist gut so.«

Anne: »Ich habe solche Schmerzen, es tut so weh. Ich fühle mich so schmutzig.«

3
Die Puppe ist kaputt

Ursula:
»Dann habe ich mich auf den Fußboden gelegt und erst einmal geweint, das konnte ich dann. Ich habe versucht zu reden, das hier oben wieder hinzubekommen. Dann konnte ich so meinen Namen sagen. Dann habe ich beschlossen und das auch laut gesagt: wenn die Kinder, wenn die noch normal auf mich reagieren, dann bleibe ich. Wenn die unnormal reagieren, dann muß ich aus der Schule heraus. Das war mir irgendwie klar. Ich habe immer wieder dahin geguckt, wo die Frau stand, und die war auf einmal weg. Ich bin in die Schule gegangen. Das war ganz schrecklich. Die Kinder haben gleich normal reagiert, aber das Klassenzimmer fing an sich zu drehen. Es war ein ganz komisches Gefühl. Die Kinder hingen unter der Decke. Das ist mir später oft passiert. Aber die Kinder haben normal reagiert, und ich muß offensichtlich normal Unterricht gemacht haben. Die Kollegen habe ich allerdings gemieden. Erst nach einer Woche konnte ich darüber reden. Ich habe Frauke angerufen, weil ich soviel Angst hatte. Sie sagte mir, ich wäre nicht verrückt, aber irgend etwas wäre passiert. Ich habe dann eine Therapeutin gesucht. Ich bin immer wieder hingefahren, aber irgendwie ging es nicht. Mir ging es so schlecht, ich hatte solch unheimliche Schmerzen. Ich habe mich am Unterleib vom Arzt untersuchen lassen, er konnte nichts finden. Er wollte mich ins Krankenhaus schicken. Das wollte ich jedoch nicht. Ich wußte, ich nehme keine Tabletten.
Ich konnte überhaupt nicht mehr schlafen, weil die Angst so groß war, und mehr oder weniger habe ich mich ein Jahr so durchgequält. Ich habe verschiedene Therapien angefangen mit Männern, aber die haben alle nach kurzer Zeit gesagt, ich hätte meinen Vater verführt, ich wäre das Schwein gewesen.
Dann habe ich beschlossen, ich nehme mir das Leben. Das habe ich, glaube ich, keinem erzählt. Aber vorher wollte ich noch eine Thera-

peutin suchen. Ich habe sie auch gefunden. Mit ihr habe ich Stück für Stück das Puzzel meiner Geschichte zusammensetzen können. Ich habe viel geschafft. Nur diese Schmerzen, die sind nicht weg. Ja, und angefangen hat es eigentlich als mein Vater aus der Gefangenschaft kam. Da war ich sechs Jahre alt. Da spürte ich seine Ablehnung. Von dem Zeitpunkt an war eine bestimmte Atmosphäre in mir. Das ist eine sehr bedrohliche Atmosphäre. Bis zu dem Moment, als mein Vater kam, war die Zeit in mir zauberhaft. Alles hell, die Winter waren warm, die Sommer waren wärmer, der Herbst war bunt. Von Jahr zu Jahr verblaßt das. Die letzten Jahre ist alles nur noch kahl in mir.

Für meinen Vater war ich, als er zurückkam, eine Null. Mich gab es nicht. Er hatte auch nie einen Namen für mich. Er hat mich nie beachtet. Ich habe ihn heiß und innig geliebt. Nichts konnte mich davon abhalten, abends am Weg zu stehen und zu warten, bis er von der Arbeit kam. Die Hoffnung, er würde mir Aufmerksamkeit schenken. Das passierte aber nicht. Höchstens zum Arbeiten. Ich habe bei ihm viel gelernt: wie man den Garten macht, wie man Tiere pflegt. Heute weiß ich, das ist alles nur passiert, damit ich was lernen sollte, damit ich beschäftigt war. Damit ich keine Zeit hatte, für etwas anderes.

Ich hatte eigentlich die Hoffnung aufgegeben, daß er mich je mögen würde. Eines Tages, ich war elf Jahre alt und meine Mutter schwanger, da hat er mich völlig überraschend Ulla genannt, da hat er mich zum ersten Mal mit meinem Namen angeredet und gefragt, ob ich eine Radtour machen wollte. Ob ich Lust dazu hätte. Daran erinnere ich mich wie heute. Ich hatte kein Fahrrad. Durfte mir das von meiner Mutter leihen. Meine Mutter hat mir ganz schnell so Zeug herausgeholt, sie war auch froh, daß mein Vater mal Interesse zeigte. Dann sind wir losgefahren. Er war der Vater, den ich mir immer gewünscht habe.

Ich habe mir von diesem einen Mal so viele Pflanzen gemerkt, die er mir erklärt hat. Wie die Wolken ziehen. Was für Wolkenarten es gibt. Ich war selig. (Ulla seufzt tief und weint.) Wir sind so 15 – 20 Kilometer gefahren. Die Heide blühte so schön. Wir haben gehalten. Er hat mir gezeigt, daß man die Fahrräder, um den Gummi zu

schonen unter Birkensträucher legt. Er hat seine Jacke ausgezogen.
Ich sollte mich darauf setzen. Neben ihm. Ich war ziemlich verlegen,
weil ich so etwas nicht kannte. Körperkontakt gab es bei uns nicht.
Das einzige, was wir mit den Eltern gemacht haben, war, ihnen die
Hand zu geben. Umarmen oder einen Kuß bekommen, das gab es
nicht. Ich weiß noch, ich war ziemlich unsicher, verlegen. Mein
Vater hatte sich so auf den Ellenbogen aufgestützt.
Er guckte mich so an. Er faßte mit seiner Hand über mein Bein.
Das fand ich schon komisch. Dann sagte er: »Du bist ein schönes
Kind, fast schon ein Fräulein.« Das war schon schräg, komisch.
Denn Fräulein war bei uns so wie eine, die sich herumtreibt. Und
wie er das sagte, war auch in seinen Augen so ein eigenartiges
Glitzern. Seine Hand glitt immer mehr unter meinen Rock. Da habe
ich gedacht: ›Das darfst du nicht.‹ Aber gleichzeitig: ›Ein Vater
darf alles.‹
Scheiße.
Irgendwie war ich wehrlos da. Seine Hand ging zu meiner Scheide.
Er küßte mich mit Zungenkuß und ich habe mich dem entzogen
indem ich sagte: ›Ich muß, ich muß, ich muß pinkeln.‹ Das muß ich
schon so gesagt haben, daß er losgelassen hat. Ich bin eine ganze
Strecke weitergelaufen, ich mußte auch, aber es ging nicht. Ich war
so blockiert, wie betäubt. Da habe ich ihn beobachtet. Ich war
irgendwie total erlöst, als er das Fahrrad nahm. Ich habe noch
einen Moment gewartet. Er stand da mit einem total veränderten
Gesicht. Er sagte: ›Los, wir fahren nach Hause.‹
Und vorbei war der nette Vater, der er gewesen war.
Er hat sich nicht mehr umgedreht, sich nicht mehr um mich geküm-
mert. Keine Rücksicht mehr genommen, nicht mehr langsam gefah-
ren. Er ist nur noch zurückgerast, und ich hinterher. Als wir in die
Nähe unserer Wohnung kamen, ist er noch schneller gefahren.
Dann plötzlich war er weg.
Da ist mir das wohl so ganz bewußt geworden. Ich bin katholisch
erzogen. Ich habe gelernt, daß niemand an meinen Körper darf.
Selber durfte ich mich ja auch nicht anfassen. Meine Mutter hat
jeden abend kontrolliert, ob meine Hände auf der Bettdecke lagen.
Das habe ich aber erst später alles herausgefunden.

Dann bin ich nach Hause gefahren. Ich habe das Rad die letzten Meter geschoben. Dann sah ich meine Mutter, meinen Bruder, meine Schwester, die standen da. Ich muß wohl komisch ausgesehen haben.

Meine Mutter lachte: »Wie siehst du denn aus?« Meine Geschwister grinsten hämisch. Ich guckte an mir herunter und sah überall Heideäste hängen. (Ursula kneift ihren Mund zusammen.)

Ich weiß, daß ich wie erstarrt war. Ich hatte das Gefühl, sie wüßten das alles. Ich wußte nicht, was ich sagen sollte. Meine Mutter fragte: »Was ist denn passiert?«

Ich konnte das nicht sagen. In dem Moment kam mein Vater, der war schon umgezogen.

Er sagte abfällig: »Deine Tochter kann man mit nichts befriedigen.« In dem Moment ist etwas in mir passiert, was fortan sämtliche Kontakte gestört hat.«

Ist Inzest eine körperliche Erfahrung? Ist es eine emotionale Erfahrung? Ist es eine intellektuelle Erfahrung? Es ist die Erfahrung eines totalen Kindes. Es passiert etwas mit seinem Körper. Aber nicht nur. Von Anfang bis Ende sind die Handlungen von vielen verschiedenen Emotionen begleitet. Viele von diesen Gefühlen sind widersprüchlich und verwirrend. Und das Kind nimmt bewußt wahr, was passiert. Es ist nicht etwas wie ein Autounfall. Es kommt nicht ruckartig, sondern schleichend. Dabei wird sein Kopf nicht ausgeschaltet. Es versucht zu verstehen, was hier passiert. Merkt, daß es das nicht einordnen kann. Seine kognitiven Fähigkeiten reichen nicht aus, um das, was hier geschieht, verstehen zu können. Es ist eine vollständig traumatische Erfahrung. Alle drei lebenswichtigen Bereiche der persönlichen Existenz werden in dieser Erfahrung zutiefst mit einbezogen. Es greift so tief ein, daß die Erfahrungen von Inzestbetroffenen exakte Parallelen aufweisen mit den Erfahrungen der Überlebenden von Konzentrationslagern. Sie sind physisch, emotional, wie auch intellektuell gestört.

»Ich bin wie eine Puppe, die kaputtgemacht worden ist und in die Ecke geschmissen wurde«, sagte uns eine Klientin. »Da fehlt nicht nur etwas, da ist nicht ein Stückchen kaputt gemacht worden, nein, meine ganze Puppe. Und eine Puppe kann aus sich selbst nie mehr heil werden. Das müssen andere tun, aber wer wird meine Puppe heilen?« Diese kaputte Puppe wirkt in einem wie eine Zeitbombe, die versteckt werden muß und erst viele, viele Jahre später explodiert. »Ich kann auch keinem zeigen, daß meine Puppe kaputt ist, trotzdem ist es als ob jeder es mir ansieht.«

Therapeutisch scheint es uns notwendig, daß die Inzestbetroffene so schnell wie möglich ihre kaputte Puppe anschauen kann, damit wir gemeinsam versuchen, die Puppe zu reparieren. Es wird nie mehr die alte Puppe werden. Da ist soviel passiert, da hat sich soviel geändert. Wir hoffen aber, daß wir erreichen können, daß sie den Schmerz der kaputten Puppe nicht mehr in sich spürt und daß sie ihre veränderte Puppe annehmen kann.

Weil das Trauma eine derart umfassende Erfahrung ist, meinen wir, daß auch die Therapie umfassend sein sollte. Das bedeutet, daß in der Therapie ständig der Körper, die Gefühle und die Kognition in dauernder Wechselwirkung mit einbezogen werden sollen. Das führt uns zu der Gestalttherapie. Die Gestalttherapie ist ein psychotherapeutisches Verfahren, das von Fritz Perls entwickelt wurde. Perls bezog sich stark auf die Ganzheit des Menschen und betonte insbesondere die Ausdrucksfähigkeit der Gefühle. Er wollte Menschen erfahren lassen, wie sie nicht über Gefühle reden, sondern wie sie diese erleben und ausdrücken können. Einige wichtige Prinzipien der Gestalttherapie sind die folgenden:

Prinzipien der Gestalttherapie

Leib-Seele-Geist-Einheit:

Diese drei Bereiche der menschlichen Existenz sind untrennbar miteinander verbunden und beeinflussen einander ständig in einem wechselseitigen Prozeß. Die Ganzheit äußert sich zum Beispiel darin, daß jede körperliche Aktivität immer auch Veränderungen psychischer und kognitiver Art bewirkt. Psychische Störungen wiederum haben oft Auswirkungen im körperlichen Bereich und beeinträchtigen auch die Denkfähigkeit.

Hier und Jetzt:
Die Gestalttherapie geht immer von dem konkret Vorhandenen aus. Für die Therapie bedeutet das, daß immer nur das aktuell gezeigte Verhalten des Klienten als Anhaltspunkt dient. In diesem ›jetzigen‹ Verhalten wird zugleich alles an Vergangenheit (Erfahrungen, Ängste usw.) und an Zukunft (Erwartungen, Hoffnungen) gezeigt.

Figur-Grund:
Dieses Prinzip bedeutet, daß eine Figur – zum Beispiel ein Mensch – nicht losgelöst von ihrem Hintergrund zu betrachten und zu behandeln ist. Immer müssen wir in der Therapie die Lebensumstände des Klienten mit berücksichtigen.

Selbstheilungskräfte:
In jedem Menschen sind genügend Selbstheilungskräfte vorhanden. Das Problem besteht darin, daß manche Menschen den Kontakt dazu verloren haben oder daß diese Kräfte so stark durch negative Erfahrungen und Umwelteinflüsse überdeckt sind, daß der betreffende Mensch nicht mehr über sie verfügen kann. Ziel der Therapie ist dann nicht, den Klienten ›gesund‹ zu machen, sondern der Therapeut versucht, ihn wieder mit seinen eigenen positiven Kräften in Verbindung zu bringen. Dabei handelt es sich um einen Wachstumsprozeß, der weitestgehend frei von Druck erfolgen soll. Perls sagte dazu: »Treibe den Fluß nicht an, er strömt von selbst.« (»Don't push the river, it flows by itself.«)

Selbstverantwortung:
Anknüpfend an den zuvor genannten Punkt, gehen wir in der Gestalttherapie auch davon aus, daß jeder Mensch für seine Aktivitäten und Entscheidungen selbst verantwortlich ist. Nur dann kann er auch zu seinen eigenen Kräften finden und wieder gesunden. Dies geht nicht, indem er sich abhängig macht von anderen Menschen, die für ihn entscheiden.

Erfahrung und Bewußtsein:
Um Verantwortung für sich selbst übernehmen zu können und um seine eigenen Selbstheilungskräfte kennenzulernen, ist es notwendig, daß der Mensch sich seiner selbst und seiner Möglichkeiten bewußt ist. Um das entdecken zu können, bedarf es entsprechender Erfahrungen. Diesem Zweck dienen in der Gestalttherapie die ›Experimente‹, also Situationen, in denen man etwas über sich erfahren und neue Verhaltensweisen ausprobieren kann.

Kontakt:
Wesentlich für die menschliche Existenz ist der Kontakt mit sich selbst und mit anderen. Eine Grundbedingung für die Selbstwerdung ist der unabhängige Kontakt mit anderen Menschen. Ist dieser Kontakt gestört, entstehen verschiedene Arten von neurotischen Störungen. Dem können wir therapeutisch entgegenwirken, indem wir versuchen, den Kontakt echter zu gestalten und uns darauf einzulassen, das auszudrücken, was wir fühlen.

Selbstwahrnehmung und Selbstdeutung
Der Therapeut deutet nicht, was er bei der Klientin wahrnimmt. Er ist mehr wie ein Spiegel. Er fragt die Klientin, was sie bei sich wahrnimmt. Ob sie das irgendwoher kennt, was ihr das sagt, was das für sie bedeutet. Wenn der Therapeut ganz etwas anderes als die Klientin von sich selbst wahrnimmt, teilt der Therapeut das selbstverständlich mit. Nicht mit dem Ziel, die Klientin zu überzeugen, sondern damit sie sich damit auseinandersetzen kann. Der Therapeut versucht die Klientin zu verstehen, aber vor allem zu erreichen, daß die Klientin sich selbst verstehen kann. Das kann sie nur, wenn sie sich mit sich selbst beschäftigt und nicht mit den Deutungen, die der Therapeut ihr gibt. Der Therapeut sucht Mittel und Wege, womit er der Klientin helfen kann, sich selbst zu entdecken. Er führt, indem er der Klientin folgt.
In zwei Bereichen möchten wir die von Perls entwickelten Ansätze ergänzen.
Aus unserer Sicht können wir Krankheiten grob in zwei Kategorien einteilen:

Organische Krankheiten:
Sie entstehen im Organismus selbst, weil der Organismus in ein oder mehreren Bereichen geschwächt ist, zum Beispiel eine Grippe oder Entzündungen.

Mechanische Krankheiten:
Sie entstehen durch Einflüsse von außen, zum Beispiel ein Beinbruch bei einem Unfall.

Die Gesundung verläuft parallel zum Entstehen der Krankheit. Das bedeutet bei organischen Krankheiten: man soll sich ausruhen, gut für sich sorgen, gesund essen, sich nicht der Kälte aussetzen. Bei mechanischen, von außen beeinflußten Krankheiten bedeutet es: ein Chirurg muß beispielsweise das Bein richten. Im ersten Bereich wird es oft so sein, daß wir so lange warten, bis auch hier Eingriffe von außen notwendig werden. Oft sorgen wir so schlecht für uns, daß wir gar nicht bemerken, daß Elemente von außen immer mehr Einfluß auf unseren Körper gewinnen. (Zum Beispiel schlechtes, ungesundes Essen, Alkohol, Nikotin, Kaffee)

Andererseits leben wir in einer Gesellschaft, in der wir lernen, nicht soviel auf uns zu achten und die Sorge für uns selbst schnell Spezialisten anzuvertrauen und mechanische Eingriffe schon zu akzeptieren, bevor wir unsere organischen Lösungsmöglichkeiten völlig ausgeschöpft haben. Wie schnell nehmen wir Medikamente, statt eine Krankheit auszuheilen. Das unterstützt das eigene Ohnmachtsgefühl und fördert das mechanische Reagieren auf organische Krankheiten. Es stellt sich die Frage, ob das wirklich die richtige Entwicklung ist.

Genauso verkehrt ist es, auf mechanische Krankheiten organisch zu reagieren. Wenn wir uns mit einem Beinbruch in die Sonne legen, gesund essen und gut für uns sorgen, wird das Bein zwar wieder zusammenwachsen, aber schief stehen und in unserem weiteren Leben ein Hindernis darstellen. Für eine gute Gesundung brauchen wir hier einen Eingriff von außen.

Wie wir diese Gesundungsweisen auf körperlicher Ebene beschrieben haben, sehen wir sie auch auf psychischer Ebene. Auch da gibt es Krankheiten, die mehr von innen entstehen (zum Beispiel Nichterfüllung seiner eigenen Leistungsansprüche, die zu Resignation und Traurigkeit führen kann) und solche, die mehr von außen beeinflußt sind, wie in diesem Fall Inzest.

Im Umgang mit Klientinnen ist es wichtig, die Art der psychischen Störung richtig einzuschätzen, damit die Klientin so erfolgreich wie möglich ihre Gesundheit aufbauen kann. Dazu müssen wir möglichst viel über die Geschichte herausfinden, damit wir feststellen können, welche mechanischen Eingriffe die Klientin in ihrem Leben verkraften mußte. Nur auf diese Weise können wir ihr Hier-und-Jetzt-Verhalten besser verstehen.

Traumata, die durch starke Beeinflussung von außen entstanden sind, wie Inzest, sind nach unseren Erfahrungen nur korrigierbar durch vergleichbar starke neue Einflüsse von außen, unter anderem von Therapeuten. Das bedeutet in diesem Fall, daß wir oft direktiv und möglichst ohne Forderungen arbeiten. Wir geben der Klientin viel (Geduld, Informationen, Ruhe, körperlichen Kontakt, Zutrauen), ohne daß sie das Gefühl bekommt, etwas zurückgeben zu müssen. Je schlimmer die Erfahrungen aus der Geschichte sind, desto mehr Hartnäckigkeit brauchen wir, um ihr zu vermitteln, daß wir gemeinsam ihre Puppe wieder heil machen wollen. Die einzige Leistung, die wir von der Klientin erwarten, ist, daß sie kommt. Die Frage: »Woran möchtest du arbeiten?« oder »Was möchtest du heute?« scheint uns oft schon fehl am Platz. Die Klientin muß kommen können, ohne den Druck, daß sie etwas sagen muß oder benennen kann. Im nächsten Kapitel werden wir die Konsequenzen dieser Haltung ausführlicher beschreiben.

Materialistische Gestalttherapie

Unsere zweite Ergänzung ist der materialistische Ansatz. Er geht aus von konkret vorhandenen Materien und arbeitet auch weiterhin mit konkretem greifbaren Material. Das Materielle bestimmt die Möglichkeiten und die Grenzen des Geistigen. Alles, was innerhalb des Geistes geschieht, stammt aus der realen Welt, die ihn umgibt und die durch die Aufnahmefähigkeit der Sinne auf ihn einwirkt.

Das bedeutet, daß wir uns in der Therapie nicht nur mit den psychischen Problemen der Klientin beschäftigen, sondern auch mit ihrer tatsächlichen Lebenssituation in ihrer gesellschaftlichen Struktur. Auch in der Therapie können wir das Individuum nicht aus seiner Umwelt herausnehmen. Wichtig ist, daß die Klientin erfahren kann, daß ihre psychischen Probleme nicht nur individuelle Schwierigkeiten sind, daß sie nicht nur von ihrer Geschichte beeinflußt wird, sondern auch tagtäglich von ihren konkreten Lebensumständen von den Menschen mit denen sie lebt, von den gesellschaftlichen Strukturen und Mechanismen, in die sie eingebunden ist.

Uns ist es wichtig, daß die Klientin die Möglichkeit hat, sowohl ihre Entwicklung, als auch ihren momentanen Zustand, in Zusammenhang mit ihrer Umwelt zu verstehen. Das betonen wir auch deswegen, weil es oft nicht das Ziel der Therapie sein kann, daß die Klientin ein anderes, für sie gesünderes Verhalten entwickelt. Die Umwelt reagiert darauf nämlich oft in irgendeiner Weise repressiv. Das bedeutet dann, daß die Klientin nicht nur ihr eigenes Verhalten ändern, sondern gleichzeitig auch noch die Kraft aufbringen muß, um ihre Umwelt zumindest soweit zu ändern, daß sie ihr neues Verhalten akzeptiert. Wenn wir die Umwelt nicht mit berücksichtigen und nicht in die Therapie mit einbeziehen, erwarten wir die meiste Kraft von derjenigen, die gerade mit und durch diese Umwelt krank gemacht worden ist. Wenn die Betreuer der Inzestbetroffenen nicht versuchen, Einfluß auf deren Umgebung auszuüben, könnte die Puppe in kurzer Zeit wieder kaputtgemacht werden. Dann können paradoxe Situationen entstehen: Inzestbetroffene sind meistens kaum in der Lage, ihre Erfahrungen mitzuteilen. Je grausamer ihre traumatischen Erfahrungen sind, desto schwerer fällt es ihnen, darüber zu reden. Das kann beispielsweise zu großen Schwierigkeiten bei Gerichtsverfahren gegen den Täter führen. Ohne entsprechende Umweltunterstützung könnte die Chance für den Täter aufgrund fehlender Beweise freigesprochen zu werden, in dem Maß wachsen, in dem das Opfer unfähig ist, sein Leid auszusprechen.

Der andere Aspekt, sowohl von der konkret vorhandenen Materie auszugehen als auch mit ihr zu arbeiten, ist in der Gestalttherapie

mehr als in vielen anderen Psychotherapieformen vertreten. Wir finden das in Perls ›Hier-und-Jetzt- Prinzip‹ wieder, aber auch in seiner Technik der ›Darstellung‹. Wir fragen die Klientin, ob sie ihr momentanes Gefühl in irgendeiner Form darstellen kann. Als Ausdrucksmedium hat Perls den Körper genommen. Wenn zum Beispiel eine Klientin sagt:»Das liegt wie eine schwere Last auf meinen Schultern«, dann wird der Gestalttherapeut sie fragen, ob sie jetzt die Haltung annehmen kann, die dieses Gefühl ausdrückt. Uns reicht aber gerade in der Arbeit mit Inzestbetroffenen diese Art der Materialisierung nicht aus. Wir suchen zusätzliche realistische Ausdrucksmöglichkeiten aus folgenden Gründen:
– Die bisherige Form ist zu stark an die Sprache als Ausgangspunkt gebunden. Gerade das Ausgehen von der Sprache ist bei Inzestbetroffenen oft ein großes Problem. Wesentlicher Teil des Traumas ist das Verbot, darüber zu reden.
– Auch die Körperhaltung und die Bewegung sind flüchtig und momentan: Sie sind gleich wieder weg. Die Klientin kann sie nicht mitnehmen. Inzestbetroffene brauchen ein Selbstüberzeugungsmedium, das sie immer wieder nehmen und betrachten können.
– Wir suchen Material, wodurch sich das Unbewußte der Klientin ausdrücken kann. Das bedeutet, daß wir nicht nur fragen, ob die Klientin bestimmte momentane Gefühle ausdrücken kann, sondern wir versuchen zu erreichen, daß sie sich ausdrückt, ohne sich damit zu beschäftigen, ohne sich dessen bewußt zu sein.
Die Notwendigkeit dieses materialistischen Ansatzes hat Spring in ihrem Therapiebericht schön beschrieben:»damit sich Gefühle nicht in Luft auflösen und der Vergessenheit anheim fallen, müssen sie irgendwie festgehalten werden. Sie müssen aufgeschrieben, gemalt oder ausagiert werden (...). Denn die Selbstzweifel einer Überlebenden sind so stark, daß sie sich selber nicht für glaubwürdig hält. Die beste Art, Gefühle festzuhalten, ist, wenn wir sie bewahren und wir uns immer wieder auf sie beziehen. (...) sie stellen gewissermaßen unsere Landkarte dar. (...) das Papier in meiner Hand war wirklich. Verzweifelt hielt ich mich daran fest.«[9]
Mit dieser Methode der materialistischen Gestalttherapie versuchen wir, mit der Klientin gemeinsam zu entdecken, wie kaputt die Puppe

ist, wo sie kaputt ist, wer sie kaputtgemacht hat und wie sie wieder zu heilen ist. Schwerpunkt der Therapie liegt also nicht im Verändern, sondern im Verstehen und im Entdecken, was bis jetzt auf welche Weise passiert ist und welchen Einfluß das auf den Lebensstil der Klientin hatte und noch hat.

Was ist kaputt?

Für wesentliche Teile der Zerstörung ist das totale Verbot, mit irgend jemand über das Vorgefallene zu reden, verantwortlich. Es ist eine erzwungene Isolation entstanden, die zur Verwirrung des Gefühlsempfindens geführt hat. Es entsteht ein generelles Unwohlsein: Das Kind spürt die fehlende Verbindung von Wissen und Fühlen. Gertrud, unsere Klientin, beschreibt:

Ich kann nicht mehr phantasieren, ich habe kein Gefühl mehr. Ich weiß nicht mehr, was echt schön war oder scheußlich. Ich habe Angst. Mit Sexualität kann ich überhaupt nichts mehr anfangen. Wenn mein Mann mit mir schlafen will, denke ich, soll er das doch machen. Ich lege mich wohin, dann kann er ihn reinstecken. Ich lasse ihn mit meinem Körper machen, was er will, ich bin nicht da. Ich fühle nichts mehr.

Die Integration der Sexualität ist auseinandergezogen: entweder ist sie eine Frau ohne Sex oder ein Flittchen, eine dreckige Schlampe.[10] Körper, Denken und Fühlen scheinen völlig auseinandergerissen zu sein. Das Ergebnis ist, daß die Körperwahrnehmung minimalisiert oder sogar völlig ausgeklammert wird. Gefühle, die trotz allem auftauchen, werden stark kontrolliert und in dosierter Form herausgelassen. Barbara: »Ich merke, wie mir ganz heiß die Traurigkeit hochsteigt, und ich meinen Mechanismus, dieses Gefühl herunterzudrücken, einsetze. Meine Traurigkeit ist so stark, daß mir die Tränen kommen und ich das Gefühl habe, diese Situation nicht mehr aushalten zu können. Ich gehe hinaus, weil ich nicht mehr ›vernünftig‹ sein kann und andere mit meinen Gefühlen nicht stören will. Ich habe oft das Gefühl, wenn ich starke Emotionen habe, diese zurückhalten zu müssen, um nicht zu stören.« Die einzige Überlebenschance ist die intellektuelle Seite, kombiniert mit Arbeit und Leistung: die Funktionsfähigkeit. Die Klientinnen fangen oft im späteren Alter noch ein Studium an und versuchen Arbeit zu finden, worin sie sich bestätigt fühlen. Sie haben das Gefühl, etwas leisten zu müssen, um Respekt zu bekommen, um – anderen und sich selbst – zu beweisen, daß sie trotz allem wertgeschätzt werden können. Es ist das Mittel gegen Selbsthaß, gleichzeitig aber die Basis für Unabhängigkeit. Schließlich sind Arbeit und intellektuelle Leistung auch Bereiche, in denen das Kind oder die Frau ihre eigene Identität aufbauen kann, weil der Täter da meistens nicht eindringen kann.

Therapeutisch hat diese Kontrolle, diese intellektuelle Überlebensstrategie große Bedeutung. Es kann zwar den therapeutischen Prozeß für den Therapeuten schwerer machen, weil die Klientin vieles kontrolliert und rationalisiert. Das ist etwas, was viele Therapeuten als störend, als Widerstand erleben.

Wir möchten dafür plädieren, die intellektuelle Fähigkeit und Arbeitsfähigkeit sehr wertzuschätzen, auch wenn sie sich als eine Widerstandsform zeigt. Denn die Frau lebt nicht für die Therapie, sie braucht die Therapie für ihr Leben. Und in ihrem Leben bieten ihr Intellekt und Arbeit gerade die größte Stabilität. Darin braucht sie unsere Unterstützung und Wertschätzung.

Weil das Kind die Inzesterfahrungen nicht einordnen kann, ist die Integration von Körper, Gefühl und Denken auseinandergerissen. Dadurch können die Erlebnisse nicht in die Persönlichkeit integriert werden. »Das führt zur Abtötung des wahren Selbst und zum Aufbau eines falschen Selbst.«[11] Diese Desintegration drückt sich in Hoffnungslosigkeit aus, in dem Gefühl, nichts mehr machen zu können. Die Hoffnungslosigkeit kann dann so stark werden, daß der Frau letztlich nur noch ein Hilferuf bleibt: der Suizidversuch. In einem Forschungsbericht heißt es, daß von allen Frauen, die mit einem Suizidversuch in eine Klinik aufgenommen werden, 70% mißhandelt oder sexuell mißbraucht wurden. Es bedeutet aber nicht, daß sie tatsächlich sterben möchten. Sie wissen nur, daß sie so nicht weiterleben wollen. Es ist ein Hilfeschrei. Sie haben keinen anderen

Weg gefunden, um ihre Probleme zu lösen. Jonkers plädiert dafür, auch in der Therapie mit diesen Frauen über Suizid zu reden. Es beschäftigt sie. Eine Tabuisierung dieses Themas durch den Therapeuten hilft ihr nicht weiter. Wenn das thematisiert wird, können viele Frauen auch entdecken, daß sie den Suizidversuch nicht als Todeswunsch erleben. Für viele hat nämlich der Suizidversuch neben dem Hilfeschrei auch die Funktion, daß sie selbst über eine Alternative verfügen können. Auch wir gucken in Räumen, die wir nicht kennen, zuerst immer, wo der Notausgang ist. In Hotels können wir erst ruhig schlafen, wenn wir gesehen haben, wo die Brandtreppe ist. Um uns zu beruhigen, suchen wir das Wort: ›EXIT‹. Nicht weil wir weggehen wollen. Wir sind aber beruhigt, wenn wir wissen, daß wir weggehen können.

Zentrale Aufgabe der Therapie mit Inzestbetroffenen ist das Wiederherstellen der Integration von Körper, Seele und Geist. Dazu muß der Mut erweckt werden, über die traumatischen Erfahrungen zu sprechen, trotz Verbot, trotz Tabu. Das Aussprechen und das Wissen darüber reicht selbstverständlich nicht aus, um die Erfahrungen zu bewältigen. Voraussetzung für die Verarbeitung der Erlebnisse ist das Neudurchleben der Erfahrungen. Wir müssen zurück zu dem Punkt, an dem die Desintegration entstanden ist. Wenn die Erfahrungen wieder durchlebt werden, begleitet von einem Therapeutenpaar, das der Klientin Sicherheit vermittelt und ihr die Angst nehmen kann, kann sie den Kontakt mit ihrem Körper wieder herstellen, kann sie ihre Gefühle wieder wachrufen und diese Erfahrungen in ihrem Wissen neu einordnen. Wir möchten vor Therapieformen warnen, in denen das Ziel im Ausleben beziehungsweise Ausagieren liegt. Notwendig ist nicht das Ausleben, sondern das Durchleben der traumatischen Erfahrungen, damit eine neue Integration zustande kommen kann. Das Ausleben von zurückgehaltenen Gefühlen kann durchaus ein Teil dieser neuen Integration sein.

4
Welche Rolle spielt der Körper?

Ursula:
»In dem Moment schoß so irgend etwas aus meiner Scheide heraus. Ich dachte, das muß ganz etwas Schreckliches sein. Das darf keiner merken. Von da ab lief das immer. Ich hatte noch nicht meine Tage. Das war so eine Scheidenflüssigkeit. Von da ab lief ich bis letztes Jahr Weihnachten immer mit Slipeinlagen, Tempotaschentüchern herum. Immer wenn da irgendein Kontakt in Aussicht war, lief das und lief das. Es ist vorbei, seitdem ich gefunden habe, woher es kommt. Meine Mutter hatte nie mit mir darüber gesprochen. Ich habe gemerkt, daß sie mich überall kontrollierte. Selbst meine Unterwäsche.
Dann war erstmal Ruhe. Ein Jahr später habe ich mit meinem Bruder und meinem Vater eine Radtour gemacht. Da hat er das Spiel fortgesetzt. Wir haben zwei Zelte aufgebaut. Ich habe gedacht, ich kann bei meinem Bruder schlafen. Der ist ein Jahr jünger als ich. Das war aber nicht so. Ich mußte alleine schlafen.
Ich habe dann irgendwann angefangen zu schreien. Er hat meinem Bruder erzählt: »Ich wollte sie trösten, sie hat so schlecht geträumt.« *Ich bin dann an meinem Vater vorbei, aus dem Zelt, ans Wasser gerannt. Der Campingplatz war am Wasserrand. Ich wollte mir das Leben nehmen. Scheiße, das nützt nichts, ich kann ja schwimmen. Da kam ein Gewitter. Seitdem habe ich eine unheimliche Angst vor Gewitter und vor Wasser. Ich konnte nie mehr im Wasser sein. In alle Lebensbereiche ist er eingedrungen. Die ganze Natur ist mit meinem Vater verbunden.*
(Gerry fragt, was in dem Zelt passiert ist.)
Er ist nachts gekommen. Ob er Geschlechtsverkehr wollte, weiß ich nicht. Jedenfalls hat er was mit seinen Händen an der Scheide gemacht. Er ist mit dem Finger eingedrungen. Ich habe dann laut geschrien. Darauf ist mein Bruder gekommen und sah meinen Vater bei mir. Er sagte zu ihm: ›Die Große hat wohl geträumt.‹

Danach hat mein Vater mich ein ganzes Jahr nicht beachtet. Er hat sich bei meiner Mutter über mich beklagt. Inzwischen war mein jüngerer Bruder geboren.
Mutter hat zu mir gesagt: ›Wenn du dich besser benehmen würdest, dann wäre Vater auch anders zu dir.‹
Ich wußte nicht, wie ich mich anders benehmen sollte. Ich habe im Haushalt mitgeholfen, ich habe die Tiere versorgt und meinen Geschwistern geholfen. In der Schule gab es keine wesentlichen Probleme. Doch einmal mußte meine Mutter kommen. Die Lehrerin hatte zu meiner Mutter gesagt: »Sie lacht nie. Warum ist Ihr Kind so ernst. So ernst kann ein Kind mit zwölf Jahren nicht sein.« Meine Mutter hat mir das erzählt. Sie hat mich angeguckt und gesagt: ›Hör zu, ich will keine Klagen mehr über dich.‹ Seitdem habe ich in der Schule gelächelt.
(Ursula weint) Ich weiß bis heute noch nicht, was es zu lachen gibt. Ich fühle es nicht. Schadenfreude, Gehässigkeit, das fühle ich. Ich merke jetzt, wie meine Beine zittern, sich verkrampfen.«

Nach dem Schrei in dem Zelt hat Ursula 29 Jahre geschwiegen und gelächelt. Sie hat es keinem erzählen können. Später hat sie nur noch den Schmerz gespürt und hat die ihn verursachende Erfahrung verdrängt. Durch eine Erfahrung in ihrer Ausbildung wurde ihre Erinnerung wieder wachgerufen. Viele Frauen können ihr Schweigen erst nach etwa 20 Jahren durchbrechen. Und viele Frauen können oder wollen ihr lebenslanges Schweigen nie durchbrechen. Dieses Schweigen ist aber nur verbal zu verstehen. Der Körper schweigt jedoch nicht. Er reagiert sofort und zeigt seine Reaktionen ununterbrochen, notfalls lebenslänglich. Er wartet nur auf einen Zuhörer, der seine Sprache versteht. Weil die Erfahrungen so grausam sind, muß die Betroffene eine Strategie entwickeln, mit der sie überleben kann. Der erste Schritt auf diesem Weg ist, daß Gefühle und Gedanken vom Körper getrennt werden. Es ist, als ob sie Teile von ihrem Körper nicht mehr wahrnehmen wollte.

Körpererinnerung

Gertrud beschreibt:

Ich habe nur noch einen Kopf, keinen Leib, keinen Körper. Das ist viel bequemer. Es nimmt mir einen Haufen Elend. Und Hände, ja. Ich brauche meine Hände für die Arbeit. Aber den Rest brauche ich nicht.

Daß die Betroffenen ihren Körper nicht mehr wahrnehmen, bedeutet aber keineswegs, daß der Körper auch nicht reagiert. Die Inzesterfahrung ist zuerst eine körperliche Erfahrung. Der Körper hat diese Erfahrung erlebt und registriert. Unseren Erfahrungen nach hat der Mensch nicht nur eine intellektuelle Erinnerung, sondern auch eine Körpererinnerung. Bei jeder Art ähnlicher Berührung an ähnlichen Stellen kommen die Erinnerungen an diese Erfahrungen wieder hoch. Dies trifft für alle Sinnesorgane zu. Ein Geruch kann die Erinnerung wieder wachrufen, ein Geräusch, ein Bild, eine taktile Wahrnehmung. Diese Erinnerung bleibt immer im Körper gespeichert. Sie kann in neuen, erotischen oder sexuellen Situationen auftauchen. Erinnerungen werden aber genausogut wieder in alltäglichen Situationen lebendig, die überhaupt nichts mit Sexualität zu tun haben, wie zum Beispiel Ursulas gestörtes Verhältnis zur Natur.

Barbara:

Als ich acht Jahre alt war, war meine Mutter arbeiten und dann war ich nachmittags nach der Schule mit meinem Vater alleine. Ich mußte mich dann ausziehen, er hat sich auch ausgezogen und mich gestreichelt und sich mit seinem Glied an mir gerieben. Ich hätte mich wehren müssen, ich hätte weglaufen müssen, ich bin schuld. Fast jeden Tag, wenn ich mich ausziehe, schäme ich mich, bekomme ich wieder so eine Art Schuldgefühl.

Der Körper ist aber nicht nur ein Erinnerungsbereich. Er zeigt auch. Er zeigt der Betroffenen, was mit ihrem Körper passiert ist. Viel schlimmer ist aber das Gefühl der Frau, daß auch andere an ihrem Körper schon sehen können, was sie mit ihrem Körper erlebt hat. Ursula spürt, wie ihre Mutter und Geschwister gucken, und ist davon überzeugt, daß sie es an ihr sehen können. Sie haben aber nur die Heideäste gesehen. Aus dieser Angst, daß jeder es an ihrem Körper ablesen kann, meiden viele Betroffene Situationen, in denen sie sich ausziehen oder umziehen müßten. Obwohl sie gerne an Gruppen teilnehmen würden, die schwimmen, turnen, Jazzballett oder Aerobic machen, können sie es aus diesen Gründen nicht.

Auf diese Weise verwandelt sich die Nicht-Wahrnehmung des Körpers zum Haß auf den eigenen Körper. Der Körper wird als schmutzig, dreckig, störend empfunden. Es entwickelt sich ein negatives Körperbild. Das wird noch dadurch verstärkt, daß der Körper nicht nur die Erinnerung mitträgt, sondern auch die Schmerzen spüren läßt. Auf und im Körper finden auch die autoaggressiven Reaktionen statt: Selbstzerstörung oder psychosomatische Reaktionen.

Zusätzlich reagiert der Körper auch auf die traumatische Verletzung. Es ist der Bereich, in dem interpersonale Konflikte auf intrapersonaler Ebene gelöst werden. Das Kind kann den durch die Verletzung entstandenen Konflikt mit dem Täter nicht lösen und kann sich auch an keinen anderen Menschen wenden. Teilweise wird der Konflikt stellvertretend mit anderen Menschen unbewußt ausgetragen. Betroffene Kinder geraten dadurch bei Kontakten oft in große Schwierigkeiten. Sie werden plötzlich aggressiv, gehässig, ohne daß die anderen es verstehen können. Letztlich bleibt das Kind mit seinen Konflikten alleine. Der Konflikt ist nicht weg und breitet sich in seinem Körper aus. Das führt zu verschiedenen Arten körperlicher Symptome, wie beispielsweise die Scheidenflüssigkeit, die Ursula erwähnt, aber genausogut ihre Spannung und das Zittern in den Beinen.

Schlußfolgernd können wir sagen, daß der Körper in ernsthaftem Maße geschädigt ist. Die Berührung und mögliche Aufregung in dem Inzestkontakt durchbrechen die Grenzen der eigenen Leiblichkeit. Das meist Private, Intime wird einem hiermit weggenommen. Je jünger das Kind ist, desto eingreifender ist diese Erfahrung. Das hat wahrscheinlich damit zu tun, daß das Kind bisher noch wenige Möglichkeiten hatte, seinen Körper und seine Gefühle mit seinem bewußten Wissen zu integrieren. Das Kind lernt gerade die eigene Körperfunktionen zu beherrschen. Gerade die Ein- und Ausgänge des Körpers werden bei der Inzesterfahrung mißbraucht. Damit wird die Selbstkontrolle zerstört.

Um Inzestbetroffene sowohl in ihrem Reden als auch in ihrem Schweigen verstehen zu können, ist es notwendig, daß der Therapeut die Sprache des Körpers versteht. Nicht mit dem Ziel, Probleme zu deuten, denn damit hilft er der Klientin keinen Schritt weiter, sondern mit dem Ziel der Klientin zu vermitteln, daß sie schon sehr viel spricht und daß sie darin verstanden wird. Das bedeutet, daß der Therapeut ständig versuchen muß, den Körper der Klientin zu beobachten und seine Beobachtungen der Klientin mitzuteilen. Nur durch ständige Wahrnehmung des Therapeuten begleitet, kann die Inzestbetroffene ihren eigenen Körper wieder sehen lernen.

Es gibt drei Beobachtungsbereiche:
Wie geht die Betroffene mit ihrem eigenen Körper um?
Wie erlebt sie Spaß, Lust am eigenen Körper?
Wie redet sie über ihren eigenen Körper?

Obwohl jede Betroffene auf eigene Weise mit ihrem Körper auf die Erlebnisse reagiert, sind in ihren Erfahrungen viele Gemeinsamkeiten. In unseren Erfahrungen mit erwachsenen Frauen sind folgende Aspekte auf körperlicher Ebene prägnant:

— Angst vor Berührung.
— Erschrecken bei Berührung von Oberschenkel, Po, Bauch, Schultern.
— Sich nicht nahe zu anderen setzen oder nahe bei anderen stehen.
— Nicht bei Spielen wie Kitzeln, Raufen usw. mitmachen.
— Hüftgelenk und Oberschenkel nicht bewegen: es ist als ob der Bereich zwischen Nabel und Knie zugeschlossen ist.
— Kein spontanes Bewegungsspiel.
— Angst, auf dem Rücken zu liegen.
— Bauchschmerzen, Kopfschmerzen, Schmerzen in den Oberschenkeln, Schmerz beim Pinkeln, Angst zu koten.
— Tagsüber schläfrig, gestörtes Schlafverhalten: oft nicht wach, oder, sehr oft, wie totgestellt.
— Negative Selbstbewertung: keine oder nur eine negative Erzählung über sich selbst.

Weitere häufig auftretende Störungen sind:
- Angst
- Machtlosigkeit
- Sich-Schämen
- Gefühle von Einsamkeit
- Eß- und Verdauungsprobleme
- Angst, Frau zu werden

All diese Signale können wir verstehen als einen unbewußten Hilferuf an die Mutter und die Öffentlichkeit.

Leider verstehen viele betroffene Kinder und Frauen selbst nicht, daß ihr Körper auf diese Weise um Hilfe schreit. Sie fühlen sich zwar »wie mit einer häßlichen Beule, die du schon jahrelang hast«, was sie zwar traurig, sehr traurig macht, worauf sie aber meistens nur eine Antwort haben: »Du mußt nur damit leben.«

Konsequenz dieser Entwicklung ist, daß die Therapie da anfängt, wo auch die traumatische Erfahrung angefangen hat: mit dem Körper. Das heißt dann nicht nur über den Körper zu reden, sondern vor allem mit dem Körper zu arbeiten. So, wie der gestörte Körper die Psyche krankmachen kann, kann auch ein sich heilender Körper die Psyche mitheilen. Hinzu kommt, daß die Gefühle auch oft für die Klientin selber schlecht greifbar und schlecht zu verstehen sind. Der Körper ist aber kontrollierbar anwesend. Sie kann ihn betrachten, anfassen, im Spiegel anschauen.

In der Körperbeobachtung und Körperarbeit sind folgende Bereiche wichtig:

Körperwahrnehmung

Unsere Erfahrung ist, daß sämtliche Inzestbetroffene sich nur beschränkt wahrnehmen. Bestimmte Körperbereiche verdrängen sie aus ihrer Wahrnehmung völlig. In der Therapie können sie die Erfahrung machen, sich selbst wieder neu und vollständig wahrzunehmen. Das kann der Therapeut erreichen, indem er Fragen stellt, wodurch die Klientin auf ihren eigenen Körper gerichtet wird. Mindestens so wichtig dabei ist aber, daß die Therapeuten mitteilen,

was sie vom Körper der Klientin wahrnehmen. Je mehr die Therapeuten deren Körper wahrnehmen und ernstnehmen, desto besser
kann die Klientin das Interesse daran wieder entwickeln, nur dadurch kann sie lernen, ihren Körper wieder wertzuschätzen und zu
entdecken, daß sie ein Recht auf einen eigenen Körper hat. Wichtig
bei allen Fragen und Mitteilungen ist es, daß die Klientin nie das
Gefühl bekommt: »Oh, mache ich was falsch, ist es nicht gut so?«,
weil sie viele Fragen und Mitteilungen sofort als Kritik empfinden
wird. Sie können sich zum Beispiel vorstellen, wie Ursula reagieren
würde, wenn einer von uns ihr gesagt hätte: »Du guckst so ernst.«
Die Wahrnehmung kann zwar stimmen, dennoch kann sie es mit
ihrer Geschichte sofort als Kritik auffassen und verunsichert werden.
Vieles können wir und die Betroffenen verstehen, wenn wir auf die
Sprache ihrer Hände ›hören‹.

Thijs: »Spürst du deine Hände?«
Gertrud: »Nein, darauf habe ich nicht geachtet während ich mit dir
gesprochen habe. Aber was ist denn damit?«
Thijs: »Kannst du die Hände mal so halten wie du sie jetzt hast und
schau sie einmal an. Was fällt dir auf?«

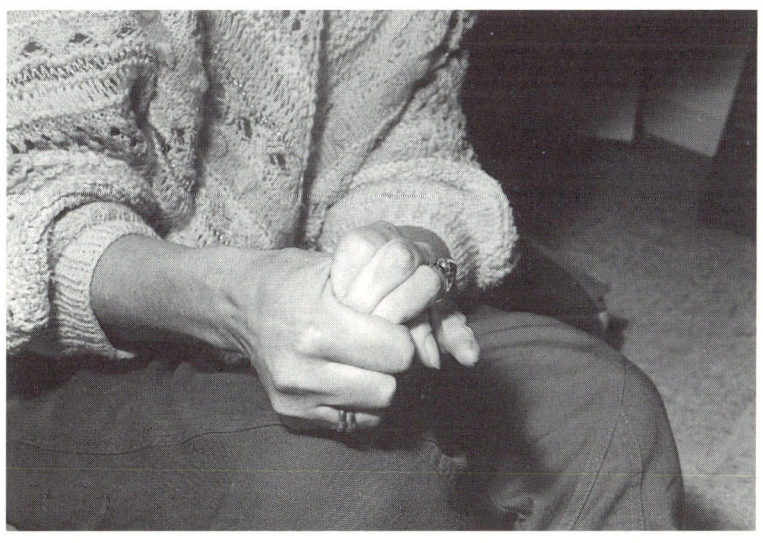

Gertrud: »Ich drücke die Finger zusammen.«

Thijs: »Kannst du die Finger einmal spüren. Wie fühlt sich dieses Drücken an?«

Gertrud: »Ich fühle den Druck. Ich sehe, daß die Finger weiß werden. Ganz weiß. Aber das macht nichts. Ich kann das gut ab. Ich tue das immer, wenn ich über etwas Schwieriges reden muß. Es ist, als ob ich mich zu etwas presse.«

Wir reden weiter über ein anderes Thema. Nach einiger Zeit fällt mir auf, daß Gertrud ihren Finger in den Ring des Schlüsselbundes klemmt. Bis die Spitze ganz rot wird.

Thijs: »Merkst du was du mit deinem Finger machst?«

Gertrud: »Tsch…, ja. Wo du das jetzt wieder sagst, sehe ich, daß ich meinen Finger da abklemme. Aber ich spüre das nicht.«

Während wir weiter reden, vergrößert sie offensichtlich den Druck auf den Finger.

Thijs: »Guck noch einmal auf deine Hände.«

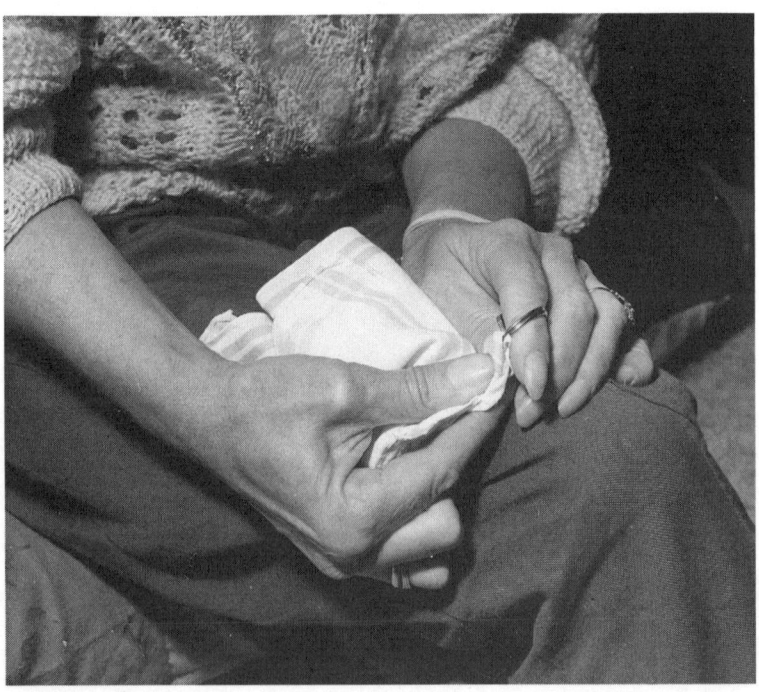

Gertrud: »Ich sehe, daß das Blut herausgeht. Ich habe offensichtlich noch stärker gedrückt, nicht?«

Thijs: »Es sieht so aus. Merkst du, wie du mit dir umgehst?«

Gertrud: »Nicht so gut, ne. Es ist als ob ich mich damit bestrafe. Ich mag mich auch überhaupt nicht.«

Thijs: »Magst du mal versuchen, anders mit deinen Händen umzugehen.«

Gertrud: »Wie denn?«

Thijs: »Zum Beispiel statt kneifen, deine Finger zu streicheln. Dir etwas Gutes zu tun. Gut für dich zu sorgen.«

Gertrud: »Ich kann es mal versuchen. Aber das tue ich sonst auch nie. Warum soll ich mir etwas Gutes tun. Was gibt es denn überhaupt für Gutes? In meinem Leben gibt es nichts Gutes mehr. Es ist alles nur Scheiße.«

Thijs: »Versuche es einmal.«

Das Gespräch geht weiter und Gertrud versucht, ansatzweise ihre Hände zu streicheln. Sie hat aber immer noch den Schlüsselbund und das Taschentuch in ihrer Hand. Nach kürzester Zeit ist der Ring des Schlüsselbundes wieder um den Finger, und sie hat zusätzlich das Taschentuch um den Finger gewickelt und angezogen.

Thijs: »Kannst du noch einmal auf deine Hände gucken?«

Gertrud: »Uh, habe ich es wieder gemacht. Ja ich bin so schnell vergeßlich.«

Körperkontakt

Durch die Inzesterfahrung ist das Vertrauen in einen positiven Körperkontakt erheblich gestört. Jeder Mensch braucht Körperkontakt. Zum Beispiel in der liebevollen Umarmung.

Keiner der fragte,
wie geht es dir
einmal einen Arm um mich legte
und sagte ›ich liebe dich‹.[12]

Aber auch eine stützende Schulter als Trost oder eine Hand auf dem Rücken sind positive Körperkontakte, die Inzestbetroffene oft mehr als viele andere Menschen brauchen. Gleichzeitig haben sie eine riesige Angst davor. Sie wissen keinen anderen Ausweg, als sich oft fern von jedem Körperkontakt zu halten. Diese Barriere durchbrechen können sie selber oft nicht mehr. Das fordert Sicherheit, Zutrauen und Geduld, aber vor allem auch Handeln von den Therapeuten.

Dazu ist es notwendig, daß wir Körperberührungen, zum Beispiel im Rahmen der körperlichen Versorgung, nicht sofort mit sexuellem Mißbrauch assoziieren, wie Freud und auch zum Teil Miller es machen. Es wäre unseres Erachtens falsch, wenn der Therapeut aus Angst vor der traumatischen Erfahrung diese bestätigt, indem er keinen Körperkontakt mit seiner Klientin aufnimmt. Wie kann die Klientin ihre Angst vor Körperkontakt überwinden, wenn sie dabei nicht von einem vertrauensvollen Menschen Schritt für Schritt begleitet wird. Selbstverständlich ist es ein Bereich, wo der Therapeut sehr behutsam vorgehen soll. Der Therapeut versucht Stellen zu entdecken, an denen die Klientin ohne viele Probleme Körperkontakt akzeptieren kann. Zum Beispiel eine Berührung mit den Füßen. Das kann geschehen, indem die Füße gegeneinander gehalten werden, aber es kann genausogut ein Spiel oder ein Kampf mit den Füßen sein. Diese Erfahrung wird fortlaufend verbunden mit Wahrnehmung. Das bedeutet, daß der Therapeut bei jeder Berührung fragt, was die Klientin dabei empfindet und was diese Berührung an Gefühlen und Erinnerungen auslöst. Selbstverständlich soll der Therapeut vermeiden, daß dieser Körperkontakt ein erotischer beziehungsweise sexueller Kontakt wird. Die Gefahr, daß ein Körperkontakt bewußt oder unbewußt zum erotischen Kontakt wird, ist letztlich inhärent in unserer Arbeit. Wir sind schließlich Menschen, die mit Menschen arbeiten, und beide haben ihre Gefühle. Wenn wir aufgrund dieser Gefahr keinen Körperkontakt mit der Klientin aufnehmen, lassen wir sie mit einem wesentlichen Teil ihrer Problematik im Stich. Wir können viel über Körperkontakt reden, aber es erleben ist etwas anderes. Und eine Frau, die soviel Angst davor hat, kann das nur in einem Freiraum ausprobieren. Dazu ist gerade das therapeutische Setting geeignet. Wir können nicht erwarten, daß die Frau mit allen ihren Ängsten und traumatischen Erfahrungen in der Lage ist, selbständig neue Körperkontakte auszuprobieren. Deshalb ist es für uns Therapeuten notwendig, für dieses Problem eine Lösung zu finden. Wir haben die Lösung darin gefunden, daß wir diesen Teil der Therapie nur durchführen, wenn wir mit zwei Therapeuten anwesend sind. Der Therapeut nimmt den Körperkontakt auf, während die Therapeutin die Wahrnehmungsfragen stellt (oder umgekehrt). Hierdurch wird vor allem vermieden, daß die Klientin sich wieder mit irgend jemandem, der etwas mit oder an ihrem Körper macht, alleingelassen fühlt. Zum ersten Mal kann sie sich geschützt fühlen, weil ein Zeuge dabei ist.

Auf diese Weise helfen wir auch mit, daß sexuelle Kontakte innerhalb der Therapie nicht mehr möglich sind.

In einer Forschung in den Niederlanden wurde folgendes wahrgenommen: Ca. 25% der weiblichen Klienten erleben sexuelle Kontakte mit ihrem Psychotherapeuten. In drei Viertel der Fälle hat der Therapeut die Initiative zur erotischen Annäherung ergriffen. 13% dieser Frauen hatten eine Inzesterfahrung.[13] Im Bereich des Körperkontaktes ist die ›Körperreise‹ möglich.

Die Klientin legt sich auf den Boden. Der Therapeut legt eine Hand auf einen Körperteil. Die Klientin erzählt, wie sie diesen Kontakt erfährt, welche Gefühle und Erinnerungen auftauchen. Die Therapeutin schreibt diese Informationen auf. Weil Körpererinnerungen in jedem Körperteil sehr verschieden sein können, ist es wichtig, daß auch symmetrische Körperteile separat berührt werden: eine Hand auf das rechte Auge, später auf das linke Auge. Eine Hand auf der rechten Hüfte, später auf der linken Hüfte. Auf diese Weise reist die Hand der Therapeutin oder des Therapeuten über den gesamten Körper, die erogenen Zonen eingeschlossen, sowohl auf der Vorderseite des Körpers wie auch auf der Rückseite, wobei die Klientin dann auf dem Bauch liegt. Auf diese Weise bekommen sowohl Therapeuten als auch Klientinnen ein Totalbild von ihren Gefühlen und Erinnerungen in ihrem Körper. Zu dritt kann dann wahrgenommen und besprochen werden, wie der Körper sich anfühlt, wie die Erinnerungslandkarte aussieht und wo starke Gefühle und Gefühlsblockaden sind.

Stabilität und Gleichgewicht

Die psychische Stabilität des Menschen zeigt sich in seinem körperlichen Gleichgewicht. Je stabiler er sich fühlt, desto besser kann er stehenbleiben, wenn wir versuchen ihn umzuschubsen, zu schieben, zu drücken.
Im Körper zeigt sich seine ausgeprägte oder nicht vorhandene Standfestigkeit.

Gerry: »Kannst du malen, wie du deinen Körper erlebst?«
Ursula malt folgendes Bild:

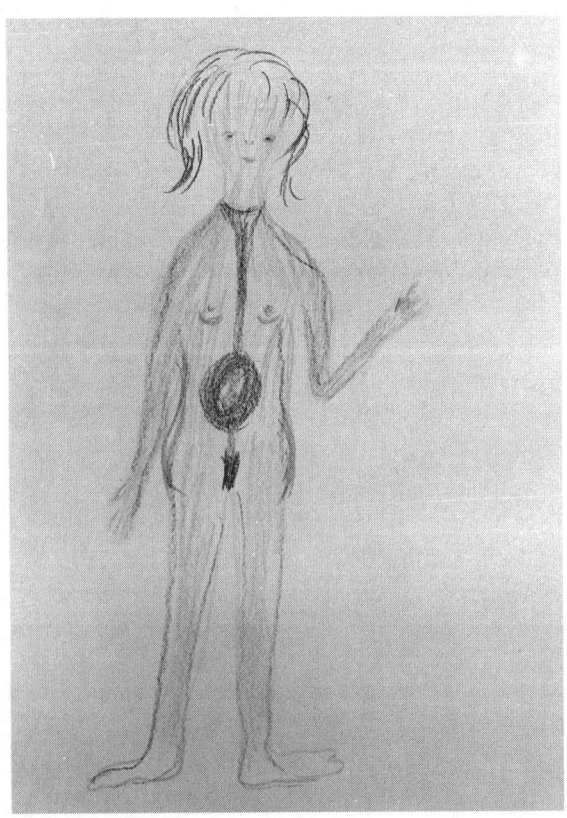

Gerry: »Kannst du etwas zu dem Bild sagen, fällt dir etwas auf?«
Ursula: »Ich bin schlanker auf dem Bild als ich in Wirklichkeit bin. Große Hände, große Füße. Wozu ich immer eine gute Beziehung hatte. Ich habe sie immer gemocht, immer dafür gesorgt, daß sie gut aussehen. Meine Haare habe ich nur angedeutet. Als Kind hatte ich ganz lange Haare, bis zum Po. Ich habe sie mit 16, nein 17, abschneiden lassen und wollte sie auch nicht mehr wachsen lassen. Damit habe ich erst im letzten Jahr wieder angefangen. Da freue ich mich drüber. Ich lasse sie einfach mal so wild wachsen. Grüne Augen, die habe ich manchmal. Da muß etwas sprühen, das hat etwas mit Intensität zu tun. Wenn ich so herauf gucke, sehe ich, daß der Körper ist, wie von einem jungen Mädchen. So fühle ich mich auch manchmal. Das Schwarze ist dieser Schmerz, der von der Kehle ausgeht, sich in die Bauchhöhle drängt, bis zur Scheide geht und da zur Ausscheidung kommt. Hier, unter der Haut, ist für mich so eine Kälteschicht. Das fühle ich manchmal. Das Schwarze kommt vom Bauch aus und ist schon zur Kehle gekommen. Manchmal kommt es heraus durch Kotzen. Es ist dann aber, als ob sofort wieder eine Kette darum gelegt wird.«
Gerry: »Mir fällt auf, daß die Füße keine Farbe haben.«
Thijs: »Hast du oft kalte Füße?«
Ursula: »Ja, aber seltsamerweise nicht, wenn ich barfuß laufe.«
Gerry: »Mir fällt auch auf, daß Kopf und Beine sehr karg gefärbt sind. Die meiste und auch kräftigste Farbe ist im Rumpf- und Armbereich.«
Ursula: »Komisch, ich habe oft Schwierigkeiten zu stehen. Vor allem mit dem linken Fuß. In Situationen, die emotional geladen sind.«
Thijs: »Können wir einmal ausprobieren, wie du stehst?«
Gerry: »Stehst du bitte einmal auf. Einer von uns versucht dich aus dem Gleichgewicht zu bringen. Du spürst, wie du auf jeden von uns reagierst.«
Zuerst schiebt, drückt oder schubst Gerry Ursula. Danach macht Thijs das gleiche.
Gerry: »Hast du Unterschiede gemerkt?«
Ursula: »Ja, bei Thijs kam Wut hoch. Mit dir, Gerry, war das

spielerischer. Da war ich beweglicher. Mit Thijs war es verbissener.
In beiden Situationen konnte ich gut stehenbleiben, hatte ich einen festen Stand.«

Gerry: »Ich merkte, daß du meinen Angriff in deinen Körper aufgenommen hast. Du hast damit gespielt, ohne dein Gleichgewicht zu verlieren. Es war sehr flexibel. Du hast die Knie bewegt, die Hüfte und die Schultern.«

Thijs: »Sobald ich dich berührt habe, hast du dein Gewicht gegen mich eingesetzt. Du hast deinen Körper wie ein Brett gemacht und es gegen meinen Druck angelehnt. Dabei hast du zwar dein Gleichgewicht behalten, aber sobald ich meine Position änderte...«

Ursula: »... bin ich fast umgekippt.«

Thijs: »Im Gesamtkörper war dann keine Bewegung.«

Gerry: »Für mich war es ein Unterschied im Stehen, wie zwischen einem Stück Stahl und einem Strohhalm im Wind.«

Ursula: »Meine Beine zittern. Es ist, als ob viel Spannung darin ist. In Kontakt mit Männern verhärte ich mich auch sofort.«

Die Arbeit mit dem Gleichgewicht brauchen wir nicht nur diagnostisch zu verwenden, wie wir das hier beschrieben haben. Es ist auch gleichzeitig reperativ. Die Klientin merkt beispielsweise, wie der Körper ihr in der Flexibilität auch wieder Spaß vermitteln kann. Weiterhin benützen wir diese Übung, um das körperliche Gleichgewicht zu verbessern. Die Klientin spürt, wie sie über direkten Körperkontakt auch ihren Stand verbessern kann. Sie merkt, wie sie auf verschiedene Kontakte mit ihrem Körper unterschiedlich reagiert. So kann sie auch lernen, auf Männerkontakte mit ihrem Körper beweglich zu reagieren. Zentral dabei bleibt der Gedanke, daß der Körper die wahrnehmbare Ausdrucksform davon ist, was psychisch erlebt wird. Labile Gefühle kann die Klientin oft schlecht beschreiben. Über ihren Körper kann sie es deutlich zeigen. Da ist es auch für sie selbst kontrollier- und wahrnehmbar. Gleichzeitig können wir jedoch, indem wir das physische Gleichgewicht verbessern, einen positiven Einfluß auf das psychische Gleichgewicht ausüben. Wir merken, daß die Frauen, die in der Lage sind, körperlich besser stehen zu bleiben und einen besseren Stand zu entwickeln, sich auch in anderen Situationen besser behaupten und durchsetzen können. Auch ihre psychische Stabilität nimmt zu. Diese Gleichgewichtsübungen zielen nicht ausschließlich auf die Standfestigkeit ab. Es ist gleichzeitig auch ein Umgehen mit Kontakten. Die Standfestigkeit kann die Klientin nur überprüfen, indem sie direkten Körperkontakt mit anderen Menschen erfährt, die in diesem Fall versuchen, sie aus dem Gleichgewicht zu bringen. Jedesmal geht es um Körperberührungen. Diese Art Körperberührungen sind oft am wenigsten bedrohlich. Die Klientinnen können leicht einsteigen, weil sie sich gegen diese Berührungen auch wehren können, sogar sollen. Diese Art Körperkontakt kann auch leicht ein Toben und Kämpfen werden. Auch das brauchen die Inzestbetroffenen. Wir merken, daß sie oft großen Spaß daran haben. Sogar Gertrud, die oft sagte:»Was gibt es denn im Leben überhaupt zu lachen, ich kann die anderen nie verstehen«, fängt bei dieser Art Aktivitäten immer sofort an herzhaft zu lachen. Wir möchten noch einmal betonen, daß es im Körperkontakt, therapeutisch oder nicht, nicht nur den zärtlichen Kontakt gibt. Es gibt auch den Kontakt gegeneinander. Diese Kontaktform steht im zwischenmenschlichen Bereich sogar meist an erster Stelle, woraus sich dann später zärtliche Für-einander-Kontakte entwickeln.

Spring drückt ihr fehlendes Gleichgewichtsgefühl wie folgt aus: »(...) als müßte ich noch immer das gefährliche Gleichgewicht auf dem Seil suchen, auf dem ich als kleines Kind gewandelt war. Tatsächlich war ich (...) noch immer hoch oben, weit weg von allen Menschen, hatte Angst, in den Abgrund zu fallen (...)«[14] Es ist für die Klientin wichtig, daß sie sich ihres Balanceakts bewußt wird und nicht nur psychisch, sondern vor allem auch körperlich, indem der Therapeut sie auffordert, dieses Gefühl einmal körperlich auszudrücken. Dadurch kann sie entdecken, welche Fähigkeiten sie in ihrer Gleichgewichtsfindung schon entwickelt hat und wie sie diese Fähigkeit in ihrem weiteren Leben pflegen und entwickeln kann. Das kann zum Beispiel dazu führen, daß die Klientin spürt, daß sie in der Hüfte und in den Knien kaum Flexibilität hat. In solchen Fällen wäre es wichtig, daß die Klientin an einer Turngruppe teilnimmt, sie regelmäßig die Flexibilität ihres Körpers spüren und weiterentwickeln kann.

Gertrud empfindet sich als sehr dick. Bei den Gleichgewichtsübungen kann sie trotz ihres deutlich vorhandenen Gewichts nicht stehenbleiben. Es ist, als ob sie ihr Gewicht nicht akzeptieren will. Bei jedem Druck reagiert sie wie eine Feder: leicht und instabil. Wir raten ihr in eine Turngruppe zu gehen, damit sie ihr Gewicht findet, dazu auch stehen kann und lernt, damit umzugehen. Sie möchte das nicht, weil die anderen Frauen sie dann sehen können. Sie schlägt vor, dann doch lieber schwimmen zu gehen. Davon raten wir ihr aber ab, weil sie beim Schwimmen ihr Gewicht nie finden wird.

Bewegung und Kraft

In der Stabilität entwickelt sich die Flexibilität, eine Bewegung auf dem gleichen Platz. Aus diesen beiden Komponenten, ergänzt mit der Kraft, entwickelt sich die Bewegung im Raum: von etwas weg oder auf etwas zu. Kraft wird hier nicht nur im Sinne von ›statisch‹ verwendet – Stehen und Festhalten –, sondern auch dynamisch – in Bewegung. Dazu ist es notwendig, daß die Klientin über ihre Kraft Bescheid weiß. Die Inzesterfahrung hat oft dafür gesorgt, daß sich ein Gefühl von Machtlosigkeit breit gemacht hat. Das wiederum führt dazu, daß die Klientin ihre Kraft überhaupt nicht wahrnimmt beziehungsweise nicht wertschätzt. Sie kann ihre Kraft auch nur dadurch wiederfinden, daß ihr eine andere gegenübergestellt wird. Meistens reicht das nicht aus, weil die angelernte Reaktion der Klientin auf Kraft gerade das Ausschalten der Kraft oder ein Sich-Totstellen ist. Das bedeutet, daß sie in dieser Kraftkonfrontation gleichzeitig jemanden braucht, der sie ermutigt, unterstützt, der ihr zeigt, wie sie ihre Kraft benützen kann und wie sie wieder Zutrauen zu ihrer Kraft bekommen kann.

Thijs: »Können wir noch einmal etwas mit deinen Füßen ausprobieren. Deine Gehfähigkeit.«
Ursula: »Ja, soll ich weggehen?«

Thijs: »Ja, du versuchst wegzugehen, und einer von uns hält dich an den Fußgelenken fest.«

Zuerst hält Gerry Ursula fest. Ursula reagiert mit einem Gehversuch. Sie merkt, daß sie nicht von der Stelle kommt. Dann befreit sie ihre Beine indem sie sie hochzieht. Gerry hält sie wieder fest.

Thijs: »Möchtest du etwas sagen, fällt dir irgendwas ein?«

Ursula: »Ich komme sofort in die Kindersituation. Ich will weg. Ich will weg.«

Thijs: »Wie alt bist du da?«

Ursula: »Zwölf, dreizehn. Ich will abhauen und habe es nicht gemacht.«

Ursula greift Gerrys Hände, befreit damit ihre Füße und schiebt Gerry von sich.

Jetzt hält Thijs Ursula an den Fußgelenken fest und sie versucht wegzugehen. Ursula holt tief Luft, ballt die Fäuste, macht nichts mit den Füßen, sagt: »Ich könnte dich gleich auf den Kopf hauen.« Dann zieht sie mit ihren Händen Thijs' Hände weg.

Ursula: »Ich kann nicht mit den Beinen herauskommen, da ist nichts mit Bewegen.«

Wir machen noch einmal einen neuen Versuch. Thijs hält noch einmal die Fußgelenke fest.

Ursula: »Die gleichen Bewegungen wie bei Gerry kann ich bei dir nicht machen. Das geht einfach nicht.«

Gleichzeitig dreht sich Ursula mit ihren Füßen. Sie entwickelt in ihrem Gesamtkörper viel Energie. Es scheint aber, als ob die Füße gelähmt sind.

Gerry: »Was möchtest du sagen, was fällt dir ein?«

Ursula: »Laß mich los.«

Sie kämpft mit Thijs, achtet dabei überhaupt nicht mehr auf ihre Füße. Sie macht viel mit den Händen und stützt sich völlig auf Thijs auf.

Ursula: »Laß mich in Ruhe! Verreck. Du Arsch, du Arsch, fahr zur Hölle. Krepier nur. Krepier. Du Arsch. Fahr zur Hölle. Fahr zur Hölle. Für immer. Verreck. Du Teufel.«

Sie befreit sich aus Thijs Griff, geht aber nicht weg. Sie setzt sich hin.

Ursula: »Ich muß kotzen.«

Gerry: »Spür, was du ihm noch sagen möchtest.«

Ursula: »Ich könnte dich umbringen. Zu schwach. Ich könnte dir die Finger einzeln brechen.«

Ursula schlägt dabei mit den Fäusten auf den Boden.

Gerry: »Laß raus, was in deinem Kopf ist.«

Ursula: »Ich bekomme keine Luft, ich sehe nichts.«

Gerry: »Versuche deinen Atem bis zu meiner Hand gehen zu lassen.«

(Gerry legt dabei eine Hand auf den Bauch.)

Ursula: »Ich merke, ich will eine Rasierklinge. Dich anketten, damit du dich nicht mehr wehren kannst. Dich, einen Mann.«

Gerry legt die eine Hand auf Ursulas Bauch und versucht damit den Atem zu regulieren. Sie legt ihr die andere Hand auf die Schulter.

Ursula: »Da kommen nur diese Wörter. Ich sehe nichts. Nur die eine Situation. Das war so total. Bei den Verhören. Ich habe den Atem angehalten. Ich habe mich totgestellt. Das war im Bett.«

Gerry: »Was möchtest du jetzt?«

Ursula: »Weinen können. Das geht nicht. Nicht weinen. Es bleibt hier in der Kehle stecken. Ich muß mich hinlegen.«

Ursula legt sich bei Gerry hin und weint ganz leicht.

Gerry: »Was möchtest du?«

Ursula: »Ich will weg.«

Thijs: »Was hindert dich daran wegzugehen?«

Ursula: »Dann kann ich nicht mehr zurück.«

Gerry: »Wohin?«

Ursula: »Nach Hause.«

Kognitive Durcharbeitung

Nach einer Pause betrachten wir mit der Klientin gemeinsam, was wir gemacht haben, besprechen, wie wir gearbeitet haben und warum auf diese Art und Weise.

Gerry: »Was jetzt in nächster Zeit für dich wichtig ist, ist erst einmal viel mit dem Körper zu üben, damit dieser abgetötete Bereich ab der Hüfte bis zu den Füßen wieder beweglich und gefühlvoll wird. Da mußt du tagtäglich üben zu stehen, dein Gleichgewicht auszuprobieren und zu gehen.«

Thijs: »Der Stand, der ist gut. Deswegen hast du das alles auch verkraften können. Es geht jetzt um die Beweglichkeit, um Bewegung und die Flexibilität. Um das Spielerische, die Empfindlichkeit in den Beinen. Das mußt du in der Form einfach üben: Springen, hüpfen, durch verschiedene Landschaften gehen und verschiedene Arten von Gehen ausprobieren. Mal große Schritte, mal kleine Schritte, mal schnelle, mal langsame.«

Ursula: »Vielleicht kann ich mal wieder etwas mehr tanzen gehen.«

Gerry: »Genau, das ist auch ganz gut. Und was ich schon erzählte, ist fahrradfahren. Das empfinde ich auch immer als etwas sehr Lebendiges und Kraftvolles für die Beine.«

Atem und Essen

Der nächste Signalbereich des Körpers ist die Art, wie Reize und Stoffe aus der Umwelt aufgenommen, verwandelt und wieder abgegeben werden. Körperlich drückt sich in der Art, wie die Klientin mit ihrer Atmung und mit ihrem Essen umgeht, aus, wie sie psychisch verarbeitet, was aus der Außenwelt auf sie zukommt. Nimmt sie zuviel auf, nimmt sie zuwenig auf oder hält sie die Sachen beispielsweise fest. Störungen in diesem Verarbeitungsbereich können sich in Schmerzen beziehungsweise Krankheiten, in Mund, Hals, Lungen, Därmen, Bauch oder Organen wie Leber und Nieren zeigen. Auf diese Weise können wir auch jedem der vorher genannten Aspekte einen bestimmten Körperbereich zuordnen:

Wahrnehmung
Sinnesorgane: Störungen in den Sinnesorganen können oft ein Hinweis dafür sein, daß die Klientin bestimmte Sachen nicht wahrnehmen will beziehungsweise kann.

Kontakt
Haut: Wir können die Haut als einen Filter zwischen sich und der

Umwelt betrachten. Oft zeigen sich in Hautschwierigkeiten bestimmte Kontaktprobleme. Zum Beispiel können Hautverletzungen darauf hinweisen, daß die Klientin sich selbst in Kontakten mit anderen schlecht beachtet, sich dabei leicht verletzt. Akne würde darauf hinweisen können, daß die Klientin in Kontakten viel zu viel von sich selbst zurückhält. Die Haut sucht für sie auszudrücken, was sie nicht mitteilt.

Stabilität

Knochen: Knochenbrüche können ein Hinweis dafür sein, daß die Klientin in der Zeit labilisiert war, daß sie ihrer Stabilität zuwenig gerecht wurde.

Bewegung, Kraft

Muskeln: Muskelverspannungen, Zerrungen, Entzündungen können ein Hinweis dafür sein, daß die Klientin sich in der Zeit nicht in Bewegung bringen konnte, nicht über ihre dynamische Kraft verfügen konnte. Muskelverspannungen sind oft Anhäufungen von statischer Energie: Energie, die nicht in Bewegung umgesetzt wird, die trotz allem aber im Körper vorhanden ist. Auch wenn sie nicht als solches gespürt wird.

Verarbeitung

Atem- und Verdauungsorgane: Im Bereich der Verarbeitung ist es wichtig, daß der Therapeut mit der Klientin betrachtet, wie sie mit ihrem Körper die Eindrücke der Umwelt bis jetzt verarbeitet hat. Dazu sammeln wir, mit welcher Art Schmerzen, Verletzungen und Krankheiten die Klientin in ihrer Geschichte auf die Umwelt reagiert hat. Das können wir machen, indem wir sie beispielsweise bitten, folgendes zu tun:

Male ein Selbstbild: Gib jetzt mit drei verschiedenen Farben folgendes in deinem Körperbild an: mit einer Farbe deutest du in deinem Körperbild die Krankheiten und Verletzungen an, die du früher gehabt hast; mit einer anderen Farbe die, die du jetzt spürst und hast, und mit der dritten Farbe die Schmerzen und Krankheiten, die du chronisch empfindest. Unserer Erfahrung nach wird bei diesem Körperbild durch die Klientin vieles übersehen. Deshalb bietet sich die Möglichkeit an, diese Übung in einer Gruppe zu machen, wodurch jeder durch die Rückmeldungen von anderen

›Aha-Erlebnisse‹ bekommt. Wenn keine Gruppe vorhanden ist, gibt es die Möglichkeit, daß der Therapeut durch gezielte Fragen zu entdecken versucht, welche Bereiche ausgeklammert sind.

Lust am eigenen Körper

Durch die Inzesterfahrung ist durchschnittlich ein sehr negatives Körperbild und Körpergefühl entstanden. Die Lust am eigenen Körper ist seitdem oft völlig verschwunden, und statt dessen ist oft das Verbot zu genießen, überhaupt entstanden. Durch Aktivitäten in den vorher genannten Körperbereichen können wir: »(…) die Gegenwart von der Vergangenheit lösen, die wie eine dumpfe und formlose Last von mir Besitz ergriffen hatte und deren schweres Gewicht mich in eine gebeugte Haltung gepreßt hatte, die ich nicht länger einzunehmen brauchte.«[15] Weil die Vergangenheit schrittweise in den Hintergrund gedrängt wird, meistens indem sie noch einmal neu erlebt werden muß (Moreno spricht in diesem Fall von dem gelungenen zweiten Mal), wird mehr Platz für neue Gefühle und neue Fähigkeiten frei. Lust und Spaß dürfen wieder Raum haben. Was aber überhaupt nicht bedeutet, daß die Klientin mit diesem Raum auch etwas anfangen kann. Wenn es über 20 Jahre keinen Grund zu lachen, keinen Spaß gab, weil alles von einem dunklen Nebel überschattet wurde, gerät diese Erfahrung völlig in Vergessenheit. Es muß wieder neu gelernt werden. Die Klientin hat hier ein sehr großes Nachholbedürfnis.

Dazu ist es wichtig, daß in der Therapie nicht nur sehr ernsthaft an schweren Problemen gearbeitet wird, sondern daß auch Platz zum Spielen, zum Spaßhaben und zum Lachen da ist. Unsere Erfahrung ist es, daß das am leichtesten geht, wenn wir direkt mit dem Körper etwas machen wie Toben, aber auch Grimassen schneiden, einander kopieren, mit dem Körper ganz verschiedene Stimmungen ausdrücken oder ganz verschiedene Personen spielen. Der Therapeut soll immer wieder betonen, daß gelacht werden darf, daß es schön ist zu genießen, daß das auch erlaubt ist. Nur mit Hilfe dieser Aussagen von anderen Personen kann die Klientin ihre innere Anti-Genuß-Stimme überwinden: »Pa tat alles so zärtlich und vorsichtig, daß ich immer einen Orgasmus hatte. Als ich das hatte, fand ich es schön, aber ich durfte es für mich selbst nicht genießen, weil es falsch war. Jeden Abend mußte ich in meinem Bett diesen Kampf wieder neu angehen. Ich bin ausgeliefert. Ich kann nicht weg. Darf ich es genießen oder darf ich es nicht.«[16]

Zu Lust und Genuß gehört auch die Körperversorgung und die Kleidung. Ist Kleidung nur eine Umhüllung des Körpers oder kann sie auch etwas Schönes sein. Etwas worin man sich wohlfühlt und worin man sich zeigen möchte. Das kann in der Praxis bedeuten, daß wir mit einer Klientin gemeinsam einen Stadtbummel machen und uns Kleider anschauen. Einfach anfassen, ausprobieren, Rückmeldungen bekommen und wieder weitergehen. Das geschieht selbstverständlich in der Endphase der Therapie, die wir erst dann erreichen, wenn das Thema schon einmal in den Sitzungen behandelt wurde und die Klientin auch schon so weit ist, daß sie sich darauf einlassen kann. Zuvor haben folgende Schritte stattgefunden:

– Die eigene Kleidung betrachten.
– Was nimmst du von dieser Kleidung wahr, was drückt sie aus, und was bedeutet sie dir?
– Entspricht deine Kleidung deinen Wünschen und Bedürfnissen?
– Welche Menschen findest du schön gekleidet?
– Gemeinsam in Zeitschriten gucken und darüber reden, welche Menschen die Klientin schön gekleidet findet, was die Kleidung ausdrückt, welche sie auch einmal haben möchte.
– Sich die eigenen Bedürfnisse und Wünsche klarmachen.
– Diese Bedürfnisse zu artikulieren versuchen.
– Diese Bedürfnisse auch zu realisieren versuchen.

Auf ähnliche Weise entwickelt sich der Prozeß worüber der Genuß in der Versorgung des eigenen Körpers wiederentdeckt werden kann. Am Anfang steht da die Frage: Was tust du dir Gutes, wieviel Zeit verwendest du für dich?

Gertrud: »Oh, ich dusche mich jeden Tag, aber das ist auch alles. Eincremen tue ich mich nur, wenn es irgendwo schmerzt. Im Spie-

gel sehe ich mich nie. Ich mag mich nicht leiden. Ach ja, meine
Finger, die versorge ich. Ich lackiere die Nägel. Und wenn es mir
einmal gut geht, schminke ich auch mein Gesicht.«

Thijs: »Kannst du auch im Bad liegenbleiben, mal so eine halbe
Stunde?«

Gertrud: »Ach nein, das kann ich nicht, dann werde ich hibbelig,
nach zehn Minuten muß ich heraus. Dann werde ich viel zu unruhig.
Ich muß dann wieder etwas machen. Ich mag mich auch nicht
anfassen.

Es ist wohl nicht so großartig wie ich mit mir umgehe, nicht?«

5
Wo Worte nicht reichen

Die stumme Kleidung spricht

Gertrud: »Was muß ich noch tun, damit sie mich endlich einmal verstehen.«

Thijs: »Du behältst deinen Mantel an.«

Gertrud: »Ich bleibe nur eine Weile. (Die Sitzungen mit Gertrud dauern immer etwa zwei Stunden.) Ich habe auch nichts zu sagen. Ich bin nur auf Besuch. Ich gehe gleich wieder.«

Jeder für sich bleiben wir eine Weile schweigend sitzen. Langsam kriecht Gertrud mehr und mehr in ihren Mantel.

Thijs: »Magst du sagen, was du jetzt machst?«

Gertrud: »Manchmal wünsche ich, ich wäre nicht da. Ich finde es angenehmer, wenn ich nicht gesehen werde.«

Gertrud: »Ich möchte mich nicht zeigen. Ich möchte mich in meinen Mantel verkriechen. Am liebsten würde ich einen Sack über meinen Kopf ziehen, aber dann kann ich ja nichts mehr sehen. Ich fühle mich traurig. So alleine.«

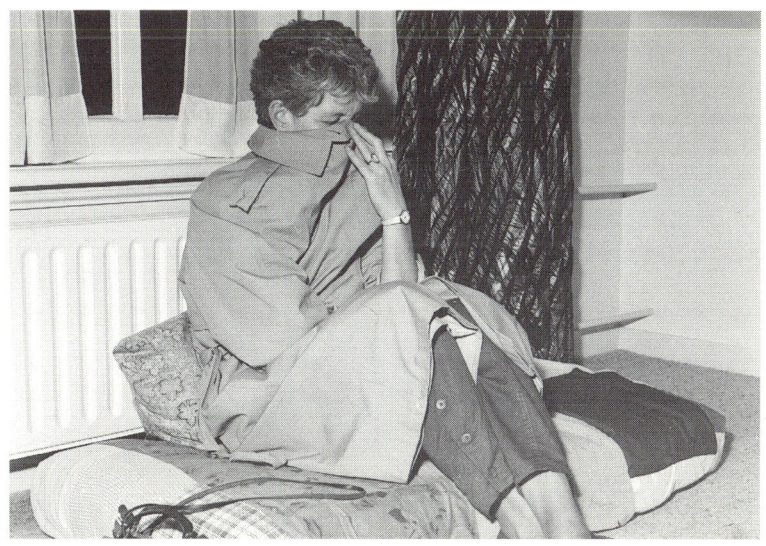

Nach einiger Zeit läßt Gertrud ihren Mantel bis unter ihre Augen sacken.

Gertrud: »Ich würde am liebsten an nichts mehr denken. – Ich möchte am liebsten ganz unter meinen Mantel wegkriechen.«

Thijs: »Wenn du das möchtest, kannst du das auch machen.«

Gertrud zieht sofort ihren Mantel aus und bedeckt sich damit.

Thijs: »Wie geht es dir jetzt?«

Gertrud: »Jetzt sieht keiner, daß ich Angst habe. Jetzt werde ich ganz ruhig.«

Thijs: »Magst du etwas über dich erzählen?«

Gertrud: »Ich bin eine Frau von 41 und ich fühle mich wie ein Kind von sieben. Es ist kein hübsches Kind. Es hat Angst, ist traurig, nicht munter.«

Thijs: »Was könnte das Kind sagen?«

Gertrud: »Ich will Aufmerksamkeit. – Ich will kein Kind sein. Ich denke, daß keiner mich mochte.«

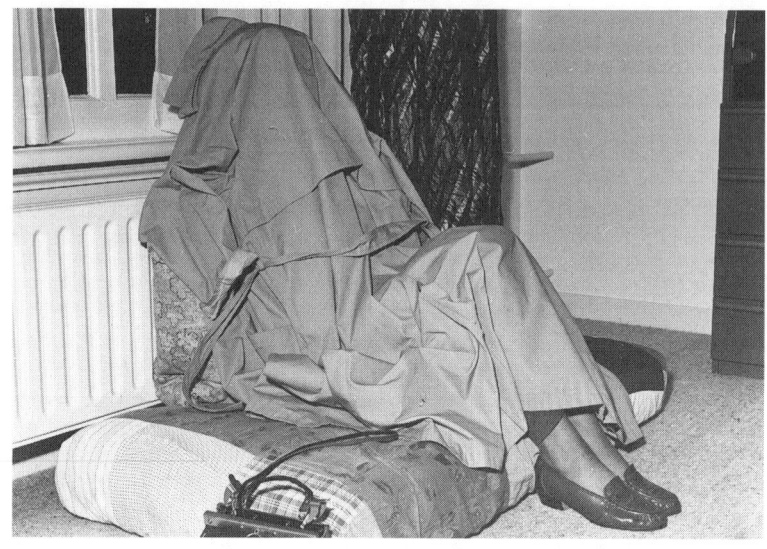

Thijs: »Was möchtest du dem Kind sagen?«
Gertrud: »Ich habe Mitleid mit dir.«
Gertrud weint hörbar unter ihrem Mantel.
Gertrud: »Ich würde es auf den Schoß nehmen. – Ich glaube, daß keiner mir etwas gegeben hat. Warum hat er mich gepackt. Scheußlich, wenn ich vor mir sehe, was er macht.«
Nach einer Weile kommt Gertrud teilweise mit dem Kopf aus ihrem Mantel.
Gertrud: »Es hat mich erschreckt, wie alleine ich als Kind war. – Es ist schön, daß du es weißt. Es ist ein schönes Gefühl, wenn jemand mich schon so versteht, ohne daß ich noch etwas sagen muß.
Ich habe nur einen Kopf, keinen Körper, keinen Leib. Das ist viel bequemer, das würde mir einen Haufen Elend ersparen. Den Rest brauche ich nicht.
Doch, meine Hände brauche ich. Auch meine Füße. Ich brauche meine Hände nur für die Arbeit.« (Gertrud ist Friseuse)

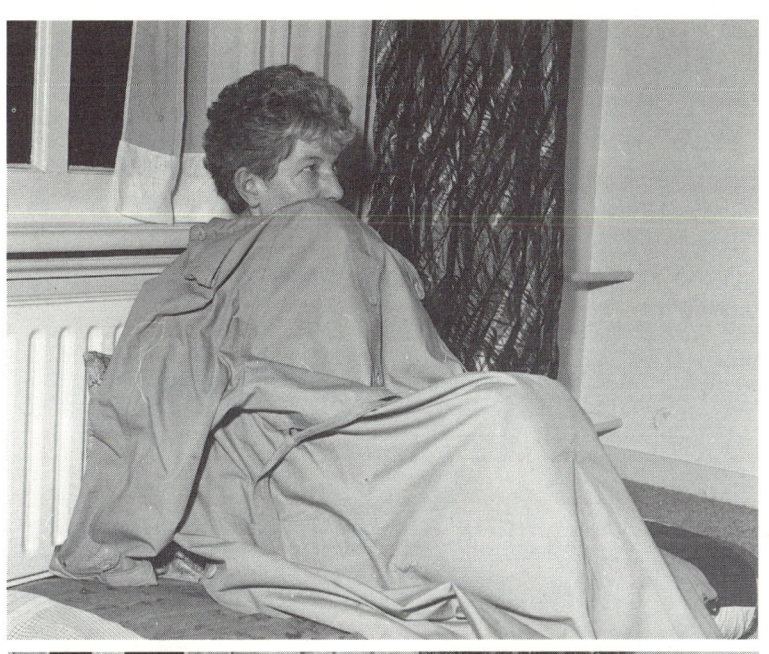

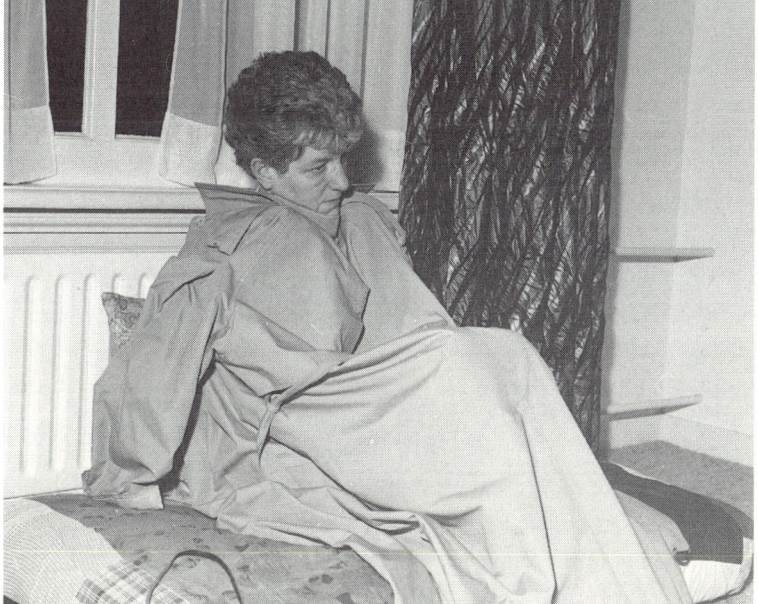

Eingeschlossen in die Inzesterfahrung ist das Verbot, darüber zu reden. Meistens ist dieses Verbot über direkten Zwang durchgesetzt. Oft wird auch ein Versprechen verlangt. Schließlich wird die ganze Erfahrung auch mit viel Geheimnistuerei umhüllt, so daß das Kind vieles nicht versteht, aber ihm eines klar ist: hierüber darf nicht geredet werden.

Alles geschah im Verborgenen. Es gibt keine Zeugen. Dies alles führt dazu, daß das Kind einen sehr großen Druck empfindet und tatsächlich nicht darüber spricht. Viele betroffene Frauen sind dann auch nicht in der Lage, über ihre Geschichte zu reden, auch nicht in therapeutischen Situationen. Sie sitzen da, fühlen sich elend, möchten reden, aber es gelingt nicht. Dazu ist es sicherlich notwendig, daß der Therapeut Mut macht, das Schweigen zu durchbrechen. Dieses Mutmachen reicht aber nicht aus. Die Klientin will verstanden werden, ohne daß sie redet. Die gesprochene Geschichte kann erst viel später kommen. Erst dann, wenn sie die Erlaubnis so deutlich spürt, daß sie damit ihr Versprechen und den Druck überwinden kann. Dazu muß sie nicht nur hören, sondern in allen Poren erfahren, daß sie dem Therapeuten vertrauen kann. Das braucht Zeit. Wir sind der Meinung, daß die formalisierte Beratung und Therapie dazu nicht den geeigneten Rahmen bietet. Die meist verfügbare eine Stunde ist deutlich zu kurz. Bevor die Frauen sich überwunden haben, dann doch zu sprechen, ist die Stunde schon vorbei. Wir machen deshalb auch immer Sitzungen von zwei bis vier Stunden.

Die therapeutische Aufgabe ist es, nicht zu fordern, daß die Klientin ihre Erlebnisse erzählt, sondern einen Schlüssel zu suchen, der der Klientin hilft, an der Sache zu bleiben, ohne überfordert zu werden. Hierbei geht es also um die nonverbale Sprache, die bewußt auch viele Fluchtmöglichkeiten anbietet. Die Klientin darf nie das Gefühl haben, daß sie jetzt auf einem Weg gefangen ist, den sie unbedingt weitergehen muß. Sie muß immer wieder erfahren können, daß es Möglichkeiten gibt stehenzubleiben, zurückzugehen oder einen anderen Weg zu gehen. Vom Therapeuten erwarten wir die Flexibilität, sie auf diese Wege zu begleiten. Das wichtigste ist, ihr das Gefühl zu vermitteln, daß sie nicht (mehr) alleine ist.

Eine nonverbale Art sich mitzuteilen, die Inzestbetroffene oft bewußt oder unbewußt anwenden, ist über ihre Kleidung. Sie ziehen schwarze Kleider an, tragen große weite Pullis oder ziehen oft verschiedene Sachen übereinander an. In der Arbeit mit Gertrud war alleine das Aus- oder nicht Ausziehen des Mantels schon wichtig. Eine einfache Handlung, die üblicherweise stattfindet bevor die Sitzung anfängt.

In diesem Zusammenhang wollen wir noch einmal betonen, daß nichts zufällig ist. Das fordert vom Therapeuten ein großes Interesse für das Detail. Der Therapeut nimmt die Details wahr und spiegelt sie, indem er sie der Klientin mitteilt. Gemeinsam suchen sie zu entdecken, wie bei Gertrud, was ihr der Mantel bedeutet. Wir versuchen sie soweit zu unterstützen, daß sie das aussprechen kann, was sie aussprechen möchte, ohne sie an die Grenze zu bringen, wo sie erlebt, daß es wieder nicht geht. Deswegen sind wir auch nicht eingestiegen, als sie die Inzesterfahrung angedeutet hat. (»Scheußlich, wenn ich vor mir sehe, was er macht.«) Wir haben die Information gehört und können jederzeit darauf zurückkommen. Wir wollen den Zeitpunkt wählen, wenn sie soweit ist und auch darüber erzählen will. In ihren nächsten Sätzen wird klar, daß dieser Zeitpunkt jetzt noch nicht da ist. Sie sagt es und nimmt es sich gleichzeitig übel, daß sie es gesagt hat und will es wieder verschließen. Nachdem sie es uns mitgeteilt hat, sagt sie dann auch: »Schön, daß ich nichts zu sagen brauchte. Es ist ein schönes Gefühl verstanden zu werden, ohne daß ich etwas gesagt habe.«
Die Inzestbetroffene versucht auch auf verschiedene Weise auszutesten, ob sie in ihrer Umgebung, also auch in der Therapie, auf Verständnis für ihre Erlebnisse trifft. Die Informationen werden angedeutet, verschleiert. Zum Beispiel erzählt eine Klientin so nebenbei, daß sie kein so gutes Verhältnis zu ihrem Bruder hat. Wenn der Therapeut dann nie mehr auf diese Mitteilung zurückkommt, ist ihr klargeworden, daß der Therapeut ihre Geschichte wohl nicht versteht.
Nachdem Gertrud ihre Erlebnisse in einer der nächsten Sitzungen erzählen konnte, haben wir sie gefragt, ob sie ihre Mutter damit

konfrontieren möchte. (Großvater hat mit ihr sexuelle Kontakte gehabt, während die Mutter auf dem Land arbeiten war.) Sie erzählte dann, daß sie das bereits versucht hat. Sie hat ihrer Mutter einen Zeitungsartikel gezeigt, in dem ein Gerichtsverfahren über einen Inzestfall in der Nähe beschrieben wird. Sie wollte wissen, wie ihre Mutter darauf reagiert. Mutters Reaktion war: »Das ist doch schlimm für die Leute in diesem Dorf, so ein ganzes Dorf in Aufruhr bringen.« Gertrud ist nach oben gegangen, hat sich auf das Bett gelegt und lange geweint. Sie hat mit ihrer Mutter nie mehr darüber gesprochen.

Es wäre tragisch, wenn so etwas in der Therapie geschehen würde. Wir möchten besonders auf die Signale der betroffenen Frauen achten. Das Problem ist natürlich, daß wir in der Anfangszeit der Therapie nicht wissen, daß sie Betroffene sind. Die meisten kommen nämlich in unsere Therapie nicht wegen der Inzestgeschichte, sondern wegen irgendeiner Art körperlicher oder psychischer Beschwerden. Deswegen ist es wichtig, daß Therapeuten wissen, auf welche Weise betroffene Frauen ihre Geschichte nonverbal mitteilen, und daß Therapeuten den Mut und die Fähigkeit entwickeln, im Laufe der Sitzungen systematisch nach Inzesterfahrungen zu fragen. Auch wenn sie dazu keinen Anlaß haben. Sie können sich letztlich in ihren Wahrnehmungen auch geirrt haben.

Wenn das Verbot, über die Erlebnisse zu reden, durch Erlaubnisse, Zutrauen, Mut und Verständnis durchbrochen ist, bedeutet das noch längst nicht, daß die Frau dann auch in der Lage ist, darüber zu reden. Die Erfahrungen wurden nämlich in einer Zeit gemacht, in der das Kind für diese Art Erfahrungen noch keine Worte hatte. »Worte, über die ein Kind nicht verfügt, um dieses Unbehagen, den Ekel, die Scham auszudrücken.«[17] Hinzu kommt, daß durch die Inzesterfahrung ein ganzer Teil spielerischer Versuche um die sich entwickelnde Sexualität, die betroffenen Körperteile und die Gefühle in Wörter und Sprache zu fassen, bei den Betroffenen fehlt. Sie haben meistens nicht mit Freunden und Freundinnen darüber reden, Quatsch machen und Schimpfwörter suchen und aussprechen können. Sie haben sich damals schon zurückgezogen oder zurückziehen müssen. Ihnen fehlt ein Stück natürliche sexuell-erotische Sprachentwicklung. Das wird in der Therapie sicherlich nicht plötzlich vorhanden sein.

Dies führt dazu, daß die Klientinnen das Gefühl haben, daß ihre Wörter nicht ausreichen, um ihre Erfahrungen mitzuteilen. Das wiederum hat zur Folge, daß sie das Gefühl haben, sie könnten es nie so erzählen, daß andere wirklich verstehen, was mit ihnen los ist.

Die Hände sprechen: Barbara zeigt uns einen Film

Aus diesen Gründen haben wir versucht, Mittel und Materialien zu finden, mit denen die Klientinnen sprechen können, ohne daß sie das Gefühl haben, ihre Wörter reichten nicht. Eines dieser Materialien zum Ausarbeiten ist eine Art Ton. Wir finden es wichtig, daß dieser Ton weiß ist, knetbar und nicht bröckelt, die Hände nicht schmutzig macht. Dadurch können wir das Material immer unmittelbar verwenden, ohne daß es Aufmerksamkeit auf sich zieht. Ziel dieser Arbeit ist, daß die Hände sprechen, ohne daß die Klientin das bewußt wahrnimmt. Wir bitten sie also nicht, etwas zu gestalten, sondern reden mit ihr über etwas, das sie erzählen möchte. Wir fragen sie, ob sie diesen Ton einmal festhalten kann. Wenn die Hände etwas damit machen, ist das in Ordnung. Sie muß aber nichts gestalten. Wenn sie den Händen und dem Ton zuviel Aufmerksamkeit schenkt, zum Beispiel etwas Bestimmtes gestalten möchte, versuchen wir die Aufmerksamkeit wieder von den Händen abzuziehen. Während wir dann im Gespräch sind, weisen wir regelmäßig darauf hin, was die Hände jetzt gemacht haben.

Siehst du, was du in den Händen hast?

Was könnte das sein?

Kennst du das irgendwo her?

Was bedeutet das für dich?

Was löst das aus?

Eine Antwort auf unsere Fragen ist nicht wichtig. Wenn sie eine Antwort geben kann, ist das in Ordnung, wenn nicht, dann ist das auch gut. Wichtig ist, daß die Klientin für sich weiß, was ihre Hände ihr mitteilen. Wichtig ist nicht, daß der Therapeut das immer auch gleich weiß. Die Klientin hat auch in der Therapie ein Recht auf ihre Geheimnisse. Sie braucht sie nur preiszugeben, wenn sie möchte, nicht wenn der Therapeut das für seinen Prozeß für wichtig hält. Die Fragen sind nur ein Hilfsmittel, wodurch die Klientin für sich klären kann, was ihre Hände ihr mitteilen. Wir haben diese Mitteilung auch gesehen und brauchen sie nicht noch einmal in Worten zu hören.

Barbara: »Ich fühle mich hölzern und steif. Mein Rücken versteift sich, ich habe schweißnasse Hände. Ich habe Angst.«

Thijs gibt ihr eine Tonkugel in die Hand. Barbara nimmt sie in beide Hände. Sie geht ganz zärtlich mit der Kugel um. Umhüllt sie, schützt sie. Sie ändert nichts daran.

Thijs: »Wer oder was ist das in deiner Hand?«
Barbara: »Das ist die kleine Barbara. Die muß ich schützen.«
Thijs: »Was könnte passieren?«
Barbara: »Sie könnte weggeschickt werden. Sie soll weggeschickt werden.«

Thijs: »Von wem?«

Barbara: »Vater und Mutter, weil sie nicht vernünftig ist. Sie muß alles tun, was die Eltern von ihr verlangen, sonst wird sie weggeschickt wie andere Kinder aus der Siedlung.«

Barbara: »Ich habe das Gefühl, daß die kleine Barbara so ungeschützt ist.«

Thijs: »Vor wem müßte sie geschützt werden?«

Barbara: »Vor meinem Vater.«

Gerry: »Was ist deine früheste Erinnerung?«

Barbara: »Mir fällt eine Situation in unserer Wohnung ein. Ich sitze in meinem Bett. Ich bin vier Jahre alt. Rechts ist eine Fensterfront, die Sonne scheint warm herein. Ich habe wohl geschlafen und bin aufgewacht.«

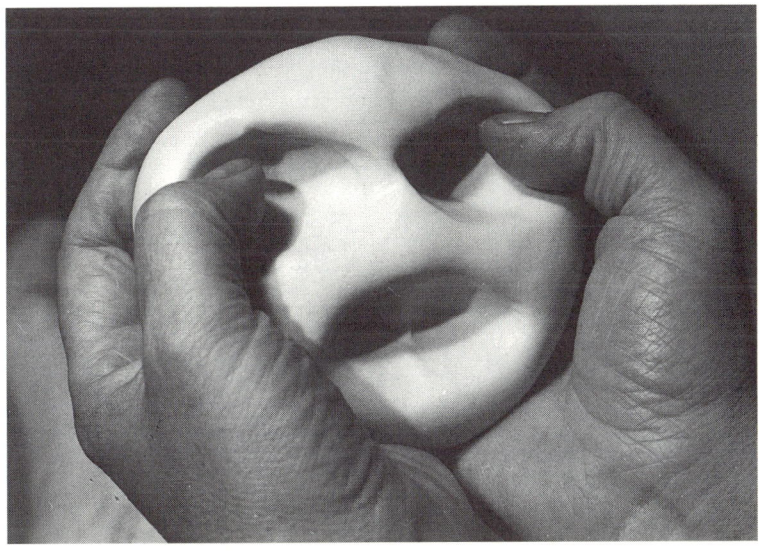

Gerry: »Ist noch mehr im Zimmer?«

Barbara: »Mir schräg gegenüber steht das Bett meiner Eltern.«

Thijs: »Magst du mal gucken was deine Hände gemacht haben?«

Thijs: »Siehst du, was es ist?«

Barbara nickt.

Thijs: »Magst du es uns sagen?«

Barbara reagiert nicht.

Gerry: »Bist du noch in dem Zimmer?«

Barbara: »Ja.«

Gerry: »Was siehst du noch mehr?«

Barbara: »Im Bett liegt meine Mutter, und mein Stiefvater kniet vor ihr. Sie beachten mich nicht.«

Thijs: »Schaust du noch einmal auf deine Hände. Siehst du was das sein könnte?«

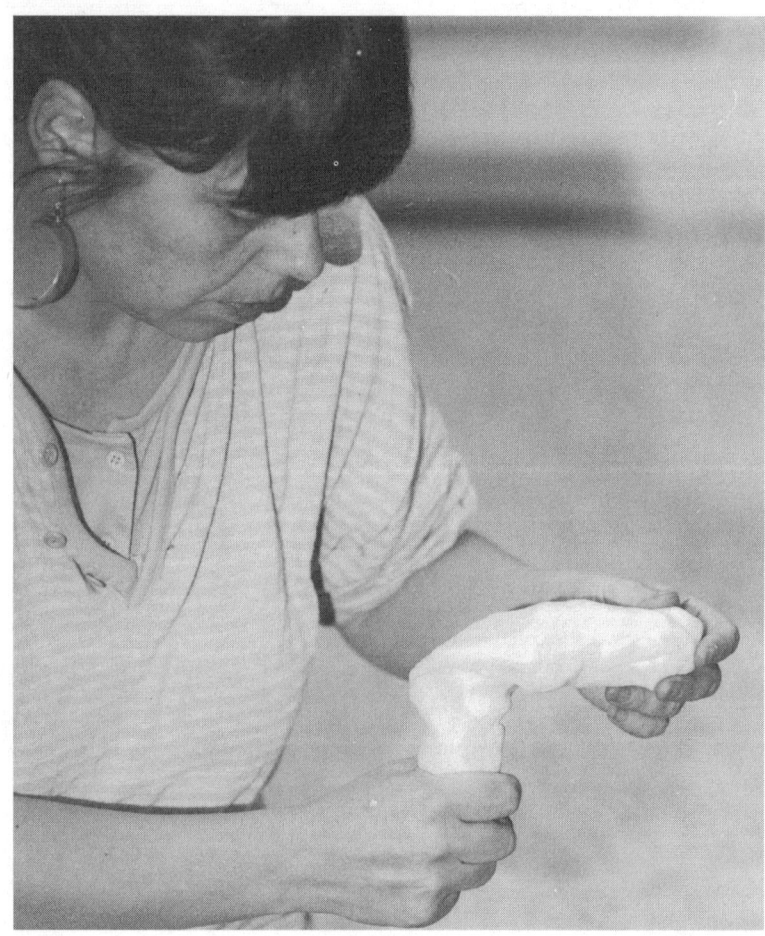

Barbara schaut es sich an und reagiert indem sie sofort weiter mit den Händen knetet.

Thijs: »Was machen die Hände jetzt?«

Barbara schaut auf ihre Hände.

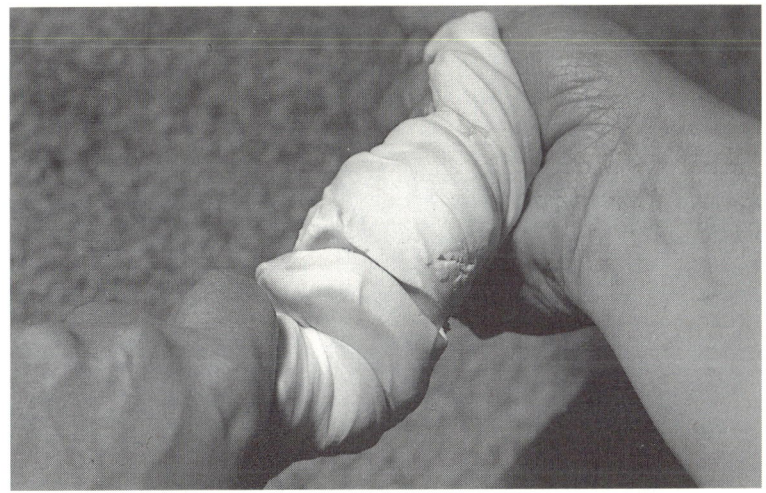

Barbara: »Ich mache es kaputt. Ich mißtraue dem, was ich gesehen habe. Das kann nicht stimmen. Meine Hände haben nur meine Phantasien gemacht.«

Thijs: »Magst du deine Phantasien mal schildern?«

Barbara schaut mich an, während ihre Hände weiter kneten. Sie sagt nichts.

Thijs: »Siehst du, was du da hast?«

Barbara: »Ja.« (siehe S. 90)

Thijs: »Ist es deins?«

Barbara schüttelt den Kopf.

Barbara: »Ich darf es nicht aussprechen... Phantasie ... Stimmt doch nicht ... Ich habe nie mit den Eltern darüber gesprochen.«

Gerry: »Hast du noch andere Phantasien, die nicht stimmen?«

Barbara: »Andere denken, daß ich lüge, daß ich nur Phantasien erzähle.«

Thijs: »Was machen deine Hände jetzt, was hast du mit deiner Barbara gemacht?«

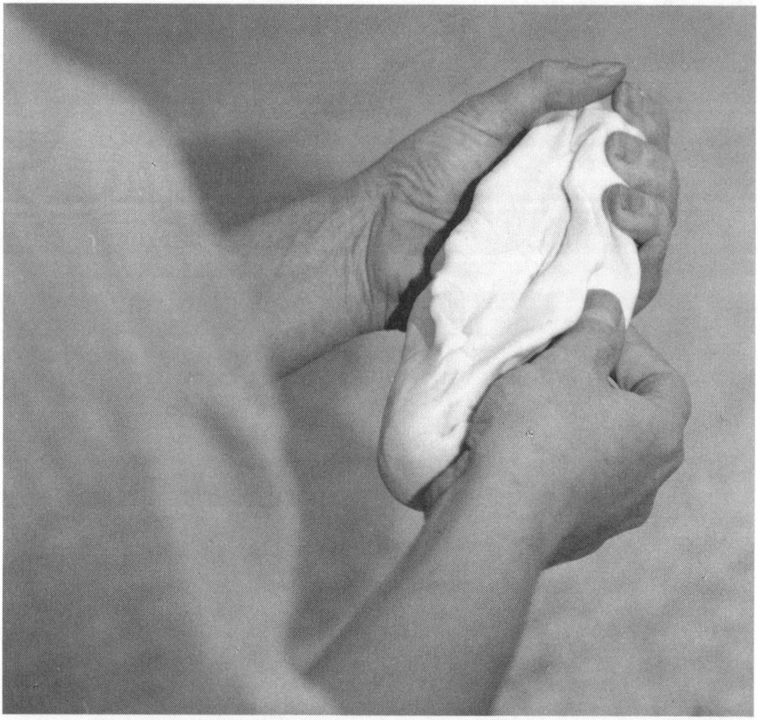

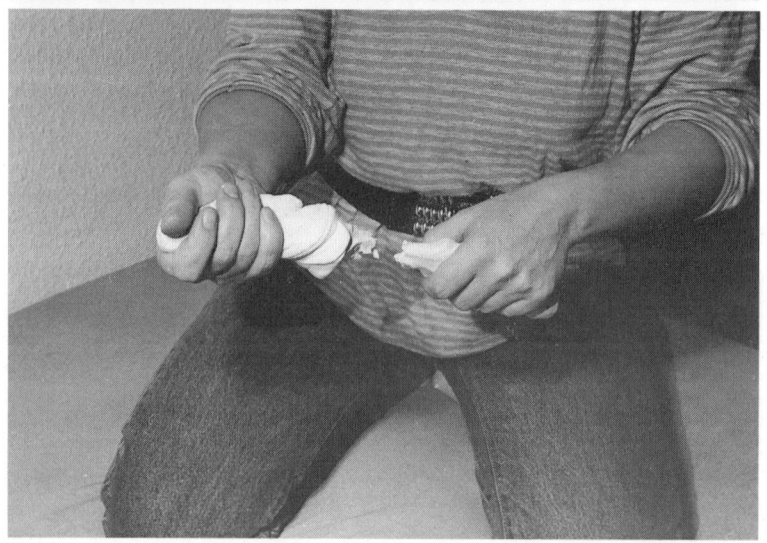

Barbara: »Ich mache sie kaputt.«
Thijs: »Wer wird da kaputtgemacht?«
Barbara: »Ich war als Vierjährige dabei, als meine Eltern eine Abtreibung gemacht haben.«
Gerry: »Was hast du gesehen?«
Barbara: »Meine Mutter liegt mit angewinkelten Beinen auf dem Rücken. Mein Vater kniet davor.«
Thijs: »Was machen deine Hände jetzt?«
Barbara: »Ich mache die kleine Barbara wieder zu, ich mache sie wieder heil.«
Thijs: »Die kleine Barbara hat uns mit deinen Händen einen Film gezeigt.«
Barbara: »Das finde ich schön, was du sagst.«
In der nächsten Sitzung bringt Barbara den Bericht mit, den sie über die letzte Sitzung geschrieben hat. Sie möchte, daß wir das lesen und sie kann jetzt auch alles erzählen.

Im Bett liegt meine Mutter und mein Stiefvater kniet vor ihr. Sie beachten mich nicht. Auf die Frage, was sie dort machen, kann ich kaum antworten, knete aber sehr heftig an meinem Tonstück herum. Nach einiger Zeit gelingt es mir auszusprechen, was ich gesehen habe, wobei ich aber ein- oder zweimal betone, daß ich nicht glaube, was ich da gesehen habe, und daß das wohl meine Phantasie ist. Thijs fordert mich auf, meine Phantasien zu schildern, und ich knete und drücke immer heftiger an der Tonkugel, würge sie, zerreiße sie, haue darauf herum, meine Hände sprechen das aus, was ich damals gesehen habe und verbal kaum ausdrücken kann. Mein Druck in der Kehle wird immer größer. Ich halte die Luft an, und es fällt mir schwer, die Bilder, die ich gesehen habe, auszusprechen. Dafür sprechen meine Hände um so deutlicher. Mal forme ich die Vagina meiner Mutter, mal das Glied meines Vaters. Die erste Veränderung, die meine Hände mit dem Ton gemacht haben, war aus der Kugel, der kleinen Barbara, ein Gesicht zu formen: das Gesicht meines Vaters. Thijs fragt, was ich mit der kleinen Barbara mache und ich antworte: »Ich mache sie kaputt.« Thijs: »Wer wird da kaputtgemacht?« Dann kann ich es aussprechen.
Ich war als Vierjährige dabei, als meine Eltern eine Abtreibung gemacht haben. Meine Mutter liegt mit angewinkelten Beinen auf dem Rücken, mein Vater kniet davor. Gerry fragt, was ich noch mehr gesehen habe.

Mir kommen wieder Zweifel, ob das alles überhaupt wahr ist. (Obwohl ich von meiner Mutter vor einem halben Jahr die Bestätigung dessen bekommen habe, was ich da gesehen habe, zweifele ich noch immer. Die Ungeheuerlichkeit dieser Situation kann die erwachsene Barbara nicht begreifen, will sie nicht wahrhaben.) Die ganze Zeit über forme und knete ich Symbole, Vagina, Penis (von mir als Fensterknauf wahrgenommen), die ich gesehen habe, kann sie aber nicht aussprechen. Diese Situation ist für mich sehr qualvoll, ich fühle mich eingeengt und starr.

Dann fragt Gerry, weißt du etwas über deine Geburt. Erzähle, wie deine Geburt verlief. Ich bemerke plötzlich Lebendigkeit in mir, meine Stimme wird wieder lebhafter. Ich war eine Steißgeburt, ich habe meiner Mutter viel Schmerzen bereitet, es hat etwa 24 Stunden gedauert. Meine Mutter erzählt oft und ausführlich davon. Gerry fragt, wo mein Vater während meiner Geburt war. In Österreich bei seiner Familie. Ich bin unehelich, und meine Mutter hat erst wenige Monate vor meiner Geburt davon erfahren. Später in den Nachbesprechungen von meiner Sitzung höre ich, daß Gerry auch Fragen gestellt hat, sie sind bei mir gar nicht oder kaum angekommen. Ich bin total auf Thijs fixiert, Gerry nehme ich kaum wahr, empfinde ihre Frage als störend. (Gerry ist gerade emotional meine Mutter.) Thijs: »Wie lange meinst du, daß du im Geburtskanal mit dem Kopf gesteckt hast?« »Ich glaube eine halbe Stunde.« Thijs fragt ob ich in meinem Leben Erstickungsanfälle gehabt habe. Mir fällt sofort ein, daß ich als drei- bis fünfjähriges Kind und auch schon als Säugling starkes Asthma hatte und oft in eiskaltes Wasser getaucht werden mußte. Ich fühle wieder die Enge in meiner Kehle sowie den Zwang oder Mechanismus zu würgen und zu krampfen.

Im Moment weiß ich nicht mehr, was dann passierte. Jedenfalls war Gerry plötzlich neben mir und hat den Arm um mich gelegt. Ich habe mich an sie gelehnt und die Kugel in der Hand gehalten, die ich jetzt weniger heftig drücke und knete. Thijs fordert mich immer wieder auf: mach die kleine Barbara nicht kaputt, sei liebevoll mit ihr.

Diese Methode fordert von den Therapeuten viel Geduld und viel Einfühlungsvermögen. Denn auch nach dieser Geschichte wird mancher Therapeut denken: Was hat diese ganze dramatische Erfahrung denn überhaupt mit Inzest zu tun? Das darf aber nicht dazu führen, daß der Therapeut in irgendeinem Sinne Druck ausübt, um den Prozeß zu beschleunigen. Die Klientin braucht ihre Zeit und sie wird auf diese Weise sicherlich ihren Weg finden. Es gibt viele

Details, die sie erzählen will, weil sie für sie dazugehören, auch
wenn wir das von außen nicht relevant finden und manchmal auch
nicht verstehen. Dazu gehört auch, daß wir die Klientinnen mit
ihren Erlebnissen und allen Details ernst nehmen. Sie haben selbst
nämlich schon soviel Selbstzweifel, daß ein sehr geringes Maß an
Zweifel, das wir ihnen entgegenbringen, sie davon überzeugen, daß
sie sich nur Phantasiegeschichten in den Kopf gesetzt haben. Dadurch werden sie schon für sich selbst nicht mehr glaubwürdig.[18]

Jetzt fällt mir ein, daß Thijs mich gefragt hat, bevor Gerry neben mir war,
warum machst du die kleine Barbara kaputt? Weil sie böse ist!
Es scheint mir eine lange Zeit zu vergehen, in der ich nur Gerry spüre
und gar nichts anderes fühle, sehe oder höre als die ängstliche schmerzvolle kleine Barbara.
Irgendwann spüre ich, daß ich zugedeckt werde, spüre meinen Schmerz
und gestatte mir, einfach nur zu weinen. Dann sitze ich mit dem Rücken
an Gerrys Bauch und Brust gelehnt und presse und drücke die kleine
Barbara. Thijs: »Was hat die kleine Barbara gemacht?« »Sie hat Zärtlich-
keiten mit ihrem Vater ausgetauscht, das darf sie nicht. Und das darf sie
niemandem erzählen.« Thijs: »Sei lieb und zärtlich zu der kleinen Barbara.

Was hat dein Vater mit dir gemacht?« Verstärktes Pressen und Drücken mit dem Ton. Weinen, Zittern, ich werfe die Kugel von einer Hand in die andere. Gerry: »Möchtest du mir erzählen, was dein Vater mit dir gemacht hat?« Jetzt nehme ich Gerrys Stimme bewußt wahr, und langsam und stockend erzähle ich, was er mit mir gemacht hat.

Während Thijs mich immer wieder auffordert: Sei liebevoll zu der kleinen Barbara, sei zärtlich zu ihr. Ich erzähle, daß ich mich ausziehen mußte, er sich auch ausgezogen hat und mich gestreichelt und sich mit seinem Glied an mir gerieben hat. Thijs: »War es schön?« (In meinen Augen war bei dieser Schilderung Zärtlichkeit.) »Ja, es war auch schön, aber ich bin schuld, das darf man nicht tun. Ich trage die Verantwortung, ich hätte mich wehren müssen, ich hätte weglaufen müssen. Ich bin schuld.« Gerry: »Das konntest du doch gar nicht wissen. Das konnte doch die kleine Barbara nicht wissen, was da passiert. Sie kann doch gar keine Schuld haben.« Ich fühle mich von Gerry sehr beschützt. (Mutter hat mich nie geschützt, sie war nicht da, sondern arbeiten, wenn ich mit meinem Vater alleine war.) Gerrys Körperkontakt ist so unendlich wohltuend und entspannend. Thijs sagt mir immer wieder: »Sei zärtlich zu der kleinen Barbara«, und »Es durfte schön sein.«

Ich weine nicht mehr, sondern fühle auch Stolz in mir aufsteigen.

Reflexion

In dieser Therapiesitzung mit Barbara werden einige Merkmale der Arbeit mit Ton deutlich. Das wesentlichste ist wohl, daß wir versuchen, auf verschiedenen Ebenen mit der Klientin zu kommunizieren. Der eine Therapeut führt ein bewußtes Gespräch mit der Klientin. Die Klientin kann dabei ihre Kontrollfähigkeiten voll benutzen. Sie bestimmt, was sie sagt, ebenso worüber und wie sie das sagt. Parallel dazu drücken ihre Hände unbewußt zusätzliche Informationen aus. Es scheint, als ob wir in dem Bereich mit dem Unbewußten kommunizieren. Der andere Therapeut versucht diese unbewußten Informationen regelmäßig bewußt zu machen, indem er die Klientin bittet, ihre Aufmerksamkeit auf das Produkt in ihren Händen zu lenken. Es kann sein, daß dadurch weitere Aspekte auftauchen, die für die bewußt erzielte Information wichtig sind. Es kann aber auch sein, daß, wie in diesem Fall mit Barbara die zwei Ebenen nebeneinander bleiben. Die unbewußte Schicht kann nicht in Worte gefaßt werden. Wichtig ist, daß die Therapeuten in solchen Momenten nicht versuchen, hier eine Verbindung zwischen bewußten und unbewußten Informationen herzustellen. Wir bieten der Klientin die Möglichkeit dazu, wenn es nicht geht, dann hat das seine Gründe. Dann ist es sinnlos, dieses zu forcieren. Wir sehen auch bei Barbara, daß sich die unbewußten Informationen trotzdem ihren Weg zur bewußten Wahrnehmung suchen. Das kann auch eine Frage der Zeit sein. Nach dem Ende der Sitzung hat es noch in ihr nachgewirkt und sie konnte ihre unbewußten Symbole auch bewußt deuten und in ihrer Geschichte einen Platz geben.

Zwei Ebenen

Jeder Mensch kommuniziert mit anderen Menschen auf zwei Ebenen: Eine Ebene mit auch für den anderen klar wahrnehmbarem Verhalten und eine Ebene mit Bedürfnissen als Grundlage für dieses Verhalten. Im Verhältnis zwischen diesen beiden Ebenen gibt es verschiedene Möglichkeiten:

- Die Ebenen stimmen miteinander überein. Der Handelnde nimmt das selbst wahr, und die anderen können das bei ihm genauso wahrnehmen. Zum Beispiel jemand (A) hat Hunger, bereitet sich etwas zum Essen zu, jemand anderes (B) sieht das und fragt: »Hast du Hunger?«
Ein Beispiel aus dem Bereich der Inzestproblematik:
Ein Mädchen hat das Bedürfnis zum Schmusen (A), kriecht dem Vater auf den Schoß, der Vater (B) nimmt wahr, daß seine Tochter zu ihm auf den Schoß kriecht und reagiert adäquat, indem er die Bedürfnisse des Kindes erkennt und das Kind drückt, schaukelt und mit ihm schmust.
Schematisch könnten wir diese Kommunikation wie folgt darstellen:

A		B	
Bedürfnis Kind	dem Bedürfnis entsprechendes Verhalten	wahrgenommenes Verhalten	erkanntes Bedürfnis wird erfüllt

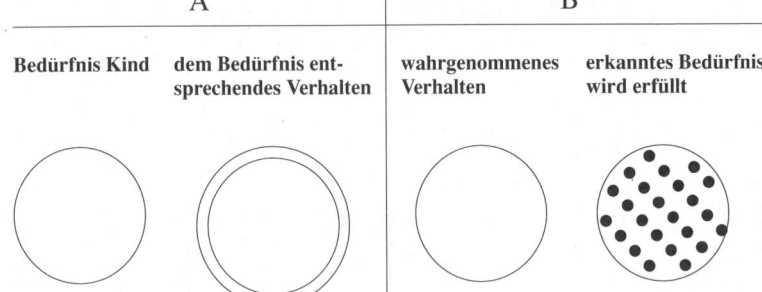

In dieser ganzen Kommunikation zwischen A und B lassen wir einen Aspekt in diesem Buch außer Betracht. Nicht, weil wir das nicht wichtig finden, sondern weil darüber schon soviel geschrieben worden ist, daß wir es hier nicht wiederholen müssen und wir annehmen können, daß sich jeder Therapeut entsprechende Informationen über Wahrnehmungsstörungen besorgen kann. Wir gehen also idealtypischerweise davon aus, daß B tatsächlich das Verhalten von A wahrnimmt, in der Weise wie es A zeigt. Das heißt in diesem Fall, der Vater nimmt tatsächlich wahr, daß das Kind auf seinen Schoß kriecht. Es gibt natürlich viele Situationen, in denen der Vater so beschäftigt ist, zum Beispiel mit Fernsehen, daß er überhaupt nicht wahrnimmt, wenn die Tochter auf seinen Schoß kommt. Das Mädchen verschwindet dann irgendwann wieder, weil der Vater überhaupt nicht reagiert hat. Wir nehmen aber als therapeutische Voraussetzung an, daß jeder Therapeut genügend geübt ist in der Wahrnehmung des Verhaltens, das die Klientinnen ihm zeigen. Interessant ist hier, was der Therapeut mit seinen Wahrnehmungen macht. Reagiert er auf diese Wahrnehmungen direkt oder versucht er, in dem gezeigten Verhalten die grundlegenden Bedürfnisse zu finden und auf diese Bedürfnisse zu reagieren.

- Die zwei Schichten sind beim Agieren (A) in Übereinstimmung, werden vom Reagierenden (B) aber nicht wahrgenommen; er nimmt nur das Verhalten wahr und füllt es mit eigenen Bedürfnissen:

Zum Beispiel: Die Tochter hat das Bedürfnis zum Schmusen und Kuscheln mit dem Vater, kriecht ihm auf den Schoß, der Vater nimmt wahr, daß das Kind zu ihm auf den Schoß kommt, fühlt dieses Ankuscheln und beginnt mit seinen Fingern an der Scheide zu spielen. Damit reagiert der Vater nicht auf die Bedürfnisse des Kindes, sondern mit seinem eigenen Bedürfnis auf das Verhalten des Kindes.

Schematisch sieht das so aus:

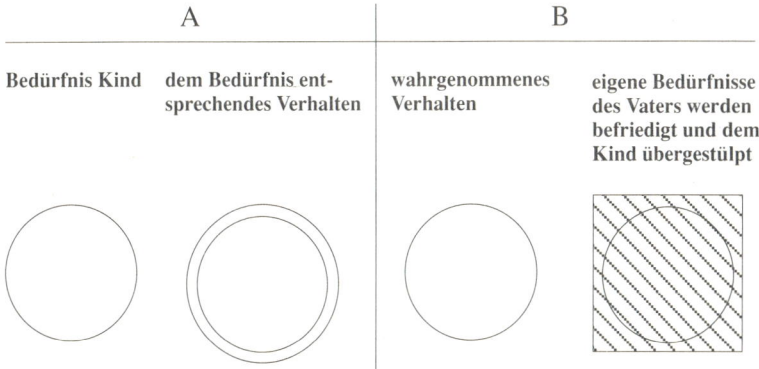

Mit den folgenden Ebenen kommen wir in den Bereich der Therapie. Es ist anzunehmen, daß die Menschen, deren Verhaltens- und Bedürfnisebene miteinander korrespondieren, seltener in therapeutische Situationen kommen. Der Schwerpunkt der therapeutischen Arbeit ist dann auch meistens, Verhalten und Bedürfnisse miteinander wieder in Einklang zu bringen. Dazu ist selbstverständlich notwendig, daß der erste Schritt darin bestehen muß, daß die Klientin lernt, ihre eigenen Bedürfnisse wahrzunehmen. In den nächsten drei Beispielen geht es um die Frage, wie der Therapeut mit dem Verhalten und den grundlegenden Bedürfnissen der Klientin umgeht.

- Verhaltens- und Bedürfnisebene sind beim Agierenden (A, der Klientin) nicht mehr in Übereinstimmung. Der Reagierende (B, der Therapeut) reagiert darauf, als wären sie in Übereinstimmung, als würde das Verhalten die Bedürfnisse direkt zeigen:
Die Klientin hat das grundlegende Bedürfnis, ihre Erfahrungen loszuwerden und darüber zu reden. Sie kann das aber nicht, und ihr Verhalten ist ein Schweigen, kombiniert mit Ausweichen in verschiedene Themen. Der Therapeut nimmt dieses Schweigen wahr und denkt, daß es ihr Bedürfnis ist, nur dazusein, nicht zu reden oder jedenfalls nicht über peinliche Erfahrungen. So ist es zu erklären, daß 61% der Therapeuten nicht auf Inzesterfahrungen eingehen.[19]

Schematisch sieht das so aus:

A		B	
Bedürfnis Klientin	fremdbestimmtes Ersatzverhalten	wahrgenommenes Verhalten	Ersatzverhalten wird befriedigt

- Die beiden Ebenen sind bei dem Agierenden nicht in Übereinstimmung, und der Therapeut reagiert darauf, indem er seine eigenen Bedürfnisse mit denen der Klientin vermischt.
Die Klientin (A) möchte über ihre Inzesterfahrungen reden, kann das aber nicht, deutet es verschleiert an und schweigt weiter darüber. Der Therapeut (B) nimmt dieses Schweigen und diese verschleierten Andeutungen wahr und reagiert darauf, indem er mit der Klientin sexuelle Kontakte eingeht. Er schläft mit ihr aus >therapeutischen Gründen<, zum Beispiel damit sie >freier werden kann<.

Schematisch sieht das so aus:

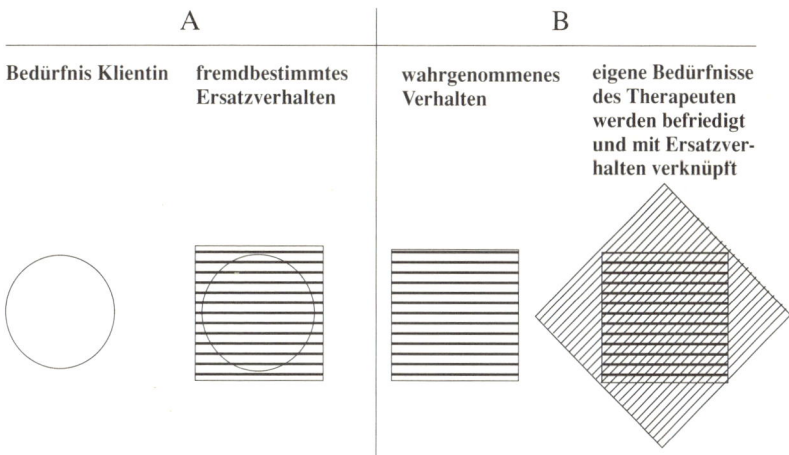

A		B	
Bedürfnis Klientin	fremdbestimmtes Ersatzverhalten	wahrgenommenes Verhalten	eigene Bedürfnisse des Therapeuten werden befriedigt und mit Ersatzverhalten verknüpft

Wenn wir dieses Beispiel mit unserem zweiten vergleichen, dann ist klar, daß der Therapeut vergleichbar große Fehler macht wie der Vater. In beiden Fällen werden die Bedürfnisse des Kindes, der Klientin nicht wahrgenommen, und es wird mit eigenen Bedürfnissen darauf reagiert. Das Schlimmste, was unseres Erachtens dabei passieren kann ist, daß diese eigenen Bedürfnisse dargestellt werden, als wären es die Bedürfnisse des Kindes, beziehungsweise der Klientin. In Kapitel 8 und 10 werden wir diese Situation noch ausführlicher beschreiben.

- Die beiden Ebenen sind bei der Klientin (A) nicht in Übereinstimmung, der Therapeut (B) reagiert nicht auf das Verhalten direkt, sondern versucht zu entdecken, welche Bedürfnisse mit diesem Verhalten verschleiert ausgedrückt werden. Der Therapeut merkt, daß Verhalten und Bedürfnisse nicht kongruent sind. Wichtiger in der Therapie ist dann das Entdecken der Bedürfnisse und nicht die Reaktion auf das gezeigte Verhalten:
Die Klientin möchte über ihre Inzesterfahrungen reden, kann das aber nicht, der Therapeut nimmt dieses Schweigen oder die verschleierte Sprache wahr, sieht ihre Angst und versucht Wege zu finden, wie die Klientin reden, wie sie ihre Angst überwinden oder wie mit der Angst umgegangen werden kann. Zum Beispiel, indem

der Therapeut versucht der Klientin klarzumachen, was sie mit ihrer Kleidung ausdrückt, oder indem ihr der Therapeut mittels der hier beschriebenen Tonarbeit zeigt, daß sie tatsächlich reden kann, auch wenn es auf andere Weise geschieht, als sie es sich vorgestellt hat. Wir finden es wichtig, daß der Therapeut keineswegs die Angst der Klientin unterstützt, indem er den heiklen Bereich umgeht. Der Therapeut soll sicherlich die Angst ernst nehmen, aber das bedeutet nicht, daß wir die Angst als Leitlinie der therapeutischen Sitzung ansehen müssen. Die Klientin hat nämlich nicht nur Angst. Angst ist nur das Verhalten, das sie zeigt. Das grundlegende Bedürfnis darunter kann sein: Ich möchte so gerne reden, bitte hilf mir. Wenn der Therapeut die entsprechende Hilfe nicht anbietet und reagiert, wie im dritten Beispiel beschrieben ist, dann hat die Angst wieder gewonnen, der Therapeut hat die Selbstzweifel der Klientin unterstützt und ihr Schuldgefühl vergrößert. Die wichtigste Aufgabe für uns Therapeuten ist es, nicht auf das Verhalten zu reagieren, sondern die grundlegenden Bedürfnisse der Klientin gemeinsam mit ihr zu entdecken und klarzumachen.

Schematisch sieht das so aus:

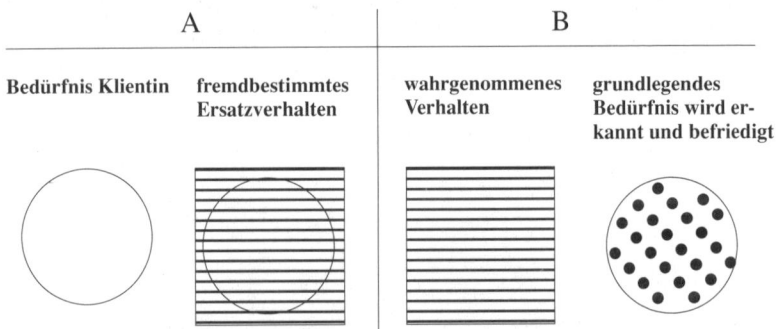

A		B	
Bedürfnis Klientin	**fremdbestimmtes Ersatzverhalten**	**wahrgenommenes Verhalten**	**grundlegendes Bedürfnis wird erkannt und befriedigt**

Nur in der ersten und letzten Situation werden Menschen sich vollkommen ernstgenommen und verstanden fühlen.

Barbara beschreibt das so:

Ich fühlte eine obere Ebene, die sagte: ›Ich will nicht weitergehen.‹ Die untere Ebene jedoch signalisierte: ›Bitte hilf mir jetzt, laß mich nicht alleine mit meinem Schmerz.‹ Ich fand es wohltuend, daß Gerry und Thijs diese untere Ebene verstanden haben.

Die zuletzt beschriebene Vorgehensweise kann wesentlich dazu beitragen, daß die Klientin ihre Bedürfnisse wieder kennenlernt und sich zutraut, sie auf entsprechende Weise zu äußern, wodurch die Kongruenz Bedürfnis-Verhalten wieder hergestellt wird.

Schematisch entsteht daraus folgendes Bild:

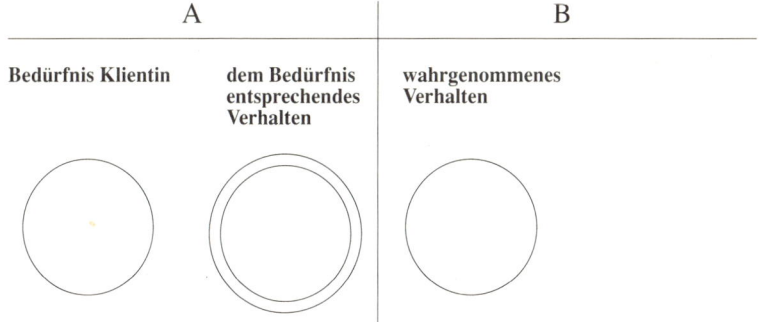

A		B
Bedürfnis Klientin	dem Bedürfnis entsprechendes Verhalten	wahrgenommenes Verhalten

Für die Klientin ist es wichtig, nicht alles erzählen zu müssen und trotzdem verstanden zu werden. Sogar in der Form verstanden zu werden, daß der Therapeut ihre Probleme anspricht, und teilweise auch für sie ausspricht. Das ist wie das Zusammensein mit einer Einheimischen eines Landes, die das Land erklären könnte.
Mit diesen Aussagen wollen wir allen Therapeuten Mut machen, diesem oft für Klientinnen sehr schwierigen Thema nicht auszuweichen. Der Therapeut, der versteht, nimmt die obere Ebene des Verhaltens wahr und reagiert auf die untere Ebene der Bedürfnisse. Das ist keine leichte Arbeit. Sie verläuft auch nicht ohne Konflikte mit den Klientinnen. Vielleicht liegt es daran, daß soviele Therapeuten auf der Ebene des Verhaltens reagieren. Dabei werden Konflikte vermieden, die Klientin fühlt sich geschützt, aber oft leider keineswegs verstanden. Wie wir vorhin schon beschrieben haben, findet in den Klientinnen oft ein Kampf zwischen beiden Ebenen statt. Es ist ein internalisierter Kampf, der eigentlich mit anderen Personen ausgefochten werden müßte. Weil das aus verschiedenen Gründen nicht geschieht, ist der Kampf intrapersonell geworden. Das bedeutet, daß die Klientin den Kampf in sich selbst ausficht. Wenn der Therapeut das Schweigen in irgendeiner Form toleriert

und unterstützt, bedeutet das, daß die unterdrückende Seite, stellvertretend für den Vater, beziehungsweise die Moral, in der Klientin vom Therapeuten unterstützt und verstärkt wird. Das wird meistens nicht zu einem Kampf führen, weil das ursprüngliche Bedürfnis bei diesem Konflikt schon über viele Jahre unterlegen ist. Die Unzufriedenheit der Klientin zeigt sich dann letztlich darin, daß sie die Therapie abbricht. Die meisten Therapeuten verstehen das dann nicht, denn sie haben ihre Klientin doch so unterstützt.

Wenn der Therapeut sich auf die andere Seite stellt und das Bedürfnis zu sprechen verstärkt, wird damit auch der Kampf intensiviert. Die Unterlegene, beziehungsweise das Kind in der Klientin, das sprechen möchte, bekommt Unterstützung. Dieser Prozeß wird nicht reibungslos verlaufen. Die unterdrückende Seite, beziehungsweise das Schweigen, die Kontrolle, wird sich mit allen möglichen Mitteln dagegen wehren. Wichtig ist, daß der Therapeut diesen Kampf angeht, damit der verinnerlichte intrapersonelle Konflikt nach außen verlagert wird. Dadurch kann der Konflikt ein interpersonaler werden. Die erste Person, die in diesem Moment da ist, wird in den Konflikt mit einbezogen. Das bedeutet, daß dieser Konflikt, sobald er nach außen getragen werden kann, mit dem Therapeuten ausgekämpft wird. Wenn der Therapeut aus Angst vor diesem Konflikt an dieser Stelle ausweichen würde, würde das bedeuten, daß die Klientin den Konfliktstoff weiter in sich trägt und daß die Angst und Kontrolle in ihr wieder gewonnen haben.

Wenn der Therapeut sich darauf einläßt, die Bedürfnisse zu entdecken, kämpfend die obere Ebene der Klientin anzugehen, fordert das vom Therapeuten viel Geduld und Sicherheit und vor allem die Fähigkeit, eigene Bedürfnisse wahrzunehmen und in dem Moment so weit wie möglich beiseitezustellen. Der Therapeut muß auch fähig sein, die Gefühlsäußerungen der Klientin ernst zu nehmen und nicht anzuzweifeln. Denn gerade in diesem Teil des Therapieprozesses geschieht es sehr oft, daß die Klientin mit widersprüchlichen Gefühlsäußerungen reagiert und daß ihre Gefühle schnell wechseln. Wenn der Therapeut sich in solchen Momenten fragt, welche Gefühle echt sind, ist er auf der falschen Schiene. Denn jedes der gezeigten Gefühle, wie widersprüchlich und wie schnell abwechselnd sie sind, ist echt. Sie entsprechen dem Zustand der Klientin. Die Widersprüchlichkeit entsteht, weil die Gefühle aus verschiedenen Ebenen kommen, die in dem Moment miteinander kämpfen.

In der Therapie mit Barbara geschah es öfter, daß sie in einem Moment sehr tief betroffen war, weinte und ein paar Sekunden später sagte, daß nichts los war und sie wieder lächeln konnte. Das bedeutete nichts anderes, als daß ihre Kontrolle, die sie am Anfang der Sitzung losgelassen zu haben dachte, doch immer wieder da ist. Und das ist auch wichtig. Sie darf diese Kontrolle haben und so lange behalten, wie sie sie braucht. Der Therapeut soll die Kontrolle beachten und auch achten. Das machen wir, indem wir zum Beispiel gegenüber der durch den Täter stimulierten Kontrolle eine Korrektur setzen.

In dem Moment, als Barbara ihre Hände bewußt als schützende Hände wahrnimmt, die die kleine Barbara, die Tonkugel, schützen, hat sie ihr bewußtes Empfinden mit ihren unbewußten Bedürfnissen verbunden. Dieses Bedürfnis heißt: Ich möchte geschützt werden, ich möchte mich schützen. Im weiteren Verlauf der Therapie werden Verwirrungen und Schuldgefühle stärker als dieses grundlegende Schutzbedürfnis. Das führt dazu, daß Barbara ihre Tonkugel (die kleine Barbara) drückt, piekst und zerquetscht. Dieses Verhalten stimmt mit ihren Erfahrungen überein: Das ist mit ihr gemacht worden. Von therapeutisch positiver Bedeutung ist es, daß Barbara selbst wahrnimmt, daß sie jetzt mit sich tut, was andere früher mit ihr gemacht haben. Therapie ist aber mehr als Diagnose. Wenn Therapeut und Klientin wissen, daß die Klientin negativ mit einem Teil von sich selbst umgeht, führt das noch längst nicht dazu, daß die Klientin in der Lage ist auf eine andere Weise mit sich umzugehen. Wir können auch nicht erwarten, daß eine Klientin innerlich so kräftig ist, daß sie alle Angriffe von außen gut verarbeiten kann. Auf diese mechanische Störung von außen (siehe dazu Kapitel 3) muß unseres Erachtens ein korrigierender Eingriff von außen erfolgen. Diese Korrektur findet auf der unteren Ebene, der der Bedürfnisse, statt, indem der Therapeut nicht fragt, was die Klientin jetzt macht, sondern sagt, was sie machen soll. Ohne Erklärungen, ohne Nachfragen reagiert der Therapeut auf die destruktive Wirkung der Inzesterfahrungen, indem er zu Barbara sagt: »Sei vorsichtig zu dir, mach die kleine Barbara nicht kaputt.« Jedesmal, wenn der negative Einfluß von außen sich meldet, indem die Hände die ›kleine Barbara‹ zerstören wollen, setzt der Therapeut dem einen neuen Einfluß von außen entgegen. Sei zärtlich zu dir. Ohne Gespräch, ohne Diskussion, wird der Klientin klar, was sie da mit sich macht, und sie kann sich jedesmal neu entscheiden, wie sie mit sich umgehen will. Unterstützt durch den Therapeuten, wird allmählich langsam die Selbstachtung wieder aufgebaut werden können.

Die Hauptaufgabe des Therapeuten sehen wir nicht im Reagieren auf das Verhalten der Klientin, sondern im Suchen und Unterstützen der grundlegenden Bedürfnisse. Das macht der Therapeut, indem er sich ständig fragt: Was fehlt ihr, was bräuchte sie?

Die Antwort auf diese Fragen führt dazu, daß wir nicht nur auf der Ebene der Kontrolle korrigieren, sondern auch auf der Ebene der Erlebnisse. Kein Therapeut wird die realen Inzesterfahrungen rückgängig machen können. Das einzige, was wir tun können, ist der Klientin dabei zu helfen, auf eine andere Weise mit diesen Erfahrungen und sich selbst umzugehen. Dabei versuchen wir, mit den Korrekturen so früh wie möglich, das heißt beim Entstehen der Erfahrungen, anzusetzen. Durch die Arbeit mit dem Ton wird die Erfahrung wieder aktuell. Die Klientin erlebt das Wichtigste in ihren Händen, als ob es jetzt gerade in diesem Moment passiert. Da wird auch klar, was ihr in diesem Moment am meisten gefehlt hat, nämlich Unterstützung und Verständnis. Dieses Verständnis und diese Unterstützung braucht die Betroffene sicherlich auch jetzt in ihren Alltagssituationen. Am meisten bräuchte sie sie im Moment der grausamen Erfahrung selber. Daran können wir nichts mehr ändern. Das, was wir machen können, ist ihr die Unterstützung und das Verständnis in der aktuellen Erinnerung an das Geschehen zu geben. Es nützt der Klientin nämlich überhaupt nichts, wenn wir ihr vermitteln, daß wir verstehen, daß sie sich allein gelassen gefühlt hat. Von dem Moment an, als es passiert ist, ist ein Defizit entstanden. Dieses Defizit führt zu einem sehr starken Nachholbedürfnis. Dieses Nachholbedürfnis erfüllen wir nicht, indem wir über die

Erfahrung reden, auch nicht indem wir der erwachsenen Frau jetzt für ihre damalige Situation Verständnis entgegenbringen, sondern indem sie das Verständnis und die Unterstützung erlebt, direkt an die Situation geknüpft, direkt an die aktuellen Gefühle dieser Situation. In der Praxis bedeutet das, daß die Klientin durch irgendeine Art von Material, zum Beispiel diesen Ton, ihre Erinnerungen an die Inzesterfahrungen wieder aktualisiert. In dem Moment, in dem sie wieder da sind, als ob es jetzt gerade geschieht, vermitteln wir unsere Korrekturen.

Wenn wir uns in der Therapie mit Barbara fragen, was sie bräuchte, was ihr am meisten gefehlt hat, dann ist unsere Antwort: Jemanden, dem sie ihre Erfahrungen mitteilen kann, dem sie erzählen kann, was passiert ist, ohne vor einer Verurteilung Angst haben zu müssen. Jemand der ihr nur zuhört, Interesse zeigt. Auch dieses Bedürfnis spricht Barbara nicht konkret aus. Es ist ein ständiges Suchen der Therapeuten nach Schlüsseln, die in ihre geschlossene Türe passen könnten. Wenn ein Schlüssel paßt, wenn unsere Antwort auf die Frage, was fehlt, paßt, wird die Klientin darauf reagieren. Wenn nicht, dann wird sie das übersehen, beziehungsweise überhören. Wir bieten Barbara als Korrektur die interessierte, zuhörende Mutter an, der sie ihre Erlebnisse erzählen kann. Aber auch eine Mutter, die sie schützt, in den Arm nimmt, tröstet. In Barbaras Beschreibung haben wir nachher entdecken können, wie wichtig für sie diese Korrektur gewesen ist. Gerade mit Inzestbetroffenen ist es wichtig, daß die Betroffenen die Erfahrungen nicht nur durchleben, wie sie entstanden sind. Das würde die traumatische Erfahrung nicht nur wachrufen, sondern auch bestärken. Es ist zwar wichtig, daß die Erfahrung wieder aktualisiert, wieder bewußt wird, damit die Betroffene ihre versteckten Gefühle wiederentdecken und aussprechen kann. Dabei ist es aber genauso wichtig, daß die Geschichte nicht wiederholt wird. Durch das Anbieten der Korrekturen kann die Betroffene entdecken, was ihr gefehlt hat und was das bei ihr auslöst. Nicht mit dem Ziel, sich nur darüber zu ärgern, daß es gefehlt hat, sondern auch mit der Möglichkeit zu entdecken, daß es offensichtlich noch immer fehlen kann. Und damit haben wir die Geschichte mit dem jetzigen Alltag verknüpft. Denn das, was immer seit der traumatischen Erfahrung gefehlt hat, kann dann auch immer noch nachgeholt werden. Wenn die Betroffene sich dessen bewußt wird, kann sie auch auf eine andere Weise ihre traumatische Erfahrung weiterverarbeiten. Es scheint nicht das Wiedererleben, sondern das Erfahren der Alternative zu sein, das verschiedene Türen zu Gefühlen und Bedürfnissen öffnet. Dadurch kann die Betroffene Mut fassen, ihre Überlebensstrategie zu durchbrechen. Nicht indem sie weiß, sondern indem sie erfährt, daß sie auch andere Erfahrungen machen kann, kann sie ihre Kontrolle vielleicht ein Stückchen aufgeben. Weil sie erfahren hat, daß es wenigstens einen Menschen gibt, der weiß, wie verzweifelt und elend sie ist, kann sie langsam auch wieder anfangen, ihr eigenes Leben anders zu betrachten.

Die Ebene des Bewußten

Wir arbeiten in der Therapie mit dem Ton auf zwei Parallelebenen. Die Ebene des Unbewußten, der Ausdruck mit den Händen, wird in das Bewußte, das Gespräch, mit einbezogen, wenn sie eindeutig da ist, wenn die Hände beispielsweise etwas Wahrnehmbares machen. Sobald die bewußte Ebene Einfluß auf das Unbewußte nimmt, indem die Klientin ihre Aufmerksamkeit auf ihre Hände richtet, nicht um zu erforschen, was die Hände ausgedrückt haben, sondern zu gestalten, was sie sich ausgedacht hat, versuchen wir diese Beeinflussung zu durchbrechen. Das machen wir, indem wir auf der bewußten Ebene das Gesprächsthema in dem Maße ändern, daß die Aufmerksamkeit von den Händen wieder weggelenkt wird. Im Gespräch können wir auf verschiedene Weise auf die Klientin eingehen. Die erste Möglichkeit haben wir gezeigt in der Therapie mit Barbara: Sie erzählt eine Erfahrung, und wir versuchen durch detailliertes Fragen diese Erfahrung so klar wie möglich uns, und damit gleichzeitig Barbara, vor Augen zu führen.
Eine andere Vorgehensweise zeigen wir in der Therapie mit Bärbel. Weil Bärbel angedeutet hat, daß mit mehreren Männern etwas geschehen ist, fragen wir nicht nach einem Erlebnis so detailliert wie möglich nach, sondern versuchen durch unsere Fragen ein

bestmögliches Totalbild von den verschiedenen Erfahrungen zu bekommen. Auch wenn Bärbel es nicht angibt, fragen wir ständig nach, ob es noch andere Erfahrungen gibt. Sobald eine Erfahrung einigermaßen klar ist, gehen wir zum nächsten Punkt über. Es stellt sich heraus, daß das Unbewußte nicht nur über die Hände die damals erlebten Gefühle zeigt, sondern auch die unterschiedlichen Gefühle in den verschiedenen Erfahrungen miteinander verbindet. Die Hände zeigen uns so etwas wie eine Gefühlslinie.

Diese Arbeit mit Bärbel findet in einer Gruppe statt. Die direkt gestellten Fragen können ihr helfen, ihre Probleme auch in einem größeren Kreis ohne Angst auszusprechen.

Bärbel: »Meine Mutter hat Sexualität vermittelt … Man wird von Männern genommen.«

Gerry: »Wie hat sie das vermittelt?«

Bärbel: »Nicht direkt: Bei der Regel habe ich mich schmutzig gefühlt. Männer wollen nur das Eine… Paß auf, daß du nicht mit einem Kind nach Hause kommst.«

Gerry: »Guck, was du in den Händen hast! Was kann das sein?«

Bärbel: »Was mir gehört.«

Gerry: »Was ist das, was dir gehört?«

Bärbel: »Mein Herz.«

Gerry: »Was machen deine Hände?«

Bärbel: »Sie halten es fest…«

Gerry: »Damit …?«

Bärbel: »… nichts reinkommt…«

Gerry: »Was könnte reinkommen?«

Bärbel: »Löcher.«

Gerry: »Wer macht die rein?«

Bärbel: »Ich selbst. Einerseits zerquetsche ich es, andererseits halte ich es fest.«

Thijs: »Was ist deine früheste Erinnerung an sexuelle Berührung?«

Bärbel: »Doktorspiele mit Gleichaltrigen.«

Thijs: »Wie waren deine Gefühle?«

Bärbel: »Dabei habe ich mich *auch* schlecht gefühlt. Ich hatte Angst, daß es erzählt wird und fürchtete mich vor Bestrafung.«

Thijs: »Und dann?«

Bärbel: »Wieder mit zwölf.«

Thijs: »Mit wem?«

Bärbel: »Mit meinem Schwager und meinem Bruder. Mein Cousin war da auch noch… Es war gleichzeitig.«

Thijs: »Kannst du mal erzählen, wie das mit deinem Schwager war und wo?«

Bärbel: »Ich habe am Wochenende bei meiner Schwester übernachtet. Wir haben zu dritt, beziehungsweise zu viert mit dem Kind im Bett geschlafen. Als die Schwester ging, habe ich mich an den Schwager angekuschelt. Er fing an, mich zu streicheln.«

Thijs: »Wo?«

Bärbel: »An der Brust, am Po (immer leiser) und an der Scheide. Danach hatte ich so ein schlechtes Gefühl.«

Gerry: »Was hast du jetzt in deinen Händen?«

Bärbel: »Genitalbereich.«

Gerry: »Deinen?«

Bärbel: »Nein, weiß nicht… Ich hatte Angst, daß jemand etwas erfährt.«

Thijs: »Hast du auch etwas von ihm gespürt?«

Bärbel: »Es war warm und schön, kribbelte im ganzen Körper und gleichzeitig war ich starr.«

Thijs: »Hat er etwas gesagt?«

Bärbel: »Nein, ich habe meinen Kopf versteckt.«

Thijs: »Wie hat es denn aufgehört?«

Bärbel: »Ich weiß nicht, Ich bin aufgestanden oder die Schwester kam rein… Aber ich bin nicht mehr zum Schlafen dort hingegangen.«

Thijs: »Es ist nur einmal passiert, obwohl du es schön gefunden hast?«

Bärbel: »Ich bin da nicht mehr hingegangen… Später war der Kontakt zum Schwager gut. Ich mochte ihn gerne.«

Thijs: »Noch andere Erfahrungen?«

Bärbel: »Dann kam kurz danach die Situation mit meinem Bruder.«

Thijs: »Wo war das?«

Bärbel: »In unserem Zimmer.«

Thijs: »Wo standen die Betten?«

Bärbel: »So... Kopf an Kopf.«

Thijs: »Was passierte?«

Bärbel: »Es war Sonntagmorgen. Es war komisch. Er war sieben Jahre älter als ich. Er kam zu mir ins Bett. Er hat mich umfaßt. Das haben wir früher auch gemacht... Ich fand die Körperwärme schön... Es war ähnlich, aber da habe ich mehr Angst gehabt.«

Thijs: »Vor wem?«

Bärbel: »Vor meiner Mutter, daß es schlecht ist und daß ich es auch noch schön fand.«

Thijs: »War es denn schön?«

Bärbel: »Ja, es war gleichzeitig Angst da, da war es nicht mehr schön...«

Gerry: »Was machen deine Finger?«

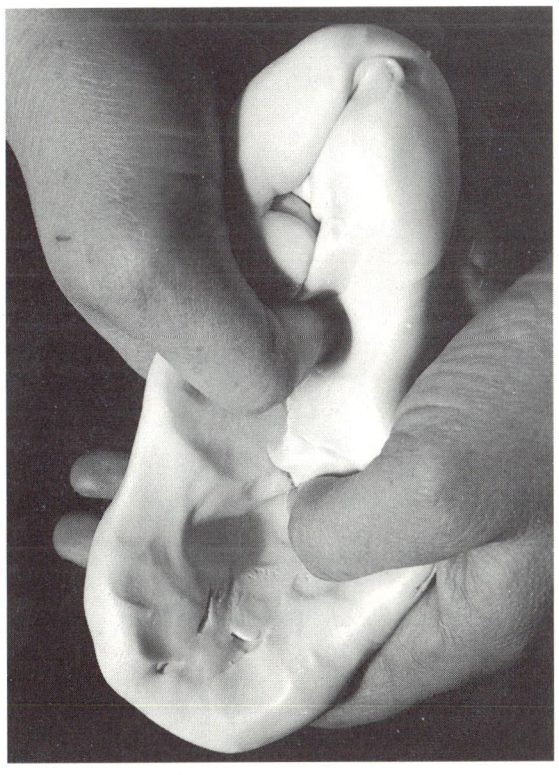

Bärbel: »Graben sich ein, pieksen…«

Gerry: »Was könnte das sein, was du da hast.«

Bärbel: »Ich habe nur 'ne Phantasie… Mein Genitalbereich. Aber ich spüre das nicht. Die Finger durchbohren es, machen kaputt…«

Thijs: »Wie endete das?«

Bärbel: »Mit meinem Bruder?«

Gerry: »Spürst du, was deine Hände machen?«

Bärbel: »…«

Thijs: »Wie endete das mit deinem Bruder. Hat er dich weiterhin liebgehabt?«

Bärbel: »Nee, wir haben uns immer gefetzt. Aber ich mochte ihn. Später war ich eifersüchtig auf seine Freundin.«

Thijs: »Hast du deinen Bruder gespürt.«

Bärbel: »Ja, die Wärme.«

Thijs: »Lag er hinter dir?«

Bärbel: »Ja.«

Thijs: »Hast du seinen Schwanz gespürt?«

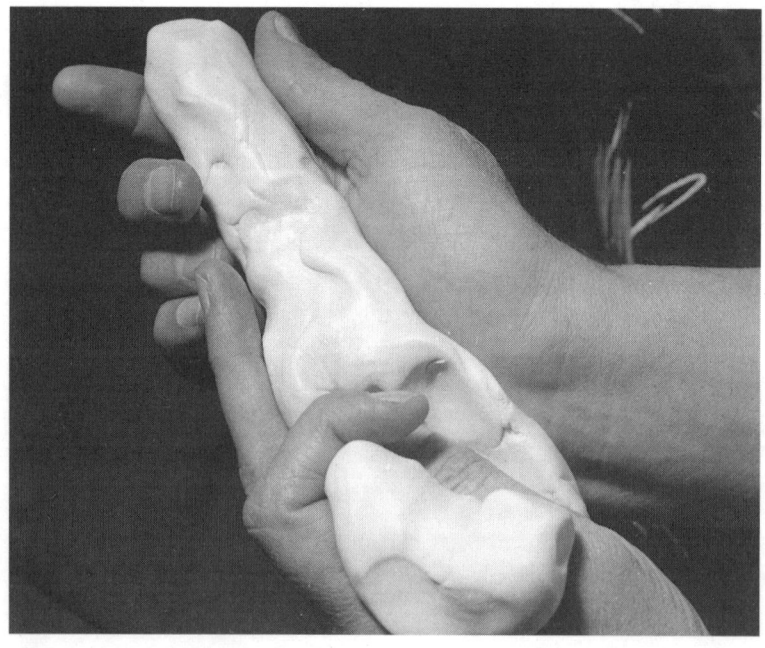

Bärbel: »Ja, es hat mir Angst gemacht. Ich habe gespürt, wie er größer und steifer wurde. Ich wußte gar nicht, was das sollte. Ich war so naiv.«

Thijs: »Dann war noch was mit deinem Cousin?«

Bärbel: »Ja, auch bei mir im Zimmer. Mein Bruder war auch da. Er lag auch bei mir im Bett. Er hat mich auch an der Scheide berührt. Das war mir zuviel. Ich bin weggelaufen.«

Thijs: »War es nicht schön?«

Bärbel: »Ich hatte Angst, daß mein Bruder es mitkriegt und daß ich schuld bin.«

Thijs: »Sind das deine kindlichen Erfahrungen mit Sexualität?«

Bärbel: »Nein. Später noch mit einem Jungen in der Straße.«

Thijs: »Was war da?«

Bärbel: »Ich bin zusammen mit ihm zu einer Fete gegangen. Ich vertraute ihm, kannte ihn schon lange. Es wurde viel Alkohol getrunken. Es war außerhalb, wir sind mit dem Wagen gefahren. Irgendwann bekam ich Angst, weil ich gemerkt hatte, daß ich auf eine Fete geraten war, wo es nur um Bumsen ging. Paare verschwanden für 'ne Stunde. Ich hatte das Gefühl, jetzt geht es dir an den Kragen. Günther zog mich in ein Zimmer, fing an, mit mir zu schmusen. Er wollte mich ausziehen. Ich wollte nicht, ich habe mich gewehrt, aber leise. Er hat mich angeschrien: Stell dich nicht so an, oder denkst du, der bleibt ewig steif? Da ist es passiert. Er hat mir die Strumpfhosen 'runtergezogen und mir die Beine auseinandergerissen und seinen Penis reingesteckt. Es tat weh, es war alles warm und blutig. (siehe S. 112 oben) Es war schrecklich. Er ging dann 'raus. Ich bin ins Bad gegangen und dann zu einer Freundin gelaufen.«

Gerry: »Weißt du noch, was es war, was du da wegschmeißt?«

Bärbel: »Den Penis.«

Gerry: »Weißt du noch, was es ursprünglich war.«

Bärbel: »Was von mir, mein Herz.«

Thijs: »Hast du das schon mal erzählt?«

Bärbel: (schüttelt den Kopf) »Ansatzweise. Das letzte Mal in der Frauengruppe.«

Gerry: »Versuch, dein Herz mal wieder herzustellen.«

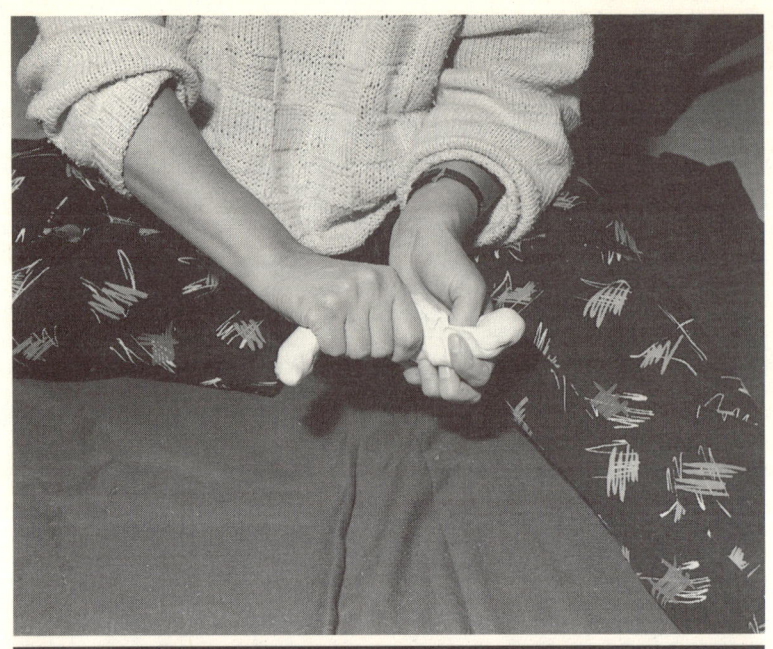

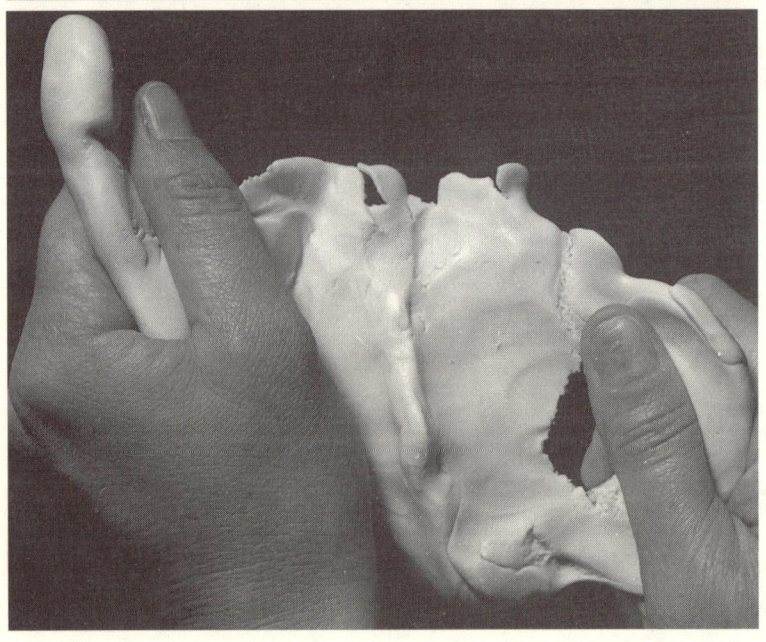

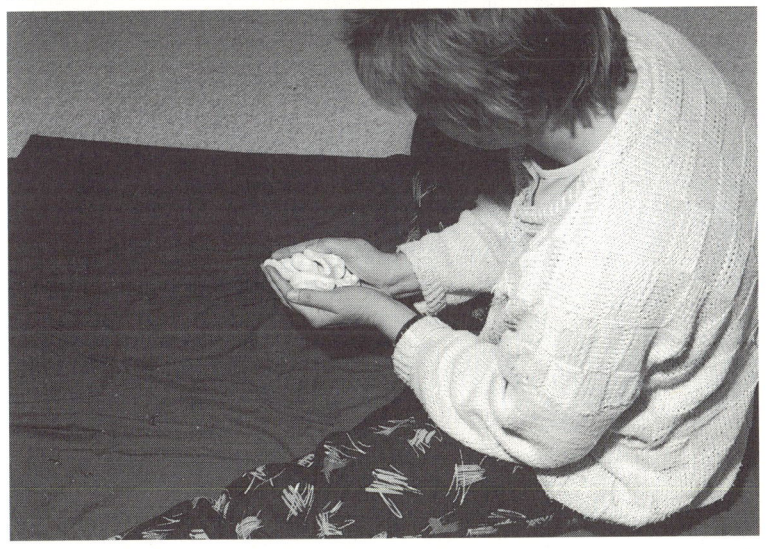

113

Gerry setzt sich vor Bärbel.

Thijs: »Stell dir vor, das ist deine Mutter. Was sagst du ihr?«

Bärbel: »Warum hast du mir nichts gesagt? Warum hast du mich damit so alleine gelassen?«

Thijs: (deutet auf den Tonklumpen) »Sorge gut für dich. Mach's nicht kaputt.«

Bärbel: »Warum hast du mir nichts gesagt?«

Gerry: »Ich habe es nicht besser gewußt.«

Bärbel: »Ich bin nicht schlecht!«

Gerry: »Bist du ja auch nicht. Ich habe dich zu früh alleine gelassen.«

Thijs: »Sorge gut für dich, mach die kleine Bärbel nicht kaputt.

Bärbel: »Ich will, daß du mir hilfst. Ich schaff' es nicht alleine. Ich bin nicht so groß, wie du denkst.«

Gerry: »Ich habe dich zu früh alleine gelassen.«

Thijs: »Erzähl deiner Mutter, was sie mit der kleinen Bärbel gemacht haben!«

Bärbel: »Sie haben mich so zerpiekt. (Sie kuschelt sich bei Gerry an). Mich durchbohrt, wie mit Messern.«

Gerry: »Das hat weh getan.«

Bärbel: »Sie haben mein Vertrauen ausgenutzt.«

Thijs macht Musik an: Hermann v. Veen *Kleiner Fratz*.

Lieder helfen weiter

Es sind nicht nur die Worte der Klientin, die oft nicht reichen, um ihre Erlebnisse auszudrücken. Auch die Worte des Therapeuten reichen oft nicht aus, um das Leid aufzufangen, Gefühle auszudrücken oder die Gefühle der Klientin zu unterstützen, ihr zu vermitteln, daß sie verstanden wird. Dazu nehmen wir gerne die Hilfe von Menschen an, die in der Lage sind bestimmte Gefühle kurz und deutlich auszudrücken und/oder diese Gefühle wachzurufen. Wir meinen hiermit Liedersänger, wie Hermann v. Veen und Klaus Hoffmann, aber auch Sängerinnen wie Theresa Berganza. Sie sind in der Lage in kurzer Zeit in einem Lied eine Stimmung auszudrücken, die für unsere

Klientinnen oft sehr wichtig sein kann. Wir hören uns dieses Lied, meistens in Körperkontakt mit der Klientin, gemeinsam an. Es ist so etwas, wie ein Geschenk für sie. Dieses Geschenk kann dazu führen, daß die Klientin, wie Barbara das beschrieben hat, ihre Schmerzen deutlicher spürt. (»Eine volle warme Frauenstimme ertönt, und ich fühle nur noch meinen Schmerz und Gerrys warmen Körper.«) Es kann auch sein, daß durch dieses Lied die gefühlsmäßige Seite der Erinnerung verstärkt wird. Dies ist der Fall bei Bärbel. Unsere Worte haben sie schon zu der kleinen Bärbel von elf, zwölf Jahren hingeführt. Es scheint aber, als ob sie ihr erst zärtlich lächelnd begegnen kann, während Hermann v. Veen singt:

Kleiner Fratz

He, kleiner Fratz auf dem Kinderrad –
gekonnt hältst du die Balance,
he, kleiner Fratz auf dem Kinderrad,
du führst in der Tour d'Elegance,
mit den Haaren im Wind, auf den Wangen die Sonne
saust du vorbei wie der Blitz...
flitz!

He, kleiner Fratz auf dem Kinderrad –
der Teich zeichnet dein Bild,
du überholst glatt ein Schwanenpaar,
der Schwanerich lächelt nur mild,
das Sonnenlicht spielt in den wirbelnden Speichen.
Der Radweg glänzt wie Lakritz...
flitz!

He, süßer Fratz auf dem kleinen Rad –
du strampelst so stolz und so kühn,
schlingerndes blinkendes Kinderrad,
weißer Tupfer im Grün,
du fährst und fährst und du wirst immer kleiner,
plötzlich bist du einfach weg –

6
Worte bekommen
wieder Gefühle

Die dritte Möglichkeit mit der bewußten Ebene, dem Gespräch, umzugehen nachdem eine Klientin ein traumatisches Erlebnis schon erzählt hat, besteht darin, nochmal nachzufragen. Das detaillierte Nachfragen soll der Klientin dann nicht helfen, darüber zu reden, denn das Rationale, Verbale funktioniert ja schon. Die Methode hilft der Klientin nicht nur darüber zu reden, sondern auch ihre Gefühle zu aktualisieren. Das was passiert ist, wieder in sich zu spüren. Sie spürt es dann oft in ihren Händen. Ursula sagt: »Ich kann das Gefühl nicht beschreiben, nicht fassen. Ich ahne es. Aber es ist nicht da.« Durch das Kneten mit dem Ton spürt sie in ihren Händen wieder ihre Unruhe, ihre Ängste, ihre Verwirrung. Wenn sie ihre Tonfigur betrachtet, kommen visuelle Erinnerungen an die wichtigsten Gefühle wieder hoch. Dieses Wachrufen der Gefühle, die mit traumatischen Erfahrungen verbunden sind, stimuliert gleichzeitig wieder das verbale Ausdrücken dieser Gefühle. Die Klientin muß sich jetzt nicht fragen, um welche Gefühle es überhaupt geht und was sie damals gespürt hat, sondern sie spürt es jetzt wieder direkt. Sie kann direkt sagen, was sie im Moment wahrnimmt. Die Tonmasse in den Händen sorgt dafür, daß über eine Erfahrung aus der Vergangenheit nicht mit Distanz geredet werden muß, sondern gefühlvoll, weil die Situation hier und jetzt wieder da ist. Die Fragen des Therapeuten sollen in diesem Fall nicht bewirken, daß die Klientin die Erfahrungen mitteilen kann, die sie gemacht hat, sondern vor allem ihre Gefühle, die sie dabei erlebt hat.

Gerry: »Ursula, können wir nochmal zurückgehen zu deinem elften Lebensjahr? Zu der Radtour, die du mit deinem Vater gemacht hast?«

Ursula: »Ja.«

Gerry: »Magst du nochmal erzählen, was da auf der Heide genau passiert ist?«

Thijs: (Ursula hat während dieses kurzen Gesprächs sofort ihre Tonkugel geknetet.) »Guck mal was du in den Händen haben könntest. Was könnte das sein?«

Ursula: »Ein Gesicht.«

Ursula ist sehr betroffen, sie schluckt viel und weint.

Thijs: »Von wem?«

Ursula: »Es ist ein uraltes Gesicht. Von der Frau. Die unmittelbar nachdem meine Krise ausbrach immer wieder auftauchte. Wenn ich die Augen zumachte, habe ich sie gesehen. Ein Gesicht mit bedrohlichen Augen.«

Thijs: »Sie sagen alle du bist schuld.«

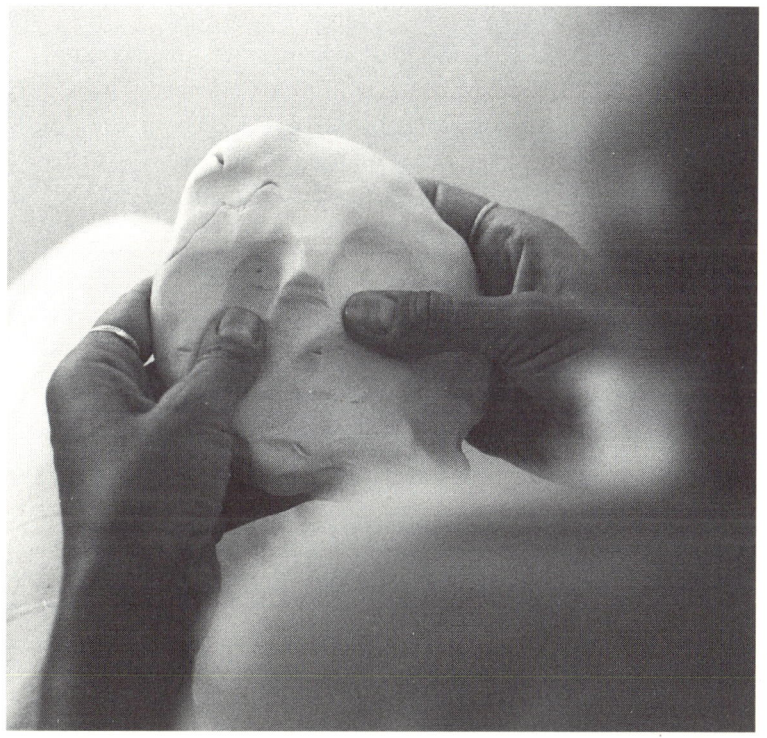

Ursula: »Ja, solche Köpfe hatte sie.«

Thijs: »Magst du diesem Gesicht mal etwas darauf antworten?«

Ursula: »Warum bedrohst du mich so, beobachtest mich so. Warum beobachtest du mich überall. Du verfolgst mich. Tag und Nacht.«

Thijs: »Kannst du diese Sätze auch mal zu dir sagen: Warum beobachte ich mich, warum verurteile ich mich, warum verfolge ich mich Tag und Nacht.«

Ursula: »Warum verurteile ich mich?

Warum verfolge ich mich Tag und Nacht?

Warum beurteile ich mich... überall?

Warum kontrolliere ich mich überall... Tag und Nacht?

Warum lasse ich mich nicht in Frieden.«

Ursula spricht ganz langsam und ist sehr betroffen.

Thijs: »Suche mal gut in dir, ist da irgend etwas, wie winzig auch, das dir eine Antwort zuflüstert.«

Ursula: »Warum beurteile ich mich?«

Ursula beißt auf ihre Unterlippe und weint.

Ursula: »Dann fühle ich mich komisch. Ich mach das, damit ich mich fühle. Diese Einsamkeit nicht merke. Sie hat oft mit mir nicht geredet. Der einzige Kontakt war Verurteilung und Kritik. Ja, ... ich mach das tatsächlich ... Das ist mein Kontakt zu mir ... wie schrecklich.«

Ursula weint bitterlich.

Wir beide legen eine Hand auf ihre Schultern.

Ursula: »So gehe ich mit mir um.«

Gerry: »So gehst du mit dir um.«

Ursula: »Das habe ich noch nie so gespürt... Kann ich das ändern?«

Gerry: »Ja.«

Ursula: »Ja, da ist Leben in mir. Ein schreckliches Leben, aber Leben.«

Gerry umarmt Ursula und wischt ihre Tränen weg.

Ursula guckt sich das Tongesicht wieder an.

Gerry: »Kannst du mal versuchen zu sagen: ›Ich habe keine Schuld?‹«

Ursula: »Ich bin unschuldig. Ich bin unschuldig.«

Gerry: »Stimmt das für dich?«

Ursula: »Nein, ich bekomme keine Antwort darauf.«

Gerry: »Da klingt nichts in dir an?«

Ursula: »Nein.«

Gerry: »Heißt dann der Satz: ›Ich möchte unschuldig sein?‹«

Ursula: »Ich möchte unschuldig sein.«

Ursula weint.

Gerry: »Möchtest du das auch hören?«

Ursula: »Ich habe mir schon überlegt, ob ihr das zu mir sagen solltet?«

Gerry putzt ihre Nase und wischt ihre Tränen weg.

Ursula: »Ich habe ja gewußt, daß etwas nicht in Ordnung war. Aber ich hatte keinen, den ich fragen konnte. Und so wie ich mich ausgedrückt habe, hat meine Mutter immer gesagt: ›Tu was er sagt…‹ Das war ja das Schlimmste. Ich habe immer gehofft, daß sie darauf eingehen würde, wenn ich gesagt habe: ›Dein Mann ist eine Sau.‹ Da habe ich nicht gesagt Vati, sondern: ›Dein Mann.‹ Ich verurteile mich dafür – daß ich keine Vergleichsmöglichkeiten – gesucht habe. Aber wo?«

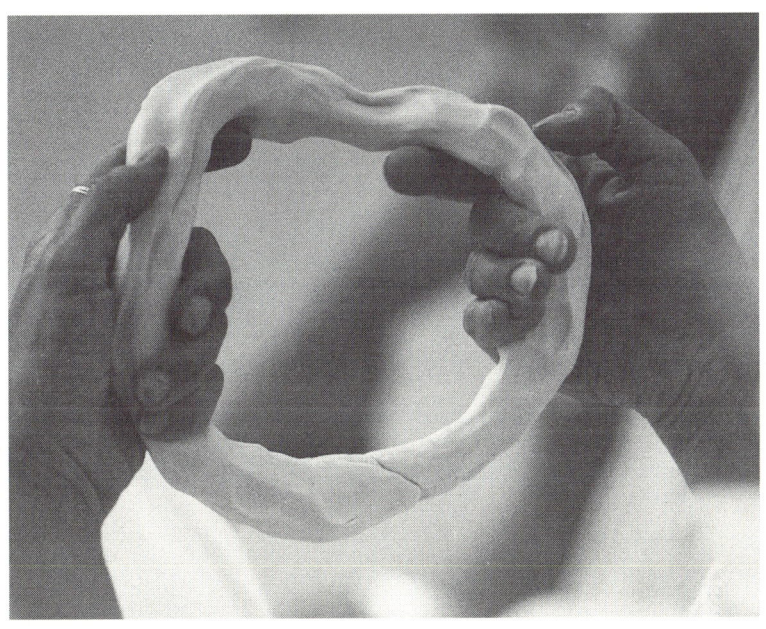

Gerry: »Du hattest keinen Ausweg.«

Ursula: »Ich hatte keinen Ausweg. Es gab keinen.«

Gerry: »Es gab keine andere Möglichkeit.«

Ursula: »Aber ich wollte leben.«

Thijs: »Was könnte das sein, das du in den Händen hältst?«

Ursula schaut auf ihre Hände: »Ein Kreis. Da komme ich nicht heraus.«

Sie knetet den Kreis wieder zusammen.

Ursula: »Das macht einfach Spaß damit zu spielen, zu kneten. Die Hände zu bewegen. Es hat mich einfach nervös gemacht. Da habe ich viel gestrickt. Da hatte ich etwas zum Festhalten und konnte die Finger bewegen.«

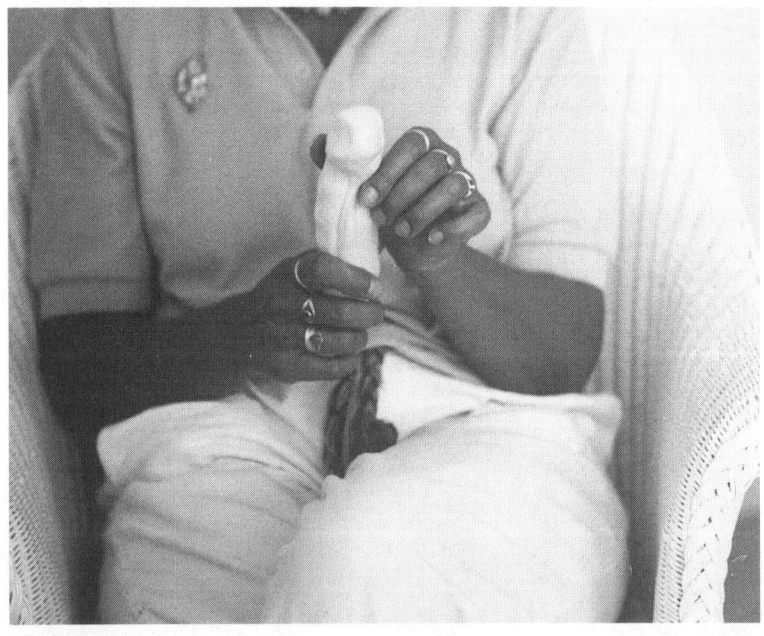

Das wäre eine Keule. Zum Schlagen. Ich hätte gerne eine Kette gehabt. Aber mein Vater war furchtbar stark… Ich hatte Angst vor dem Gefängnis.«

Gerry: »Und so gab es keinen Ausweg.«

Ursula: »Ja.«

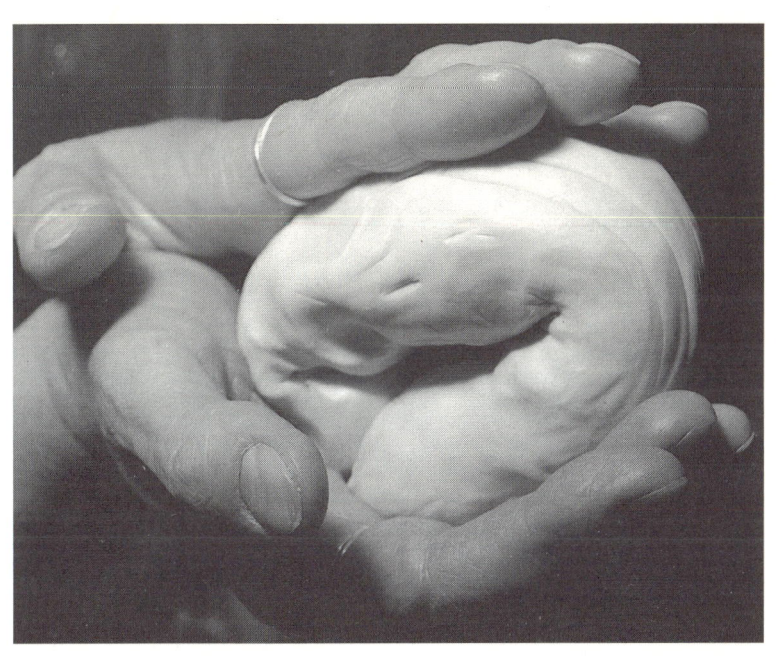

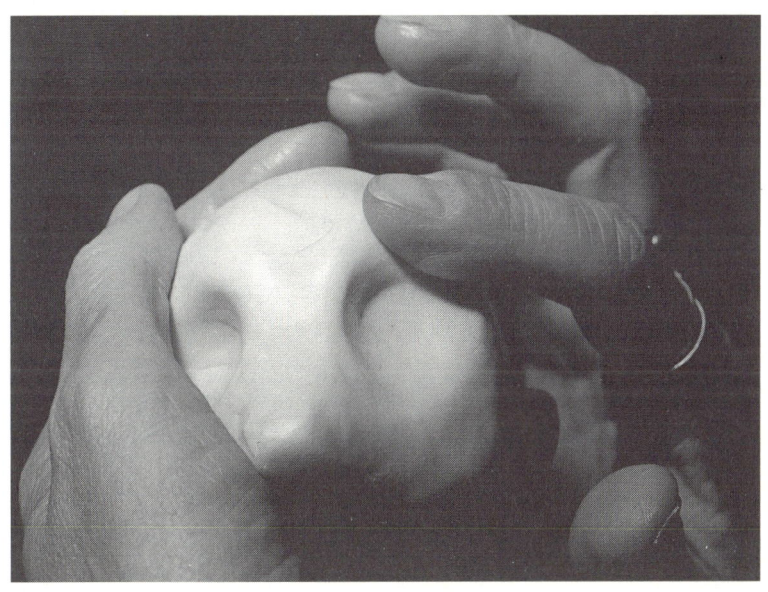

Gerry: »Alle Straßen waren Sackgassen.«

Gerry: »Du konntest nichts machen.«

Thijs: »Was könnte das sein?«

Ursula: »Es sieht aus wie ein Igel.«

Thijs: »Schön?«

Ursula lacht: »Ja. Das könnte ich sein. Stachelig war ich. Muß noch einen Mund haben.«

Gerry: »Wie war das auf der Heide?«

Ursula: »Traumhaft. Es war die Erfüllung meiner Sehnsucht über viele Jahre. Ich habe gedacht: Es hat sich gelohnt zu warten. Wir haben viel geredet. Ich glaube, er hat sich gewundert, wieviel ich mit ihm geredet habe, wieviel wir gelacht haben. Da war etwas, das mich unsicher gemacht hat, aber dieses Gefühl habe ich übergangen.«

Gerry: »Was habt ihr auf der Fahrt gesehen?«

Ursula: »Korn, abgeerntet. Es war Ende Juli, Anfang August. Kornblumen, Heideröschen, kennt ihr die? Und Franzosenkraut. Daß es verschiedene Grassorten gibt. Und verschiedene Heidesorten, lila und auch die Erika, rosa.«

Gerry: »Dann habt ihr euch gesetzt.«

Ursula: »Ja, er hat seine Jacke ausgezogen, und dann haben wir uns daraufgesetzt. Das war irgendwie komisch. Er war so fürsorglich. Ich merkte, daß er irgendwie auch unbeholfen war. Es war so ein Glitzern in seinen Augen.«

Gerry: »Schön oder angstmachend?«

Ursula: »Angstmachend. Und er hatte eine Tafel Schokolade. Das war Haselnußschokolade. Die war in so einem Rahmen drin. Die mußte ich auf einmal aufessen.«

Gerry: »Die mußtest du aufessen?«

Ursula: »Ja, die mußte ich da gleich aufessen. Damit meine Geschwister das nicht mitbekamen. Denn es war Nachkriegszeit, und wir hatten nie Schokolade. Ich habe sie reingestopft. Es hat mir überhaupt nicht geschmeckt. Er hat mich da Ulla genannt. Das fand ich ganz nett. Es war das zweite Mal. Davor hat er mich immer Uschi genannt oder Ursel. Uschi war mein eigentlicher Name. Ursel nannten sie mich, wenn Besuch kam. Daß er Ulla sagte, machte mich irgendwie glücklich.«

Gerry: »Und die Hand, war das schön?«

Ursula: »Ich habe mir so gewünscht, in den Arm genommen und gestreichelt zu werden, aber so, das war schon ein Überfall. Er ging nicht zärtlich vor. Da war plötzlich seine Hand auf meinem Bein (Ursula zeigt uns diese Handbewegung auf ihr Bein.) Er hat zugepackt.«

Gerry: »Was hat er noch getan, als ihr da gesessen habt.«

Ursula: »Er hat gesagt: ›Du bist ein schönes Kind, fast schon ein Fräulein.‹ Das fand ich schon merkwürdig. Denn Fräulein das waren bei uns so die Mädchen die mit jedem ausgingen. Ich habe die ganze Zeit so auf'm Po gesessen. Ich war ganz angespannt. Dann gingen seine Beine unter meinen Rock, nicht ganz schnell, aber auch nicht langsam. Dann habe ich mir gesagt: ›Das darf er nicht.‹ Aber gleich danach: ›Papi darf alles. Du willst doch daß der Papi zu dir ganz lieb ist.‹«

Gerry: »Du hast dich nicht gewehrt?«

Ursula: »... Ich war entsetzt... Ich war vor Schreck überrascht. Das war der eine Grund... Der andere Grund war: Ich wollte gerne mit ihm zusammensein. Ich mochte ihn doch.«

Thijs: »Sei ganz lieb zu der kleinen Ursula, vorsichtig mit ihren Augen.« (Ursula drückt kräftiger auf die Tonfigur.)

Gerry: »Und dann?«

Ursula: »Ich dachte, das darfst du nicht. Das darf man nicht, das ist verboten.«

Gerry: »Wer ist der du?«

Ursula: »Leo... Dann habe ich auch gedacht, daß der Papi das weiß. Du willst doch auch von dem Papi geliebt werden.«

Thijs: »Und die kleine Ursula... Sie hat es zugelassen.«

Ursula: »Sie hatte doch gar keine Wahl.«

Thijs: »Nie? – Hattest du keine Wahl?«

Ursula: »Wenn, dann habe ich sie nicht erkannt.«

Ursula beißt auf den Unterlippen.

Gerry: »Was machst du jetzt mit deinem Mund?«

Ursula: »Ich schlucke Entsetzen herunter. Auch in Zusammenhang mit Thijs jetzt.«

Thijs: »Sei lieb zu der kleinen Ursula.«

Gerry: »Welches Entsetzen?«

Ursula: »Hattest du keine Wahl?«

Gerry: »Spür dein Entsetzen.«

Ursula: »Ihr macht das wie alle Therapeuten: ›Du hast es ja so gewollt.‹

Da bin ich verwirrt.«

Thijs: »Was hättest du mir am liebsten geantwortet?«

Ursula kneift die Lippen zusammen.

Gerry: »Komm, sag es ihm.«

Gerry legt eine Hand auf Ursulas Rücken.

Ursula: »Warum quälst du mich so (weinend). Du weißt ich hatte keine Wahl.

(Laut schreiend) ICH HATTE KEINE WAHL

Warum machst du das mit mir. So fragen alle Männertherapeuten… Immer diese Demütigungen… Das ist die gleiche Scheiße wie damals.«

Gerry: »Achte auf deinen kleinen Igel.«

Thijs: »Schütze sie. Schütze die kleine Ursula.«

(Ursula wirft ihren Igel von einer Hand in die andere. Gerry unterstützt eine Hand. Als der Igel darin ist, halten Ursula und Gerry ihn gemeinsam fest.)

Ursula zu Thijs: »Genau das ist es. – Nee, ich hatte keine Wahl. – Das weißt du.«

Thijs: »Weißt du es?«

Gerry: »Sag's mal.«

Ursula: »ICH HATTE KEINE WAHL. Ja, jetzt glaube ich das. Und du mit deinen blöden Fragen. Du bringst mich nicht mehr soweit, daß ich an mir zweifle.«

Thijs: »Du hast keine Schuld.

Du hattest keine Wahl.«

Ursula atmet ganz tief: »Nein, die hatte ich nicht.«

Thijs: »Überhaupt nicht. In keiner Weise.«

Gerry nimmt Ursula in den Arm und wischt ihre Tränen weg. Thijs streichelt kurz ihr Gesicht.

Ursula: »Eines habe ich jetzt gewonnen: Ich habe keine Angst mehr vor dir. Ich habe dich als eine Autorität gesehen. Ich will Achtung vor dir haben, aber mich nicht klein machen, weil du im Moment mehr kannst als ich.«

Thijs: »Ich habe keinen Moment gedacht, daß du Schuld daran hättest. Du hattest tatsächlich keine Wahl.«

Ursula: »Das ist schön.«

Ursula schaut auf ihren Igel und sagt:

»Guck mal, er lächelt auch. Aber er ist schwer zu erreichen mit den Stacheln, er kann sich zusammenkugeln.

Die Spannung geht aus meinem Kopf weg.«

Thijs: »Dann machen wir jetzt eine Viertelstunde Pause. Versuche in der Pause nicht zu rauchen, versuche die Spannung in deinem Körper aushalten zu können, dann besprechen wir das, was eben passiert ist, in einer Viertelstunde nach.«

Nach der Pause:

Thijs: »Möchtest du etwas sagen, fragen?«

Ursula: »Ich habe unheimlich viel Spannung in den Oberschenkeln gespürt, so an der Innenseite. Beim Stehen mit den wackeligen Knien hat sich das etwas gelöst, fühlt sich fast angenehm an… Ich hatte dir, Thijs, nicht soviel Emotionalität zugetraut. Soviel Weichheit.«

Thijs: »Wobei vor allem?«

Ursula: »Jedes Mal, wenn du mich angefaßt hast… Und nach dem: ›Ich hatte keine Wahl.‹«

Thijs: »Ja, der Moment war schwierig. Denn ich mußte ja ständig hinterfragen, weil es noch so, so zweifelnd herauskam. Ich könnte dir zwar bestätigen, daß du tatsächlich keine Wahl hattest, aber das bringt dich keinen Schritt weiter, solange du es nicht selbst glaubst. Denn immer wieder kommt diese Stimme: Na Ursula, vielleicht hast du doch. Du bist die einzige, die gegen diese Stimme ankämpfen kann.«

Ursula: »Ja, das stimmt.«

Thijs: »Ich kann nur mitkämpfen. Ich mußte immer wieder diese, auch für mich blöden Zweifel aussprechen, damit du deinen Zweifel überwinden und mich überzeugen kannst. Wir sind grundsätzlich der Meinung, daß so ein Kind überhaupt keine Wahl hat. Es ist unmöglich, von einem Kind etwas in dieser Richtung zu erwarten.

Auch wenn das Kind etwas gemacht hätte, das Verführungstendenzen hat.«

Gerry: »Das Kind hat ein Recht darauf. Das Kind hat ein Recht darauf zu verführen.«

Ursula: »Ja. Das Kind muß das auch üben. Es muß seine Verführungsqualitäten üben, wenn es sechs ist, vor allem zwischen vier und sieben und nochmal wieder zwischen elf und sechzehn.«

Ursula: »Wie sonst alles.«

Gerry: »Es muß auch üben, die Erotik zu entwickeln.«

Thijs: »Der Fehler liegt dabei eindeutig beim Erwachsenen. Der reagiert falsch, nicht das Kind. Noch ein anderer Punkt, du hast wohl gemerkt, daß wir uns selten auf die Wut richten. Wenn Wut hochkommt, nehmen wir das auf, aber dehnen das nicht aus. Denn uns ist es wichtig, die Verletzung zu finden, die hinter dieser Wut steckt.«

Gerry: »Für uns ist Wut eine Zwischenphase. Grundsätzlich geht es aber um die Verletzung, die dabei zugrunde liegt. Du könntest dann zwar zum Beispiel die Wut äußern, aber damit hast du noch längst nicht entdeckt, auf welcher Verletzung sie basiert. Deswegen haben wir auch wenig Zeit auf die Wut verwendet, die du angesprochen hast, zum Beispiel bei der Keule und der Kette. Denn wir wollten erreichen, daß du die Verletzungen, den Schmerz wieder spüren kannst.«

Thijs: »Wir hätten viele Wege gehen können, aber in dieser Arbeit haben wir auch viele Straßen außer acht gelassen. Da sind wir nicht reingegangen. Eines war uns sehr wichtig: Das, was da jetzt vor dir liegt, die kleine Ursula. Uns ist es wichtig, daß du dein kleines Mädchen, das dieses erleben mußte, wieder in dir aufnimmst, daß du es annimmst, daß du über es sprichst und daß du es beschützt. Daß du es ernst nimmst.«

Gerry: »Daß du lernst, die Kleine überhaupt nicht zu verurteilen und positiv über sie zu denken und zu reden. Die Kleine muß wirklich mit all ihren Möglichkeiten in dir wachsen können. Man hat auf ihr herumgetrampelt, und es sieht aus, als ob du sie da beerdigt hast.«

Ursula: »Das ist interessant. Eine Woche nach dem Ausbruch meiner Krise hatte ich einen Traum. Da liege ich in meinem Klassenzimmer in einem Sarg. Mit zwölf Jahren. Ich gehe eigentlich zur Beerdigung einer Nichte. Ich bin im Traum erstaunt darüber, daß ich nicht zum Friedhof gehe, sondern in die Schule und zwar in mein Klassenzimmer. Als ich in den Sarg gucke, sehe ich mich, mit zwölf Jahren. Ich habe die Augen auf, lange Zöpfe. Es sind drei Stricke über dem Sarg. Hier, hier und hier. (Ursula zeigt auf die Fußgelenke, unten am Bauch und unten am Hals.) Und keiner befreit mich. Damit beschäftige ich mich ganz viel.«

Thijs: »Es gibt nur einen, der dich befreien kann.«

Ursula: »Ja, ich selber.«

Gerry: »Letztlich mußt du es tun, aber du kannst es nicht alleine. Du bist auch nicht von dir kaputtgemacht worden. Was von außen kaputtgemacht wird, kann sich oft nicht nur allein von innen heraus heilen.«

Ursula: »Toll, der Gedanke.«

Thijs: »Letztlich mußt du die Fesseln wegnehmen, aber es muß immer wieder Leute von außen geben, die sagen: ›Komm, es geht schon, machs mal so.‹ Da ist soviel negative Kraft von außen in dich hineingekommen. Demgegenüber muß wieder positive Kraft von außen zu dir kommen.«

Gerry: »Auch eine Erlaubnis zu bekommen, bestimmte vergessene Sachen wieder tun zu dürfen.«

Ursula: »Ja, das mit der Erlaubnis, das merke ich oft.«

Gerry: »Auch das Zusammenmachen ist schön, nicht immer alleine sein. Es ist viel schöner, gemeinsam in der Gegend herumzuhüpfen wie Kinder, die ausgelassen miteinander spielen.«

Thijs: »Was möchtest du mit dem Igel machen?«

Ursula: »Der guckt mich schön an. Der kann hier bleiben. Ich habe verstanden, was er zu mir sagt, was er für mich bedeutet.«

7
Kinderbilderbücher sprechen für die Klientin

Das Bilderbuch: Projektion und Identifikation

Eine weitere Möglichkeit, der Klientin mit Materialien zu helfen, ihre Erfahrungen zu erzählen, ist das Arbeiten mit Kinderbilderbüchern. Jedes Buch bietet auf verschiedenen Ebenen die Möglichkeit, als Projektionsfläche die Erlebnisse zu aktualisieren und die Gefühle wieder präsent zu machen. In dem Moment, in dem durch die Bilder die Erlebnisse und Gefühle wieder hier und jetzt präsent und greifbar werden, kann die Klientin auch leichter darüber reden. Andererseits braucht sie nicht soviel darüber zu reden, weil das Buch für sie redet. Die Klientin kann ihre Person, ihre Erfahrungen, ihre Geschichte in das Buch legen und das Buch für sie sprechen lassen. Ein Kinderbilderbuch bietet Projektionsflächen in den einzelnen Figuren, in gesamten Bildern und in der Geschichte, die in dem Buch erzählt wird. Diese therapeutische Arbeit läuft folgendermaßen:
– Die Klientin bekommt etwa 15 Bücher vorgelegt. Ohne es mit irgendeinem Problem zu verbinden, bitten wir die Klientin, sich aufgrund der Umschläge, die sie jetzt sehen kann, zu entscheiden, welches Buch sie am schönsten findet.

– Im schönsten Buch sucht sie jetzt zwei Bilder: das schönste und das schrecklichste, das schlimmste.

– Wir fangen jetzt mit dem schönsten Bild an. Der Therapeut fragt, ob die Klientin dieses Bild beschreiben kann. Er hält alle Informationen fest. Entweder schreibt er gleichzeitig oder nimmt mit einem Cassettenrecorder auf. Wichtig ist, daß dies gleichzeitig geschieht und nicht nachher, weil sonst der Therapeut nur das herausnimmt, was bei ihm als wichtig angekommen ist. Die Klientin kann viele Details beschreiben, die der Therapeut in dem Moment vielleicht noch nicht versteht, die er dementsprechend nicht für wichtig hält, die sich aber später als in die Situation ganz passend herausstellen. Die Klientin beschreibt nur, was sie auf dem Bild sieht. Welche Figuren da sind, wo sie sind, welche Farben und so weiter.

– Die Klientin beschreibt, was auf dem Bild passiert. Auch das wird wieder vom Therapeuten aufgeschrieben, beziehungsweise aufgenommen.

– Wer bist du auf dem Bild? Um die Projektion zu ermöglichen, ist es wichtig, daß eine Verbindung zwischen Bild und Klientin hergestellt wird. Meistens hat die Klientin das schon in den beiden vorhergehenden Erzählungen gemacht. Wenn das aber nicht passiert ist, ist es wichtig, daß der Therapeut nochmal klar nachfragt, wer die Klientin auf dem Bild ist und wo sie ist.

– Wer sind die anderen auf dem Bild? Nachdem die Klientin zuerst sich selbst in das Bild gebracht hat, wird sie mit dieser Frage aufgefordert, auch ihre Umwelt in das Bild zu projizieren. Hier ist interessant, daß deutlich durch das Bild keine kognitive Leistung gefordert wird, sondern eine emotional assoziative. Die Klientin projiziert meistens die Erfahrungen und Erlebnisse in das Bild, die für sie emotional am wichtigsten sind.

– Der Therapeut fragt die Klientin, ob das, was hier auf dem Bild passiert mit ihrer Geschichte, ihren Erfahrungen zu tun hat.

– Nachdem die Klientin über das Bild erzählt hat, beziehen wir jetzt auch den Text des Buches mit in die Therapie ein. Wir fragen die Klientin, ob sie den Text, der zu diesem Bild gehört, flüchtig durchschauen will, und bitten sie einen Satz beziehungsweise ein Wort herauszunehmen, das ihr auffällt, das sie anspricht.

– Auf die gleiche Weise, wie wir mit dem positiven Bild gearbeitet haben, arbeiten wir jetzt mit dem negativen Bild.

– Jetzt sammeln wir die verschiedenen Aussagen der Klientin an die sie sich noch erinnert und die der Therapeut notiert hat. Ausgangspunkt bei dieser Arbeit ist, daß alles was die Klientin über das Bild erzählt und über die Figur, mit der sie sich identifiziert, Informationen sind, die sie auch über sich selbst geben könnte, aber es vielleicht nicht so leicht kann. Wenn sie zum Beispiel gesagt hat, daß sie die kleinste Maus in dem Bild ist, dann fragen wir die Klientin: Was es bedeutet, daß sie die kleinste Maus ist. Was hat das mit ihrer Lebenssituation zu tun. Wir gehen davon aus, daß die Klientin mit dieser Bildgeschichte einen wesentlichen Teil ihrer emotionalen Erlebnisse mitgeteilt hat. Wichtig dabei ist aber, daß nicht der Therapeut die Informationen zu deuten versucht, sondern es der Klientin überläßt und daß sie so zusammen suchen, was der Inhalt dieser Mitteilungen genau sein kann.

Bevor wir ein Beispiel dieser Art Arbeit in unserer Therapie beschreiben, möchten wir noch angeben, nach welchen Kriterien wir die Kinderbilderbücher aussuchen:

Es sind ganz normale Kinderbilderbücher. Keine Bücher mit einem bestimmten therapeutischen Hintergrund oder mit bestimmten ganz deutlich vorhandenen Erziehungszielen.

Die Klientin muß eine ziemlich große Auswahl (etwa 15) von verschiedenen Büchern haben: konkrete, abstrakte, harte Farben, Pastellfarben usw.

Es sollen keine bekannten Bilderbücher sein. Dann wird nämlich die jetzige Erfahrung mit dem Buch wichtiger als die Projektionsmöglichkeit. Für die therapeutische Arbeit ist es erforderlich, daß Distanz zum Material da ist. Kinderbücher sind aus unserer Kindheit und sprechen Gefühle aus der Kindheit an. Zu der Kindheit ist diese Distanz vorhanden.

Keine Comics, darin sind zu viele Bilder, die oft wieder zu wenig detailliert sind.

Nicht zuviel Text, womöglich jede zweite oder dritte Seite ein Bild, aber auch nicht ganz ohne Text.

Es sollen Bücher mit einer Geschichte sein.

Die Geschichte in dem Bilderbuch brauchen wir für den letzten Schritt unserer therapeutischen Arbeit.

– Wenn wir die zwei Bilder mit dem Text und damit in Zusammenhang die Erfahrungen und Erlebnisse, die bei der Klientin aufgetaucht sind, besprochen haben, gibt es noch die Möglichkeit mit der Geschichte des Bilderbuches zu arbeiten. Dazu bekommt die Klientin das Buch mit nach Hause und wird gebeten, es einmal durchzulesen und sich zu fragen, was diese Geschichte mit ihr zu tun haben könnte. Ist das, was in dem Buch passiert, auf ähnliche Weise mit ihr passiert. Ist die Lösung, die die Figur in dem Buch findet, vielleicht auch eine Lösung für sie oder gerade nicht. Welche Perspektive bietet diese Geschichte für die Klientin. Kann sie aus der Geschichte Ideen beziehungsweise Kraft schöpfen.

Gerry: »Kannst du aus diesen Büchern aufgrund von dem, was du jetzt siehst, also nur die Umschläge, das Buch wählen, das du am schönsten findest.«
Maria: »Einfach nur so, ohne zu blättern, ohne durchzulesen?«
Gerry: »Ja, nur so wie sie hier liegen.«
Maria: »Ja, dieses, das spricht mich am meisten an.«
Gerry: »Woran denkst du, wenn du das Buch jetzt so durchgeblättert hast?«
Maria: »Ich finde es beängstigend, wenn ich etwas einfach nur so wähle, und dann solch einer Sache begegne.«
Gerry: »Welche Sachen meinst du?«
Maria: »Oh, das finde ich wirklich ganz beängstigend, wußtest du das, Gerry? Ich finde es unheimlich.«

Die Maus, die an das Gute glaubte

MISCHA DAMJAN / YVONNE ROTHMAYR

NORD-SÜD VERLAG

Gerry: »Meinst du, daß du etwas von deiner Geschichte in dem Buch wiedererkennst?«

Maria: »Oh, wie schlimm. Das ist doch nicht zu fassen. Wie kann das überhaupt sein.«

Gerry: »Was meinst du denn?«

Maria: »Wie sind die anderen Bücher? Wenn ich zum Beispiel das mit dem Elefanten genommen hätte…«

Gerry: »Das weiß ich auch nicht. Du kannst mal gucken.«

Maria blättert sich ein anderes Bilderbuch durch und sagt: »Nein, da sehe ich nichts. Das ist ganz anders. Aber das mit diesem Buch, das finde ich ganz irre. So unheimlich.«

Gerry: »Was ist schlimm daran?«

Maria: »Nicht schlimm, unheimlich, so fremd.«

Gerry: »Es hat dich erschreckt, was du in dem Buch gesehen hast. Hat das was mit deinen Erlebnissen zu tun, mit deiner Geschichte?«

Maria: »Ja. Aber komisch nicht? Na ja, es handelt eigentlich nur von Mäusen.«

Wir beide lachen herzhaft über Marias Versuch, das Buch von sich zu trennen.

Gerry: »Kannst du dein schönes Bild mal beschreiben?«

Maria: »Das ist wirklich unglaublich. Wie kann das doch sein. Was soll ich?«

Gerry: »Einfach beschreiben, was du auf dem Bild siehst. Nicht, was es bedeuten könnte. Einfach nur das, was du wahrnimmst. Stell dir mal vor, ich wäre blind und könnte das Bild nicht sehen. Du versuchst es mir zu beschreiben, damit ich mir eine Vorstellung davon machen kann. Was würdest du sagen?«

Maria: »… Wie soll ich das umschreiben… Ich weiß nicht, wie ich das sagen soll… Gerry, ich kann das nicht.«

Gerry: »Was siehst du. Ich sehe fünf Mäuse…«

Maria: »Ich sehe fünf Mäuse, ich sehe keine Muttermaus, sondern eine Vatermaus. Eine Mutter ist auf dem Lande, mit Heu. Sie hat ein ganzes Stück Arbeit vor sich.«

Gerry: »Die Mutter mit dem Heu, ist die nah bei den Mäusen, sieht sie sie, oder ist sie weit weg.«

Maria: »Nein, sie ist ganz weit weg. Der Himmel ist ganz bedrohlich. Gleich kann etwas passieren. Ganz dunkle Wolken. Die Vatermaus guckt, ob die Kleinen nichts falsch machen.«

Gerry: »Wo bist du auf dem Bild?«

Maria: »Ich bin der ganz Kleine, der Winzling, der da, der so dranhängt.«

Gerry: »Welche Gefühle löst das Bild bei dir aus?«

Maria: »Ich finde das … ja, wie soll ich das sagen … unheimlich. Es macht mich auch ein bißchen, ja eh, traurig.«

Gerry: »Wie ist das mit der Vatermaus da in der Nähe. Ist das beruhigend, paßt er auf?«

Maria: »Nein, es ist unangenehm. Aber jetzt ist es nicht mehr so schlimm. Er ist ja tot. Er kann jetzt nichts mehr tun.«

Gerry: »Wie fühlt das kleine Mäuschen sich, als dasjenige, das dranhängt.«

Maria: »Es hat Angst, es kriecht weg. Die Geschwister merken das nicht. Es hat das Gefühl: Da wird bald etwas passieren. Ein Gefühl, das ich zu Hause auch oft hatte.«

Gerry: »Was war das für ein Gefühl. Was konnte dann passieren?«

Maria: »Dann haben meine Eltern sich immer wieder gestritten.«

Gerry: »Mir kommt es so vor, als ob das schöne Bild, das du gewählt hast, jetzt auch überhaupt nicht so schön ist.«

Maria: »Das stimmt. Das überrascht mich auch. Es sah am Anfang so schön aus. Aber wenn ich es jetzt noch näher angucke, fühle ich mich da überhaupt nicht wohl als kleines Mäuschen.«

Gerry: »Wie ist das, daß die Mutter da auf dem Land ist?«

Maria: »Sie ist nicht da. Das ist einfach so. Sie war früher auch immer arbeiten, wenn ich als Kind aus der Schule kam. Da war sie immer auf dem Land.«

Gerry: »Aber wie ist das, was löst das für ein Gefühl aus?«

Maria: »Kein schönes Gefühl, eher schmerzhaft. Es ist so ein Unwohlgefühl.«

Gerry: »Hast du deiner Mutter früher mal gesagt, daß du dich unwohl dabei gefühlt hast, daß sie so oft weg war.«

Maria: »Nein.«

Gerry: »Willst du den Text mal durchschauen, der neben dem Bild steht, um zu sehen, ob da irgendein Satz dabei ist, der dir auffällt. Nicht alles durchlesen, sondern so flüchtig übergehen.«

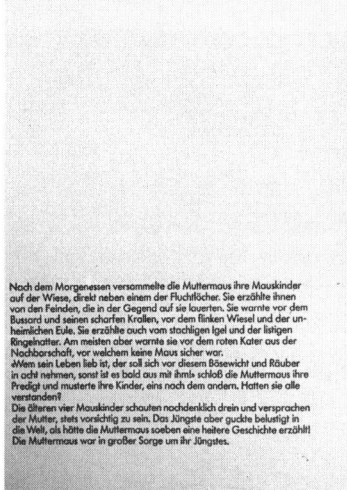

Nach dem Morgenessen versammelte die Muttermaus ihre Mauskinder auf der Wiese, direkt neben einem der Fluchtlöcher. Sie erzählte ihnen von den Feinden, die in der Gegend auf sie lauerten. Sie warnte vor dem Bussard und seinen scharfen Krallen, vor dem flinken Wiesel und der unheimlichen Eule. Sie erzählte auch vom stachligen Igel und der listigen Ringelnatter. Am meisten aber warnte sie vor dem roten Kater aus der Nachbarschaft, vor welchem keine Maus sicher war.
»Wem sein Leben lieb ist, der soll sich vor diesem Bösewicht und Räuber in acht nehmen, sonst ist es bald aus mit ihm!« schloß die Muttermaus ihre Predigt und musterte ihre Kinder, eins nach dem andern. Hatten sie alle verstanden?
Die älteren vier Mauskinder schauten nachdenklich drein und versprachen der Mutter, stets vorsichtig zu sein. Das Jüngste aber guckte belustigt in die Welt, als hätte die Muttermaus soeben eine heitere Geschichte erzählt! Die Muttermaus war in großer Sorge um ihr Jüngstes.

Maria: »Muttermaus machte sich viele Sorgen um ihr jüngstes Kind.«

Gerry: »Wie ist das für dich?«

Maria: »Ich weiß es nicht. Ich bin ja das jüngste Kind. Aber...«

Gerry: »Hast du die Sorgen gespürt?«

Maria: »Nein, nie. Vielleicht, daß sie sich jetzt endlich mal Sorgen um mich macht.«

Gerry: »Dann schauen wir uns jetzt das negative Bild mal an.«

Gerry: »Kannst du das mal beschreiben?«
Maria kneift verstärkt in ihre Finger.
Gerry: »Was siehst du?«
Maria: »Was ich sehe?«
Maria weint.
Maria: »Ich bin der Kleine, der da sitzen bleibt. Meine Geschwister rennen alle weg. Und die Katze: Das ist wirklich schon Bespringen, nicht. Die Katze bespringt die Maus.«
Gerry: »Welche?«
Maria: »Na, diejenige, die sitzenbleibt, klar. Die rennt auch nicht weg.«
Gerry: »Wie kommt das, daß sie nicht wegrennt?«
Maria: »Die hat soviel Vertrauen. Sie versteht nichts davon, daß Gefahr da ist. Das ist doch die Maus, die an das Gute glaubte.«
Gerry: »Wo kommt die Katze her?«
Maria: »Die kommt da aus der Ecke.«
Gerry: »Siehst du noch mehr auf dem Bild?«
Maria: »Ja, Vater und Mutter sind wieder auf dem Land. Die Mäuse sind alleine.«

Gerry: »Was löst dieses Bild bei dir aus?«

Maria: »Das ist genauso wie früher. Es ist wie bei uns in der Diele. Da kam er auch aus seiner Ecke und hat mich von hinten gepackt. Vater und Mutter waren nicht da. Die waren auf dem Land.«

Gerry: »Wer ist er?«

Maria: »Mein Opa. Ein fieser, alter Mann, wie diese Katze.«

Maria holt tief Luft. Schweigt lange.

Gerry: »Wie alt warst du da?«

Maria: »Sechs Jahre.«

Gerry: »Was passierte da in der Diele?«

Maria: »Ich kam von der Schule und Vater und Mutter waren auf dem Land. Ich war alleine da. Meine Geschwister waren noch nicht da. Und Opa war da. Der hat mich dann plötzlich wie diese Katze besprungen. Er hat mich gepackt, mich überall betastet, dann hat er sich an mir gerieben, ich verstand überhaupt nichts davon, was da passierte. Ich fand es nur scheußlich. Er hat mich kräftig festgehalten. Irgendwann hat er mich dann weggestoßen. Das fand ich ganz fürchterlich. Er hat mich dann überhaupt nicht mehr beachtet. Ich fühlte mich benutzt und weggeschmissen wie ein alter Lappen. Ich denke, daß er das immer wieder gemacht hat, weil er mich nicht mochte. Iieh, es war so ekelig… Kannst du dir das vorstellen, wie ich mich da als Mäuschen gefühlt habe. So ekelig wie der war, drückt das andere Bild eigentlich noch viel besser aus. Hier, mußt du mal sehen.«

Maria: »Kannst du dir vorstellen, wie du dich fühlst, wenn du dem gegenüber stehst. So hat er das gemacht. So fies. So ekelig. Und ich wußte nicht, wie ich da wegkam. Ich konnte nicht schreien, denn es gab doch niemanden, der mich hören konnte.«

Gerry: »Kannst du hier auch mal den Text durchschauen und dir einen Satz heraussuchen.«

Maria: »Das ist doch nicht zu fassen. Genauso habe ich mich gefühlt.«

Gerry: »Was meinst du?«

Maria: »Na, was hier steht.«

Gerry: »Kannst du es mal vorlesen?«

Maria: »Der Kater kam näher und näher. Plötzlich stand er nur

Aus dem Kornfeld trat der Kater hervor und musterte die kleine Maus
von den Ohren bis zum Schwänzchen. Das Mäuschen spürte sein Herz
klopfen wie noch nie, obwohl die Mohnblume bei ihm war und obwohl es
nahe beim Fluchtloch stand. Es vergaß sogar zu lächeln und zierlich sein
Schwänzchen aufzurollen, wie es vorgehabt hatte. Ja, es war wahrhaftig
nicht leicht, so eine Begegnung kaltblütig zu meistern. Hatte nicht die
Mutter sehr vor diesem Kater gewarnt?
Der Kater kam näher und näher. Plötzlich stand er nur noch einen Katzen-
sprung von der kleinen Maus entfernt.
«Guten Tag, Herr Kater», grüßte die Maus liebenswürdig. Der Kater
drückte ein Auge zu und fragte grinsend: «Warum bist du so freundlich zu
mir? Weißt du denn nicht, daß ich ein Kater bin, und dazu noch ein gefährlicher?»
«O ja, das weiß ich. Aber ich habe trotzdem keine Angst», sagte die Maus
sanft. Zuerst wollte der Kater die kleine Maus sofort schnappen. Er war
beleidigt, daß dieses winzige Geschöpf so frech war und behauptete,
keine Angst vor ihm zu haben. Doch er schlug nicht zu, denn sein Hunger
war kleiner als seine Neugierde! Er setzte sich breit vor die Maus hin
und fragte: «Bist du eigentlich so stark – oder gar stärker als ich –, daß du
vor mir keine Angst hast?» und er leckte sich genießerisch das Maul.
«O nein, ich bin nicht stark, ich bin nur lieb, und das ist viel mehr –»
«Hm» machte der Kater, um Zeit zu gewinnen, und das «Hm» paßte sehr
gut zu seiner Stimme. Das schien ihm auch so, denn er sagte noch einmal
«Hm» und dann noch zweimal «Hm, hm»
Er wußte gar nicht, was er sonst sagen sollte, denn so eine Maus war ihm
in seinem langen Leben nicht begegnet.
«Sie sind tausendmal stärker als ich, Herr Kater. Aber was bringt Ihnen
ein so winziges Ding an, wie es ich es bin, wenn Sie es fressen? Mich hin-
gegen zu Freund zu haben–»
Die Mohnblume fand diese Worte ihres kleinen Freundes sehr rührend,
aber sie zitterte aus Angst um ihn.
«Ha, ha, ha! Wie kann ein Zwerg eines mächtigen Katers Freund sein?
Ha, ha, ha! Was hätte er zu bieten!»
«Ich könnte Ihnen zum Beispiel eine Geschichte erzählen!»
«Eine Geschichte! Geschichten finde ich lustig, aber was kann eine kleine
Maus einem Kater erzählen, das ihm Freude macht?»

noch einen Sprung von der kleinen Maus entfernt. ›Tag, Herr
Kater‹, grüßte die Maus freundlich. Der Kater drückte ein Auge zu
und fragte grinsend: ›Warum bist du so freundlich zu mir? Weißt
du denn nicht, daß ich ein Kater bin, und noch ein gefährlicher
Kater dazu?‹

Und dann dieses: ›Aus dem Korn kam der Kater zum Vorschein.
Er betrachtete die kleine Maus von ihren Ohren bis zu ihrem
Schwänzchen. Die Maus fühlte, wie ihr Herzchen klopfte, wie es
noch nie geklopft hat.‹«

Gerry: »Wie fühlst du dich dabei?«

Maria: »Iieh, ekelig, ööh, genauso habe ich mich gefühlt, wie er
mich da angeguckt hat, so fies. Und wie er mich dann begrabscht
hat, zwischen meine Beine gegangen ist ööh… Was habe ich doch
an Selbstmitleid, nicht?«

Gerry: »Wieso?«

Maria: »Na, daß ich darüber noch meckere, es ist doch schon lange
her.«

Gerry: »Aber es hat offensichtlich seine Spuren hinterlassen. Und du spürst auch jetzt noch die Schmerzen von damals. Die trägst du noch immer mit dir herum.«

Maria: »Aber sie glauben mir doch alle nicht. Keiner versteht mich. Oft denke ich selber auch, daß ich das Ganze nur alles phantasiert habe.«

Gerry: »Schaust du nochmal auf das Bild?«

Maria: »Das kann ich kaum. Ich finde das so scheußlich. Ich bekomme davon eine Gänsehaut. Gefühle von Ekel. Und hier dann dieses Bild auch nochmal.«

Gerry: »Was ist damit?«

Maria: »Kannst du dir vorstellen, wie ich mich als Mäuschen gefühlt habe. So eine riesige Katze. Die mich bespringen will. Was kann ich da machen.«

Gerry: »Was möchtest du der Katze sagen?«

Maria: »Hau doch ab, du fieser Alter… Guck mich nicht so an… Faß mich nicht an… Aber, das habe ich ja alles nicht gesagt.«

Gerry: »Nimmst du dir das übel?«

Maria: »Ich weiß es nicht.«

Gerry: »Wer hätte das Mäuschen vor dieser Situation schützen müssen?«

Maria: »Meine Mutter und mein Vater, aber der hat mich sowieso nie beachtet. Ich war die Kleinste. Er hat mich überhaupt nicht gesehen. Ich hatte ihn so gern, aber ich spürte nichts von ihm. Nur seine Streits mit Mutter. Ich war tatsächlich das Mäuschen, das an das Gute glaubte.«

Gerry: »Hast du schon mal jemandem aus deiner Familie von dieser Situation erzählt.«

Maria: »Ich habe es versucht, aber sie haben überhaupt kein Interesse dafür. Sie verstehen das nicht.«

Gerry: »Wie hast du es denn versucht?«

Maria: »Ich habe meiner Mutter einen Zeitungsausschnitt über ein Inzestverfahren gezeigt. Sie hat überhaupt kein Verständnis für das Mädchen gehabt. Ich habe da nur weinen können und nichts mehr gesagt. Meiner Schwester habe ich etwas davon erzählt. Die versteht es vielleicht auch wohl. Aber ich kann ihr nicht erzählen, was genau passiert ist. Das bringe ich nicht über meine Lippen.«

Gerry: »Hier ging das doch aber.«

Maria: »Du verstehst das auch. Du zweifelst nicht daran… Es ist ein schönes Buch.«

Gerry: »Ich dachte, du fändest es beängstigend.«

Maria: »Das ist es auch. Es ist beängstigend, daß da soviel über mich drinsteht, aber es ist auch schön, mich selbst mal so darin zu sehen.«

Gerry: »Du kannst das Buch jetzt bis zur nächsten Sitzung mitnehmen. Lies es dann mal durch und guck, ob die Art und Weise,

wie die Maus mit dem Problem umgeht, dir vielleicht hilft, auch
für dich einen Weg zu finden. Du hast ja gesehen, daß viel von
deiner Geschichte in dem Buch vorkommt. Vielleicht hilft es dir
schon, daß du das Gefühl bekommen kannst, daß du nicht die
einzige bist, die mit Angst zu kämpfen hat und mit ekeligen
Gefühlen. Vielleicht ist das schon mal eine kleine Unterstützung
für dich, daß du nicht alleine stehst. Wir arbeiten auch mit Kin-
derbüchern, wie diesem, weil wir damit auch versuchen wollen,
das Kindesalter bei dir anzusprechen, um damit die Erfahrungen
aus der Zeit wieder wachrufen zu können. Du hast auch gespürt,
wie lebendig das für dich plötzlich war. Deswegen brauchst du
auch nicht an deinen Erfahrungen zu zweifeln. Wenn du das alles
phantasiert hättest, hättest du auf diese Bilder nicht so emotional
und so stark körperlich reagieren können. Vielleicht kannst du dich
mit dem Buch zur Unterstützung auch ernster nehmen, mit deinen
Erlebnissen. Vielleicht kannst du deine Gefühle dann auch so ernst
nehmen, daß du dich nicht mehr des Selbstmitleides beschuldigen
mußt. Wenn du dich so schlecht fühlst, dann ist das so. Außerdem
ist es zurecht, daß du dich so fühlst. Welcher wohldenkende
Mensch würde dann sagen: Na ja, das ist ja auch ein komisches
Mäuschen, das Angst hat vor so einem Kater. Das war die Situation: Eine kleine ängstliche Maus, die von der ganzen Situation
überhaupt nichts verstanden hat. Vergiß nicht, daß du in der Situation nicht auch eine Katze warst, sondern eine Maus. Du mußt
nicht dein Verhalten von damals mit deinem Wissen von jetzt
beurteilen. Damals warst du diese kleine Maus.«
Maria: »Manchmal zweifle ich. Dann sage ich zu mir selbst: Was
machst du doch für einen Blödsinn. Da ist überhaupt nichts passiert.
Da war überhaupt nichts. Gleichzeitig fühle ich mich dann aber oft
sehr bedrückt, so depressiv. Dann denke ich wieder, da muß doch
was sein.«
Gerry: »Was fühlst du jetzt, was denkst du jetzt, ist es passiert?«
Maria: »Ja klar. Ich habe das Bild viel zu klar vor Augen, wie er
da auf mich zukam. Und mein Gefühl, die Angst, der Ekel.«
Gerry: »Dein Versuch zu glauben, daß nichts passiert ist, ist auch
eine Möglichkeit zu überleben. Eine Möglichkeit mit dem Problem

klarzukommen. Das funktioniert aber nur immer eine kurze Zeit. Dann taucht es irgendwie wieder in etwas anderem auf.«

Maria: »Dann denke ich auch wieder: Warum sitze ich hier wie ein Kind, warum benehme ich mich oft wie ein Kind. Kann ich nichts anfassen.«

Gerry: »Wie hat dieses Mäuschen denn die Möglichkeit gehabt sich weiterzuentwickeln: angstlos zu spielen, zu albern.«

Maria: »Das stimmt ja. Das hatte ich überhaupt nicht. Es ist, als ob ich eine Periode in meinem Leben übersprungen habe. Dann ist es doch passiert. Dieses Buch ist wie eine Bestätigung für meine Geschichte.«

Gerry: »Genau. Denn du hast als Maus erzählt, was dir alles passiert ist. Während du das erzählst, denkst du nicht gleichzeitig, was das alles bedeuten könnte. Und als Maus fällt dir zum Beispiel auf, daß die Mutter auf dem Lande ist. Daß sie nicht bei den Mäusen ist. Nachher haben wir dann geguckt, was das alles bedeutet. Und dann stellte sich heraus, daß in der Mäusegeschichte deine Erfahrungen mit deinem Opa erzählt werden. Wenn das nicht passiert wäre, dann hättest du das als Maus doch auch nie so erzählen können. Da hättest du überhaupt nie dran gedacht. Ich habe dieses Buch schon öfters gelesen und durchgeguckt, aber noch nie mit dieser Geschichte. Ich habe auch noch nie daran gedacht, daß die Geschichte auch darin ist. Sie ist darin, weil du sie hineingelegt hast. Und das kannst du nur machen, weil das deine Geschichte ist, die du mit dir trägst. Vielleicht ist es für dich auch möglich, mit Hilfe von dem Buch jemandem aus deiner Familie zu erzählen, wie du dich gefühlt hast. Wenn du die Bilder zeigst und ihnen erzählst, daß du die Maus bist, dann können sie sich vielleicht auch vorstellen, wie du dich da als Maus gefühlt hast, und dann kannst du vielleicht auch erzählen, wie du dich damals mit deinem Opa gefühlt hast.«

Maria: »Ich möchte dann zuerst fragen, was sie davon halten, was sie da herausholen, was sie darin sehen für mich.«

Gerry: »Aber sie gucken dann natürlich in ihre Geschichte in dem Buch. Deswegen wäre es dann wichtig, daß du sie fragst: Erkennt ihr mich in diesem Buch. Findet ihr mich hier wieder.«

Maria: »Ja, so möchte ich das machen. Ich möchte nicht zuerst erzählen. Ich finde das so schwierig. Das kann ich auch so schlecht.«

Gerry: »Vielleicht geht es ja mit Hilfe dieses Buches etwas leichter.«

Maria: »Ich will das mal versuchen. Vielleicht können sie sich mit den Bildern auch viel besser vorstellen, wie ich mich damals gefühlt habe. Wie das ist, wenn eine Katze dich so anglotzt.«

Bevor wir in der Arbeit mit Maria fortfahren, möchten wir einiges zu unserer Wahl der Kinderbilderbücher sagen. Es ist uns wichtig, daß eine deutliche Geschichte erzählt wird. Denn das ist im Vergleich zu einzelnen Bildern wichtig: die Bilder in dem Buch haben einen Zusammenhang, und die Geschichte kann der Klientin in ihrer Situation möglicherweise neue Hinweise geben. Nachdem wir mit den Bildern und den Texten gearbeitet haben, fangen wir mit der Geschichte an. Wir bitten die Klientin, das Buch jetzt ganz zu lesen. Dann fragen wir sie, wo sie sich zur Zeit in der Geschichte befindet und wie die Geschichte ab da weitergeht. Was gibt ihr die Geschichte an Information, wie es mit ihr weitergehen könnte. Vielleicht entdeckt sie etwas Hoffnungsvolles: »Ich möchte, daß es mit mir auch so weitergeht.« oder gerade das Gegenteil: »So will ich nicht weitermachen.« Dann kann die Frage kommen: »Was kann ich denn machen, damit das nicht mit mir geschieht?« Auf diese Weise kann die Klientin in ihrer Arbeit mit dem Bilderbuch ihre Aufmerksamkeit von der Vergangenheit auf die Zukunft richten. Eine derartige harmonische Entwicklung erachten wir bedeutungsvoll für die Bewältigung ihrer traumatischen Erfahrungen. Die Fixierung auf der Vergangenheit ist bei Inzestbetroffenen oft so stark, daß es ihre ganze momentane Realität überdeckt. Daß sie auch eine Zukunft haben, hat dann kaum Bedeutung. Durch die Betonung der Polarität, Vergangenheit und Zukunft, kann ihr Leben ins Gleichgewicht kommen und die Vergangenheit verliert ihre lähmende Kraft.

In der nächsten Sitzung bringt Maria das Kinderbuch wieder mit, und wir fragen, ob sie etwas damit gemacht hat.

Maria: »Ja, ich habe es zuerst meiner Schwester gezeigt. Ich habe sie raten lassen, was es darstellen könnte und wer ich sein könnte.

Dann habe ich darüber erzählt. Das ging ganz gut. Nur wollte sie dann auch konkrete Fakten wissen. Die habe ich nicht erzählen können. Ich habe nur gesagt, daß sie doch wohl weiß, daß Opa etwas mit mir gemacht hat. Weiter habe ich es auch meiner Tochter erzählt. (Die Tochter war mal mit in einer Sitzung, in der Maria versuchte, ihr zu erzählen, was mit ihr los ist, weshalb sie oft so depressiv ist. Die Tochter ist elf Jahre und war von der Geschichte der Mutter sehr betroffen.) Ich weiß nicht mehr so gut, was ich gesagt habe. Aber sie hat es sehr gut verstanden. Ich habe erzählt, wie ich mich bei manchen Bildern fühlte. Ich konnte spüren, wie sie mir nachfühlen konnte. Es ging mir gerade in der Zeit überhaupt nicht gut. Dann wollte sie mir erklären, wie ich weiter könnte. Sie hat das Umschlagbild genommen und gesagt: ›Schau, Mama, es ist vorbei. Jetzt geht das alles weg, und die Maus sitzt noch da. Es ist jetzt doch vorüber. Jetzt kann die Maus wieder weitergehen und andere Sachen machen.‹ Aber darauf konnte ich mich überhaupt nicht einlassen. Für mich ist es noch längst nicht vorbei.

Ich habe es Marianne, meiner Tochter, gezeigt als es mir nicht so gut ging. Erst gestern Abend habe ich es Jan, meinem Mann gezeigt. Ich habe bis zuletzt damit gewartet. Ich wollte es ihm nur zeigen, wenn es mir gut ging. Ich habe ihm erzählt, wie ich bei euch in der Therapiesitzung die ganzen Erlebnisse nochmal wie einen Film an mir vorbeigehen sah. Ich fand das ganz schwierig. Dann kam ich in die Küche, und Marianne sagte: ›Das hast du gut gemacht, Mam.‹ Jan war fasziniert von der Arbeit. Er verstehe es wohl, sagte er. Er mußte aber weg. Weiter haben wir nicht mehr darüber gesprochen. Darin ist er auch nicht so geschickt, das kann er nicht so gut. Ich habe noch gesagt, daß die Katze Opa war. Ich finde es unheimlich schwierig, mit ihm darüber zu reden.«

Gerry: »Hast du die Geschichte durchgelesen.«

Maria: »Ja, aber ich weiß jetzt nicht mehr, wovon sie handelt. Ich weiß noch, die Mutter hatte die Mäuse gewarnt. Sie sollten nicht soweit weggehen.«

Gerry: »Hast du mit der Lösung in der Geschichte für dich etwas anfangen können.«

Maria: »Nein. Ich sehe auch überhaupt keine Lösung. Es ist noch längst nicht weg. Es hat mir all die Jahre im Nacken gesessen. Er ist zwar weg, aber ich bin hier noch ganz alleine.«

Über Marias Reaktionen wird klar, daß sie noch längst nicht auf eine Lösung für ihre Problematik zusteuert. Das Buch interessiert sie sehr, aber nur in der Parallele zu ihrer Geschichte. Mit der Lösung kann sie nichts anfangen. Sie ist überhaupt noch nicht zukunftsorientiert. Die vielen Male, die sie in der kurzen Zeit betont, wie schwer es ihr fällt, über die Geschichte zu reden, machen uns klar, daß wir uns die nächste Zeit noch ausführlich damit befassen müssen. Das ist für sie vordringlicher als alltägliche Probleme und die Art und Weise, wie sie mit ihrem weiteren Leben umgehen will. Obwohl wir schon einige Sitzungen mit Maria gemacht haben, wird uns hier nochmal deutlich, daß sie ihre Geschichte noch nie chronologisch und klar ausgesprochen erzählt hat. Wir entscheiden uns in dieser Sitzung, nochmal daran zu arbeiten und zu erzählen, was passiert ist. Das folgende Protokoll verdeutlicht, wie schwer es ihr fällt, das Geschehen klar auszusprechen. Jedes Mal, wenn es schwierig wird, dreht Maria ihr Gesicht von uns weg, versucht sich hinter einem Kissen zu verstecken und weint.

Thijs: »Was passierte genau?«
Maria: »Das weißt du doch. Ich glaube nicht, daß ich das sagen kann. Ich glaube, daß ich überhaupt nichts mehr weiß... Ich weiß nicht, wie ich es sagen soll... Kann ich es nicht aufschreiben?«
Thijs: »Das ist auch gut. Ich hole dir Papier und einen Kuli.«
Maria: »Nein, ich meine nicht jetzt. Ich tu das dann irgendwann für euch.«
Thijs: »Nein, wenn du schreiben möchtest, ist das gut, aber mach das dann jetzt. Wir haben die Zeit dafür.«

Sie hat Papier und Kuli in der Hand und kann nicht mehr als einen großen dicken Punkt auf das Papier bringen.

Maria: »Das geht auch nicht. Kann ich es nicht auf eine andere Weise erzählen? Daß ein alter Kerl es bei jemand anders gemacht hat. Ich muß immer an zwei Hunde denken.«
Thijs: »Woran denkst du dann?«

Maria: »Ich sehe immer den hinteren Hund.«

Thijs: »Was macht er?«

Maria: »Fang ich wieder an zu heulen.«

Thijs: »Was macht der hintere Hund?«

Maria: »Schmutziger Hund, was er macht? Zittern.«

Thijs: »Und weiter?«

Maria: »Weiter hält er mich fest.«

Thijs: »Wo?«

Maria: »Wo?«

Thijs: »Wo hält er dich fest?«

Maria: »…«

Thijs: »Ich verstehe das nicht.«

Maria: »In mein…«

Thijs: »Ich kann das wirklich nicht verstehen, kannst du es nochmal lauter sagen? Wo hält er dich fest?«

Maria: »Hose.«

Thijs: »Ich verstehe Hose.«

Maria: »In meiner Unterhose.«

Thijs: »Was macht er da?«

Maria: »Weiß ich nicht.«

Identifikation mit Gebrauchsgegenständen

Zur Unterstützung holen wir verschiedene Gegenstände, woraus Maria sich die zwei Figuren oder Personen wählen kann. Der eine ist der alte Kerl, die andere ist noch unbekannt, oder es sind die zwei Hunde. Für den alten Kerl wählt Maria einen Lippenstift.

Gerry: »Wenn das eine der alte Kerl ist, wer ist das andere?«

Maria: »Ein schmutziges Kind oder so.«

Gerry: »Was könnte das Kind darstellen?«

Maria: »Weiß ich nicht. Ich weiß nur, daß ich etwas Hartes gefühlt habe.«

Thijs: »Jetzt oder damals.«

Maria: »Damals.«

Thijs: »Wo hast du das gefühlt?«

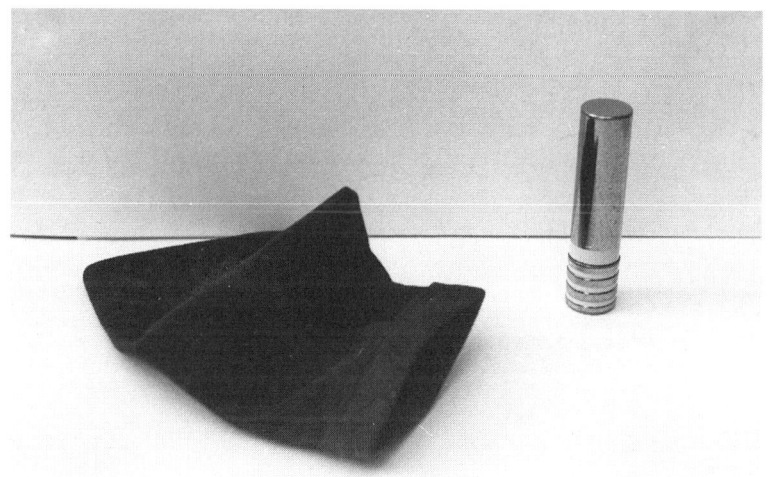

Maria: »Weiß ich nicht.«

Gerry: »Was könnte das Kind sein?«

Maria: »Ein alter Lappen oder so.«

Maria wählt jetzt eine samtene Brillenhülle.

Auffällig ist die mögliche Rollenverwechslung, die Maria in der Objektwahl macht. Für den alten Mann, den sie früher einmal schmutziger alter Opa genannt hat, wählt sie eine glänzende Lippenstifthülle und für das Kind, sich selbst, wählt sie einen schmutzigen Lappen.

Gerry: »Was passiert zwischen den beiden?«

Maria: »Das weiß ich nicht.«

Thijs: (zeigt das Bild mit der Katze auf dem Bilderbuch) »Dieses Bild hast du erkannt. Das war auf der Diele bei euch. War das das erste Mal?«

Maria: »Ja.«

Thijs: »Was passierte das erste Mal?«

Maria: »Ich stand da.«

Thijs: »Wann?«

Maria: »Nachmittags.«

Thijs: »Hast du ihn gesehen?«

Maria: »Nein... er kam von hinten. Er tat so komisch. Er machte solche komischen Bewegungen. Ich weiß nicht, was er machte.«

Thijs: »Was fühltest du?«

Maria: »Ich denke, daß ich etwas Hartes in seiner Hose fühlte.«

Thijs: »Er hatte dich fest?«

Maria: »In meiner Unterhose. Wie kann er doch gezittert haben. Er tat so… ganz unheimlich war das.«

Thijs: »Was machte er mit seiner Hand.«

Maria: »Ich weiß nicht, wie ich weggegangen bin. Was werde ich danach gemacht haben? Er hatte mich in meiner Hose fest.«

Thijs: »Vorne, hinten, unten, Bauch, Arschbacken?«

Maria: »Vorne, unten.«

Thijs: »Entlang oder auch rein?«

Maria: »Entlang glaube ich, ich weiß es nicht.«

Thijs: »Hatte er seine Hose zu?«

Maria: »Er hatte immer seine Schlitze auf.«

Thijs: »Hatte er deinen Rock hochgehoben.«

Maria: »Ja.«

Thijs: »Hast du seinen Pimmel gegen dich gefühlt.«

Maria: »Ja, das war wirklich ganz ekelig. Darum kann ich wahrscheinlich Jan auch überhaupt nicht hinter mir fühlen. Ich weiß auch nicht, ob ich es groß gefühlt habe, nur hart, hart war es.«

Thijs: »Hat Opa gegen deinen Rücken gespritzt?«

Maria: »Könnte gut möglich sein.«

Thijs: »Wie oft ist es passiert?«

Maria: »Weiß ich nicht.«

Thijs: »Zwischen ein und fünf oder zwischen fünf und zehn Mal?«

Maria: »Ich denke zwischen eins und fünf. Ich bin einmal krank gewesen, dann wollte er mich die ganze Zeit begucken.«

Thijs: »Ich kann mir nicht vorstellen, daß er nur geguckt hat.«

Maria: »Nein.«

Thijs: »Was denn noch?«

Maria: »Er hat mich betastet, mich befühlt, überall angefaßt. Ich verstehe nicht, daß ich ihn nicht höre. Er sagt nichts. Ich würde nicht mehr wissen, was für eine Stimme er hatte.«

Thijs: »Was weißt du noch?«

Maria: »Ich sehe ihn immer mit einer Hand in der Hose.«

Thijs: »Was hat er betastet, als du auf dem Bett lagst?«

Maria: »Er hat überall an mir herumgefühlt. So fummelig. Ich sehe mich ganz groß.«

Thijs: »So groß wie jetzt?«

Maria: »Es ist genau, als ob da eine Hure liegt. Ich habe ganz große Angst, daß ich es gerne gehabt habe. Daß es schön war.«

Thijs: »Was ist das für eine Angst?«

Maria: »Das finde ich wirklich scheußlich. Ich denke, daß ich deswegen vor mir selber kotze. Wirklich. Ich sehe wirklich eine Hure, die da liegt, ihre Beine gespreizt, zum Kotzen, scheußlich.«

Thijs: »Was macht sie?«

Maria: »Nur liegen. Ich denke, daß ich mich damals gefühlt habe, wie ich mich jetzt auch noch immer fühle.«

Thijs: »Wie ist das?«

Maria: »Alles einfach geschehen lassen. Nichts merken, nichts spüren, nichts fühlen… Nein, ich habe seinen Penis noch nie gesehen. Alles läuft durcheinander… Ich glaube, daß ich es doch einmal sagen werde… Nein, das kann ich nicht. Dann muß ich hinter einer Rampe sitzen… Ich kann dem fiesen alten Sack wohl die Schuld geben, aber ich bin selbst glaube ich auch nicht ganz in Ordnung. Ich habe früher wohl öfters so gelegen. Daran erinnere ich mich jetzt.«

Thijs: »Wie alt warst du da?«

Maria: »Das weiß ich nicht, ich kann darüber auch nichts weiter erzählen, ich sehe das alles so verschwommen. Alles läuft durcheinander. Im Vordergrund ist nur dieses Ekelgefühl für mich selbst. Wenn du wüßtest, wie ich mich oft hasse. Wie ich mich schmutzig und ekelig finde. Ja, genau wie dieser alte Lappen da. Wird das je weggehen, werde ich das ändern können?«

Gerry: »Das denke ich schon, das hängt davon ab, ob du die früheren Verhältnisse wieder sehen kannst, ohne deine Urteile von jetzt. Ob du sehen kannst, daß da ein erwachsener Mann mit einem kleinen Kind etwas getan hat. Und daß dem Kind das überhaupt nicht helfen konnte. Wenn du das in dir aufnehmen kannst, wenn du dein Kind wieder annimmst, dann wirst du auch positiver mit dir umgehen können. Dann wirst du vor dem alten Kerl kotzen müssen, aber nicht mehr vor dir.«

Maria: »Aber wie schwierig das ist, davon zu erzählen. Ich kämpfe die ganze Zeit hier mit mir. Ich möchte so gerne ganz konkret sagen, was geschehen ist, aber in dem Moment, in dem ich die Wörter finde, ist das Bild weg. Dann weiß ich überhaupt nicht mehr, ob es wohl real war oder nicht. Es ist, als ob ich mir ständig aus den Händen gleite.«

Thijs: »Das habe ich gemerkt. Es tat mir manchmal leid zu sehen, wie du dich quältest. Wir werden das wahrscheinlich noch oft wiederholen müssen. Die schmutzigen Erfahrungen, die du in dir hast, die dir Ekel- und Kotzgefühle bereiten, die müssen raus. Jedes Mal, wenn du es erzählst, geht ein bißchen von diesem Schmutz aus dir heraus. Jetzt hast du dafür eineinhalb Stunden gebraucht. Das nächste Mal wird es vielleicht etwas kürzer und das nächste Mal wieder etwas kürzer. Es ist wie eine schmutzige Vase, die oft gespült werden muß, damit du wieder klar durchsehen kannst. Das geht mit einmal Waschen nicht heraus.«

Maria: »Ich finde es auch gut, daß es herauskommt, aber es ist unheimlich schwierig.«

Auf diese Weise können wir mit Hilfe verschiedener Materialien Inzestbetroffene darin unterstützen, ihre Erlebnisse in Worte zu fassen. Am Anfang geht das meist ohne Worte, indem ihr Körper, ihre Hände und ihre Kleidung für sie sprechen. Danach kommt eine Phase, in der die Geschichten assoziativ erzählt werden können. Es ist keine chronologische Aneinanderreihung von Erfahrungen, sondern wie ein Scheinwerfer, der auf verschiedene Stellen in der Geschichte Licht wirft. Diese Stellen werden dann klar, andere bleiben noch im Schatten. Hierdurch entsteht meistens zuerst ein emotionales Bild. Ohne genaue Fakten. Dazu braucht die Klientin aber die Hilfe des Therapeuten, der nachfragt und damit der Klientin hilft, sich bestimmte Details in Erinnerung zu rufen. Denn auch für sie ist es wichtig, daß sie sich an die chronologische Geschichte vollständig erinnert. Durch Verdrängung und andere Überlegungsstrategien sind oft wichtige Teile der Gesamtgeschichte aus dem

Gedächtnis getilgt. Hinzu kommt, daß es für manche Klientinnen sehr hilfreich ist, wenn sie nach einer Sitzung, in der verschiedene Emotionen wieder aufgetaucht sind und verschiedene Erfahrungen wieder bewußt wurden, aufschreiben, woran sie sich noch erinnern. Mit dem Geschriebenen wird dann in der nächsten Sitzung weitergearbeitet. Auch dieses Schreiben ist für die Betroffene oft keine leichte Angelegenheit.

Innerhalb dieser Entwicklung, in der die Betroffene mit ihren Geboten und Verboten kämpft und wir sie unterstützen, über ihre Erfahrungen zu reden, räumen wir auch einen Platz ein für das Üben. Denn auch wenn die Erlaubnis da ist, über die Erlebnisse zu sprechen, hat sie die Fähigkeit dazu noch nicht. Gerade durch die Inzesterfahrungen sind die Kinder in diesem Bereich oft isoliert gewesen von Freunden und Freundinnen, die spielerisch versuchten den Bereich der kindlichen Sexualität zu bewältigen. Sie konnten nie kichernd, schimpfend und neugierig über sexuelle Bereiche reden. Damit die Klientin diese Erfahrung nachholen kann, machen wir folgendes Rollenspiel:

Das Finden von Worten

Die beiden Therapeuten und die Klientin spielen abwechselnd folgende Rollen: Kind – Mutter – Großvater, Kind – Bruder – Freundin und Kind – Vater – Schwester. Die Kinder jeweils fragen den anderen, was bestimmte Wörter und Aktivitäten aus dem Bereich der Sexualität bedeuten. Zum Beispiel: »Mama, die Jungs nennen unsere Lehrerin eine alte Fotze. Was ist das, eine Fotze?« Oder »Papa, was ist das, selbstbefriedigen, wie macht man das?« Oder die Kinder untereinander: »Wer von uns kennt die meisten Wörter für Scheide?«

Nach diesem Spiel besprechen wir gemeinsam, welche Wörter die Klientin für die Geschlechtsteile und für sexuelle Aktivitäten benutzen möchte und welchen Gefühlswert die Wörter für sie haben. Damit wir gemeinsam wissen, welche Wörter wir auch in unserem Gespräch benutzen können.

8

Verraten
und im Stich gelassen

Ursula:
»Ich habe dann irgendwie versucht, die Aufmerksamkeit meines
Vaters wieder auf mich zu lenken. Inzwischen hatte er uns umge-
schult. Wir kamen auf eine andere Schule, die sechs Kilometer von
unserer Wohnung entfernt war, so daß alle Kontakte zu den Schul-
kameraden unterbrochen, sogar abgebrochen wurden. Auch zu
Kindern, mit denen wir sonst in die Schule gegangen sind. Das
Einkaufen war mir verboten, damit ich nicht von fremden Männern
angesprochen werde. Mit Nachbarn durfte ich nicht reden. Zu
Bekannten durfte ich nicht mehr, außer zu einer einzigen Familie.
Das nur deswegen, weil mein Vater den Mann für einen Trottel
hielt.
Als ich dann 13 war, fing es an sich fortzusetzen. Ach ne, mit 12
hatte ich dann als erste Reaktion darauf eine Blinddarmentzündung.
Wie sich später herausstellte, war das überhaupt keine Blinddar-
mentzündung, sondern eine Eierstockentzündung. Aber das haben
meine Eltern mir nie gesagt. Das habe ich erst vor vier Jahren von
meinem Vater erfahren. Als ich anfing, mit ihm darüber zu spre-
chen. Mit 13, da gab es schon meinen kleinen Bruder, da mußte
meine Mutter bei einer Freundin von ihr Wäsche waschen. Die
hatte kleine Kinder und die Frau war operiert worden. Es waren
Herbstferien. Mein Großvater war mit meinen Geschwistern bei
meinem Onkel in Brien. Ich war mit meinem Vater und mit meinem
kleinen Bruder alleine. Irgend etwas war unheimlich. Ich habe
meinem Vater das Abendbrot gemacht, meinen Bruder ins Bett
gebracht und wollte wie immer um acht Uhr ins Bett. Wir gingen
immer um acht Uhr ins Bett. Dann hat mein Vater beim Gute-Nacht-
Sagen, wir gaben einander die Hand, meine Hand festgehalten,
mich an sich herangezogen und er hat gesagt: ›Ulla, hast du schon

mal schlecht über deinen Vater geredet.‹ Ich wußte sofort was er meinte.

Ich hatte schlecht über ihn geredet. Ich hatte einer Tante erzählt, wie sehr ich darunter leide, daß ich nicht mehr einkaufen darf. Ich hatte sie gebeten und sie sollte mir schwören, es nie meinem Vater zu erzählen. Sie hat es ihm aber erzählt. Das wußte ich sofort, als er sagte ›Ulla, hast du mal schlecht über deinen ... Papi‹, ja, ›Papi‹, sagte er, geredet. Niemals gab es das Wort ›Papi‹ bei uns. Das war ganz ekelhaft. Ich habe nein gesagt. Er hat mich näher an sich herangezogen und gesagt: ›Ich weiß es aber.‹ Ich habe mich gewunden wie ein Aal, aber mich natürlich fest geredet. Dann hat er gesagt: ›Man belügt seinen Papi nicht.‹ Das wußte ich auch alles selber. Ich hatte auch versprochen, das nie zu tun.

Dann hat er gesagt: ›Das mußt du wieder gut machen.‹ Ich habe gesagt: ›Ich tue alles, was du willst: Arbeiten, in der Küche helfen.‹ Irgend etwas war da komisch. Ja, und weil ich es wieder gutmachen wollte, habe ich mich von ihm küssen lassen, wie eine Leiche, anfassen lassen, ausziehen lassen, und ins Bett bringen lassen. Dann hat er gesagt: ›Du wirst eine gute Ehefrau werden. Das müssen kleine Mädchen lernen. Das lernt jedes Mädchen von seinem Vater.‹

Er hat dann die ganze Nacht, nein nicht die ganze Nacht, mehrere Stunden zuerst, mich geküßt, an meinen Brüsten gesaugt, bis ich es vor Schmerzen nicht mehr aushalten konnte, meine Scheide gekratzt, und als er in mich eindringen wollte, habe ich geschrien wie ein Idiot. Ich muß so geschrien haben, daß ich ihn erschreckt habe. Da ist er von mir herunter gegangen und hat gesagt: ›Du bist eine blöde Krücke.‹ Ich bin aus dem Zimmer herausgelaufen und habe mich im Kinderzimmer eingeschlossen. Ich habe Johannes aus dem Bett genommen und die ganze Nacht geweint. Ich habe beschlossen, daß ich in die Hölle kommen muß. Ich bin ja katholisch erzogen. Irgendwann mußte ich dann wieder aufstehen, wegen Johannes. Mein Vater war nicht da. Gegen Mittag kam meine Mutter, da wußte sie bereits alles. Ich glaube, da habe ich zum ersten Mal gesagt: ›Dein Mann ist wie eine Drecksau.‹ Dann hat sie gesagt: ›Halt deinen Mund.‹ So etwas würde sie nie wieder hören wollen.

153

Aber da hat mein Vater seine Sanktionen gegen mich verstärkt. Mein Bruder wurde beauftragt mich zu kontrollieren, ob ich den vorgeschriebenen Schulweg auch einhalte, mit wem ich rede, mit Nachbarn oder sonst jemandem. Irgendwie habe ich davon nichts gemerkt. Ich war so mit Arbeit eingedeckt und auch mit dem Gefühl von Scham beschäftigt.

Ich wollte mit meiner Mutter reden. Sie hat immer gesagt: ›Tu, was er sagt. Er wird schon wissen, was richtig ist.‹ Ich habe ganz viel Ekel gespürt. Habe mich gewaltsam gezwungen, ihn zu lieben. Ich dachte, ›Das mußt du doch hinbekommen, so ein Gefühl. Ich hatte so ein Gefühl für Johannes. Habe gedacht, so ein Gefühl muß es auch für meinen Vater sein. Aber das ist es nie geworden.«

Wenn Inzestbetroffene ihre dramatischen Erlebnisse detailliert und chronologisch mitteilen können, fängt die Verarbeitung der negativen Erfahrungen an. Es ist, als ob die Türe geöffnet ist und das Haus einmal ordentlich gesäubert werden kann. Die erste Verarbeitung ist natürlich das Erzählen selbst. Jedes Erzählen hat schon eine reinigende Wirkung: Jedes Mal läßt die Betroffene ein bißchen Schmutz aus sich heraus. Je häufiger die Erfahrungen, je schlimmer die Erlebnisse, desto notwendiger scheint es zu sein, daß die Betroffenen ihre Erfahrungen nicht einmal, sondern viele Male erzählen. Deswegen ist es auch wichtig, daß die Betroffenen es nicht nur dem Therapeuten erzählen, sondern auch ihren Freunden, Freundinnen und Familienmitgliedern. Ein anderer Aspekt des Erzählens ist, daß die Mädchen und Frauen damit anfangen, sich selbst wieder zu glauben. Wenn sie sich selbst hören, wie sie die Erfahrungen immer wieder anderen erzählen, empfinden sie darin auch eine Selbstbestätigung. Deswegen ist es auch wichtig, daß der Therapeut daran arbeitet, daß die Klientin ihre Erlebnisse laut erzählt. Das ist ein schwieriger Prozeß. Am Anfang ist es meistens so, daß die Betroffene leiser redet, wenn die Erfahrungen schmerzvoller werden. Wir haben viele Sitzungen mit Videorecorder und/oder Tonbandgerät aufgenommen. Wenn wir dann Teile davon für dieses Buch aufschreiben wollten, haben wir das Gesprochene oft sechs oder sieben Mal hören müssen, um zu verstehen, was die Klientin wirklich sagt. Deswegen fragen wir oft in nachfolgenden Sitzungen, ob die Klientin uns noch einmal einige bestimmte Erfahrungen erzählen kann. Wenn das Erzählen auch da noch sehr leise bleibt, ist das für uns ein Zeichen, daß Scham und Selbstzweifel noch einen sehr großen Platz einnehmen. Es passiert oft, daß die Mädchen beziehungsweise Frauen erst nach dem vierten oder sechsten Mal das gleiche mit lauter Stimme erzählen können.

Wir möchten hier noch einmal betonen, daß es von therapeutisch großer Bedeutung ist, daß wir die Betroffenen immer wieder bitten, uns genau das gleiche zu erzählen. Selbstverständlich wollen wir dabei zu vermeiden versuchen, daß die Betroffene das Gefühl bekommt, ihr würde nicht geglaubt. Es geht darum, daß sie es immer wieder erzählt, damit sie sich glaubt. Jede Chance, die eine Betroffene hat, ihre Erfahrungen mitzuteilen, soll sie zu nutzen versuchen.

Eine andere heilende Qualität beim Erzählen besitzt die Reaktion des Therapeuten für die Betroffene. Sie spürt empfindlich bis in ihre Poren, ob sie verstanden wird, ob ihr geglaubt wird. Sie registriert jede Reaktion. Ursula schreibt nach einer Sitzung:

Ich dachte damals bei euch: »Das darf nicht wahr sein! Erst zeigt ihr Verständnis, dann sagt ihr mir, ich hätte eine Chance.« Mir zog sich der Magen zusammen, alles Blut war wie auf einer Stelle, und ich fühlte Wut, Verzweiflung, Hilflosigkeit, Ohnmacht und tiefe Scham. Dein Gesicht, Thijs, zeigte mir Kälte und Arroganz. Irgend etwas aber war im Raum, und ich dachte: »Wenn Thijs und Gerry es hier und jetzt nicht glauben, dann ist es auch egal. Ich habe mich nun viele Stunden gehört. Egal, ich teile ihnen noch mal mit, daß ich keine Chance und Wahl hatte.« Plötzlich war da in mir: »Ich glaube mir, das ist das Wichtigste.« In diesem Moment sah ich Tränen in deinen Augen, Thijs, und ich wußte, ich hatte Kraft an mich zu glauben.

Eine wichtige Möglichkeit, die von vielen Betroffenen genutzt wird, ihre Erfahrungen mitzuteilen, ist die Selbsthilfegruppe. Sie ist äußerst sinnvoll, um Erfahrungen auszutauschen und das Gefühl der Solidarität zu entwickeln. Durch diese Gemeinsamkeit können Betroffene nicht nur hören, sondern auch spüren, daß sie nicht die individuellen Verrückten sind, sondern daß sie unter verrückten Lebensumständen aufwachsen mußten. Hierdurch können die Betroffenen gemeinsam ihr Gefühl der Selbstsicherheit stärken. Zusätzlich ist es für die Betroffenen aber auch äußerst wichtig, daß sie auch von Nichtbetroffenen verstanden werden, daß die Außenwelt ihre Erfahrungen nachvollziehen und ihre Reaktionen verstehen kann. In diesem Prozeß kann der Therapeut eine wichtige Zwischenstufe sein. Wir halten es dann auch nicht für richtig, daß viele Therapeuten, aus offensichtlicher Angst vor dieser Problematik, die Betroffenen an Selbsthilfegruppen verweisen. Man soll das eine tun, und das andere auch.

Mit dem Erzählen fängt die erste Verarbeitung der Gefühle an. Während die Klientin erzählt, tauchen Gefühle auf, die sie zeigt, ausspricht und benennt. Im Prozeß der Verarbeitung versuchen wir zu erreichen, daß die Klientin ihre Gefühle wahrnimmt, versteht und schätzt, damit sie sie in ihre Gesamtperson wieder integrieren kann. Zuerst handelt es sich um Gefühle, die damit zusammenhängen, wie sie mit den Inzesterfahrungen bis jetzt umgegangen ist. Es sind Gefühle wie Scham, Schuld, Selbstzweifel, Mißtrauen, Unglaubwürdigkeit und Selbstbestrafung. Wenn es gelingt, diese Gefühle wahrzunehmen, zu erkennen, und sie soweit umzuwandeln, daß ein Ansatz da ist, daß die Betroffene in ihrem jetzigen alltäglichen Leben auf eine positivere Weise mit sich selbst umgeht und über sich selbst redet, müssen wir nicht denken, daß wir damit das Ziel der Therapie erreicht haben. Im Gegenteil. Das Hauptproblem von Inzestbetroffenen ist nicht, wie sie ihr jetziges Leben bewältigen. Obwohl das oft so aussieht. Sie kommen ja mit Problemen aus dem Hier-und-Jetzt, wie Körperbeschwerden, Depressivität, Angstgefühlen und Partnerproblemen. Das bedeutet aber längst nicht, daß die Lösung dieser Problematik auch im Hier-und-Jetzt liegt. Mit Interventionen im Hier-und-Jetzt-Bereich fühlen sich Inzestbetroffene auch meistens nur noch hilfloser und machtloser werden. Auch das spüren sie dann erst wieder hinterher. Auch das Hinarbeiten auf eine Trennung vom Lebenspartner, wovon viele Klienten uns erzählen, paßt in diese Interventionen und scheint uns vor allem bei Inzestbetroffenen eher kontraindiziert. Gerade durch ihre Geschichte haben viele dieser Frauen große Schwierigkeiten, intensive Männerbeziehungen zu pflegen. Dennoch sehnen sie sich nach einer schönen, geborgenen Partnerschaft. Selbstverständlich werden da viele Probleme auftauchen, die sie gemeinsam oft nicht bewältigen können. Wenn diese Frauen dann Hilfe suchen, ist es, weil sie versuchen wollen, ihre Beziehung aufzubauen und aufrechtzuerhalten. Und sicherlich nicht, weil sie mal wieder verlassen wollen beziehungsweise verlassen werden wollen. Wenn das das Ende der Therapie sein soll, fühlen sie sich letztlich wieder einmal im Stich gelassen.

Das Problem dieser betroffenen Frauen scheint nicht das Bewältigen von Hier-und-Jetzt-Situationen zu sein, sondern das Mitschleppen ihrer Geschichte in jeder Situation ihres alltäglichen Lebens. Diese Geschichte fühlen sie in sich innendrin und um sich herum. Überall ist sie spürbar. Sie sind sich dessen aber oft nicht bewußt, können es nicht fassen und nicht benennen. Sicherlich werden sie ihre Geschichte auch nie loswerden. Darum bitten sie den Therapeuten auch nicht. Die Frage ist viel eher: Wie kann ich lernen, mit meiner Geschichte umzugehen? Bis jetzt kennt die Betroffene meistens nur zwei Strategien, die sie abwechselnd benutzt, nämlich negieren, totschweigen, so tun, als ob sie nicht da sei, und dagegen ankämpfen, sich über sich ärgern. In der Therapie können wir gemeinsam ihre Geschichte, ihre Erfahrungen ansehen und analysieren. Indem wir die Geschichte in einzelne Teile zerlegen, verliert sie ihre überwältigende Macht in der Gegenwart. Es ist dann kein großer schwerer Brocken mehr, den sie nur mitschleppen muß. In der Therapie versuchen wir diesen Steinbrocken, der wie ein Klotz an ihrem Bein hängt und dadurch ihre Beweglichkeit und Freiheit einschränkt, sogar blockiert, zu spalten.

Durch Erzählen, durch Ton, durch Musik und Bilder entsteht ein erster Spalt in diesem Stein. Durch ständiges Nachfragen und immer wieder neues Ansehen zerfällt das Gesamtgefühl der Verzweiflung und Ohnmacht in verschiedene konkrete, faßbare Gefühle. Die Menge des Steins bleibt die gleiche, aber die kleineren Brocken kann die Betroffene besser in der Hand halten, ansehen, in die Tasche stecken oder weglegen. Nachdem wir gemeinsam erst die

Gesamterfahrungen angeschaut haben (der große Brocken: das Erzählen der Inzesterfahrungen), werden wir uns intensiver mit einzelnen Aspekten dieser Erfahrungen beschäftigen. Dabei geht es nicht mehr so sehr um die Frage, was geschehen ist, sondern was geschieht auch noch gleichzeitig. Immer wieder gehen wir dabei zurück zu der Erfahrung selber. Wichtig dabei ist, daß die Klientin nicht von der Geschichte von damals erzählt, sondern daß sie versucht zu erzählen, als geschähe es jetzt. Dazu fragen wir die Klientin erst einmal nach verschiedenen Details, wie, wo war es, wann und wie spät, damit sie sich der Erinnerung wieder annähert. Dann kommt folgende Frage: »Kannst du dir vorstellen, daß du jetzt wieder in der Situation bist, und uns erzählen, wie es dir geht, was du erlebst, was du fühlst, was du denkst?« Meistens legt die Klientin selbst einen anderen Schwerpunkt, wenn sie erzählt. Ein anderes Gefühl wird für sie vorrangig, ein anderes Wort fällt ihr mehr auf, ein anderer Aspekt berührt sie mehr. Damit unterteilt die Klientin ihre Geschichte schon selbst. Manche Figuren rücken mehr in den Vordergrund, während andere in den Hintergrund treten. Wenn sie das aber nicht macht, wäre es Aufgabe des Therapeuten die Klientin auf diesen Weg zu führen, indem er bestimmte Sachen mehr betont als andere. Das bedeutet keineswegs, daß der Therapeut sie überzeugen soll. Er gibt nur verschiedene Hinweise, und wenn einer die Klientin anspricht, wird sie darauf eingehen. Wenn die Klientin zum Beispiel nichts über Mutter und Geschwister erzählt, kann der Therapeut fragen: »Wo war deine Mutter zu der Zeit?« Nur durch diese Frage kann die Aufmerksamkeit der Klientin auf die Abwesenheit der Mutter gelenkt werden.

Auf diese Weise betrachten wir verschiedene Aspekte der Inzesterfahrungen. Bei diesem Betrachten sind uns folgende Schritte wichtig.

Was ist passiert?

Was hat das bei dir ausgelöst?

Was hat die Erfahrung bewirkt?

Wie bist du damit umgegangen?

Wird dir ein Zusammenhang klar?

Was fehlt dir jetzt?

Wie möchtest du mit diesem Teil deiner Geschichte weiter umgehen?

Was bräuchtest du dazu?

Das Ausprobieren von versteckten, vergessenen, neuen Verhaltensweisen, zuerst in der Therapie, danach in anderen Situationen.

Rückkoppelung der Erfahrungen in der Therapie: Wie ist es jetzt mit diesem Teil deiner Geschichte?

In diesem und den folgenden Kapiteln wollen wir beschreiben, welche Teile wir in der Gesamtinzesterfahrung betrachten und auf welche Weise wir damit psychotherapeutisch umgehen können. Das Gefühl, das in den Erzählungen meist zuerst auftaucht, ist:

Verraten: eine traumatische Erfahrung

Das Kind, das durch Inzest betroffen ist, fühlt sich von verschiedenen Menschen verraten und zusätzlich von ihnen und auch anderen Personen im Stich gelassen. Zuerst ist da der Verrat des Täters, Vater, Onkel, Bruder, Großvater. Eine Person, die sie lieben soll und meistens auch lieben möchte. Derjenige, dem das Kind mit seinem Gefühl endloses Vertrauen entgegenbringt, nutzt das zu eigenen Zwecken aus. Das Kind wird nicht gefragt. Es wird ausgenutzt, gezwungen, unterworfen, ausgebeutet. Der Täter macht mit dem Kind etwas, das dessen innerem Willen zutiefst widerstrebt. Verstärkt wird dieses Gefühl des Verratenwerdens noch dadurch, daß das Kind auf verschiedene Weise gezwungen wird, sich selbst zu verraten und sich solidarisch mit dem Täter zu verhalten, indem es über die Erfahrungen schweigen soll. Jede Wiederholung vertieft das Gefühl, verraten zu werden. Jeder Kontakt, bei dem das Kind über seine Erfahrungen sprechen möchte und das nicht tut, verstärkt das Gefühl, sich selbst zu verraten. Das schlimmste Gefühl von Selbstverrat empfinden die Kinder, wenn sie bei der sexuellen Stimulation durch den Täter Erregung empfinden und sich darin auch noch durch ihren Körper verraten fühlen. Daß nicht nur die Täter Verräter sind, sondern auch jeder, den sie in ihr System einbeziehen, wie Geschwister, Tanten, Onkel und sogar auch die Mutter, macht Ursula noch einmal mit ihrer Geschichte klar.

Dieser Verrat führt zu ambivalenten Gefühlen dem Täter und jedem gegenüber, der, gezwungen oder nicht, mit ihm mitspielt, und nicht zuletzt sich selbst gegenüber. Das bringt das Kind in große Verwirrung bei der Entwicklung der eigenen Identität und in den dazu notwendigen Beziehungen mit anderen Menschen. Die Erfahrungen sind zu schwer, zu überwältigend und dehnen sich allein schon deswegen auf andere Situationen und andere Menschen aus. Es entsteht ein grundsätzliches Mißtrauen, das auf den Täter gerichtet ist, aber auf ähnliche Personen übertragen wird. Aus diesem Verrat kann sich ein grundsätzliches Mißtrauen gegen alle Männer entwikkeln. Aber insbesondere gegenüber jenen, für die die Klientin Sympathiegefühle hat. Der, den sie liebte, hat sie vergewaltigt. Das führt dazu, daß ihre Angst und ihr Mißtrauen dort am stärksten spürbar wird, wo ihre Liebe und ihr Vertrauen groß sind. Mit diesem Gefühl des Verrats wird jede Liebesbeziehung belastet. Je tiefer das Kind sich verraten fühlt, desto mehr Beweise müssen die späteren Partner erbringen, um sie zu überzeugen, daß sie von ihnen nicht verraten wird, und um mühsam ihr Vertrauen zu gewinnen.

Das inzestbetroffene, vom Täter verratene, Kind entwickelt ein Mißtrauen gegen jede Freundlichkeit. Freundlichkeit erlebt es als double-binded. Hinter der Freundlichkeit erwartet es Verrat. Immer wieder muß das betroffene Mädchen überprüfen, ob mit dieser Freundlichkeit nicht etwas anderes bezweckt wird, und zwar etwas, das gegen seinen Willen geht.

Der Therapeut

Diese Erfahrungen und ihre Auswirkungen im jetzigen Verhalten, liegen als schwere Last auf der therapeutischen Situation, insbesondere auf der Person des Therapeuten. Wenn er der Klientin nicht sympathisch ist, erlebt sie ihn als kühl, arrogant, distanziert, und sie wird von ihrer Problematik wenig erzählen können, weil »er mich sowieso nicht versteht«. Dann beendet die Klientin die Therapie, oder wenn sie bleibt, wird der Therapeut versuchen, ihr Vertrauen zu gewinnen. Wenn sie ihn im Laufe der Zeit oder gleich am Anfang schon sympathisch findet, wenn sie ihn mag, wird sie unbewußt ihre Erfahrungen mit dem Täter auf ihn übertragen. Je mehr sie ihn mag, desto mehr wird sie ihm mißtrauen. Sie verhält sich genauso wie früher. Wenn ein Therapeut mit diesem Mißtrauen nicht adäquat umgehen kann, weil er es zum Beispiel als Verletzung seiner Person oder seiner Professionalität gegenüber erlebt, sollte er besser keine Arbeit mit Inzestbetroffenen anfangen. Denn es ist für die Betroffene günstiger, überhaupt nicht anzufangen, als auf halbem Weg in ihrem Prozeß wieder einmal im Stich gelassen zu werden, weil hier der Therapeut so empfindlich und wenig selbstsicher ist. Denn diese große Empfindlichkeit steht dem Verständnis für die Frau und ihrer Problematik im Wege. Aber wenn der Therapeut in der Lage ist, dieses oft wiederholte Mißtrauen auszuhalten und dennoch nicht an sich selbst und seiner Klientin zu zweifeln, dann kann er wichtige Arbeit leisten. Hiermit meinen wir nicht, daß der Therapeut über das Mißtrauen und die möglichen Verletzungen die er dadurch erleidet, hinwegsehen soll. Wichtig ist, es immer wieder anzusprechen, damit die Betroffene entdeckt, wie ihr Mißtrauen aussieht, was es bewirkt und wie eine andere Person darauf reagieren kann. Dieses Mißtrauen in der therapeutischen Situation äußert sich anfangs in Schweigen, danach aber auch in klaren Aussagen. Nachdem eine Frau mir, Thijs, ihre ganze Geschichte erzählt hatte, wovon ich sehr betroffen war, und diese Betroffenheit auch zeigte, sagte sie am Ende der Sitzung: »Ich glaube, du verstehst mich auch überhaupt nicht.« Weil sie das am Ende sagte, wollte ich in dem Moment nicht mehr darauf eingehen. Ich habe ihr dann versprochen, daß ich in der nächsten Sitzung anfangen werde, ihr zu erzählen, was ich von ihr verstanden habe. Eine andere Frau fängt auch nach der achten Sitzung immer wieder damit an, daß sie kein Vertrauen zu mir hat. Daß sie nicht das Gefühl hat, ganz vertrauen zu können. Ich sage jedesmal, daß ich einem Wildfremden auch nicht einfach so vertrauen könnte und daß wir uns Zeit nehmen sollen. Ich finde es schön, daß sie es ausspricht, denn damit ist es für uns klar und wir brauchen einander nicht zu täuschen.

Nachdem wir dieses, fast ritualisierte Gespräch, beendet haben, erzählt sie ihre wichtigsten Geheimnisse, und bringt mir in meinen therapeutischen Interventionen sehr viel Vertrauen entgegen. Sie läßt sich auf alle meine Fragen und Vorschläge ein. Eine andere Frau will immer von mir wissen, warum ich die Therapie gerade mit ihr mache. Ich hätte doch schon soviel Arbeit und bräuchte das mit ihr nicht auch noch zu tun. »Tust du das vielleicht nur mit mir, weil ich ein interessanter Fall sein könnte?« Ich habe ihr geantwortet: »Ich finde deine Entwicklung sicherlich sehr interessant. Das wußte ich aber vorher nicht. Ich mache die Therapie mit dir, weil du mir erzählt hast, daß du schon bei vielen anderen Therapeuten warst, die dir nicht weiterhelfen konnten. Ich habe das Gefühl und die Erfahrungen, daß wir auf eine Art und Weise arbeiten, die dir helfen kann, deine Geschichte zu bewältigen.«

Dieses Mißtrauen fordert vom Therapeuten nicht nur Selbstsicherheit, Geduld und Liebe, sondern auch viel Behutsamkeit. Denn er soll vermeiden, daß die Klientin bei ihm das gleiche empfindet, wie in der damaligen Situation. Das kann schon geschehen, indem er sie bittet, ihre Erlebnisse zu erzählen. Das Erzählen ist eine Art, sich psychisch ausziehen zu müssen, und kann schnell das Gefühl hervorrufen, wieder nackt dazustehen. Das schlimmste ist natürlich, wenn der Therapeut das Geschehen sogar tatsächlich wiederholt. Elf Prozent der therapeutisch betreuten Inzestbetroffenen haben es erlebt:[24]

Ich war bei einem Psychiater. Ich sollte mich ausziehen und auf die Couch legen und meine Geschichte erzählen. Das hätte er nicht tun sollen. Ich habe mich sehr geschämt.

Und eine andere Frau:

Ich war bei einem Psychologen in einer Beratungsstelle. Nach drei Jahren hat er angefangen, sich sexuell zu nähern und plante die Termine immer nach fünf Uhr. Zuerst machte er verschiedene sexuelle Andeutungen über ein halbes Jahr lang und dann ungefähr einen Monat lang hat er sexuelle Handlungen begangen. Er drückte seinen Körper gegen meinen und fühlte meine Brüste. Ich traute mich lange Zeit nicht, mich gegen ihn zu wehren, weil ich dachte, daß ich nicht ohne Therapie könnte. Ich hatte das Gefühl, das gleiche zu erleben wie früher. Ich habe ihm einen Brief geschrieben, daß ich dieses nicht wollte, aber über diesen Brief wollte er nicht reden.

Trotz dieser eindeutigen therapeutischen Fehler, trotz großem Mißtrauen und den dementsprechenden Schwierigkeiten für den Therapeuten, halten wir es für notwendig, daß Inzestbetroffene in ihrem therapeutischen Prozeß einen männlichen Therapeuten zur Verfügung haben. Und das nicht nur, damit er durch eigene Integrität zum Beispiel deutlich machen kann, daß es auch andere Männer gibt, sondern vor allem auch, weil die Klientin nur im Kontakt und in der Konfrontation mit einem männlichen Therapeuten ihr Mißtrauen gegen Männer bewältigen kann. Wenn sie diesem Mann vertrauen kann, hat sie sich bewiesen, daß sie ein Stückchen ihrer Geschichte beiseite legen kann und in der Lage ist, auf eine andere Weise mit sich und anderen Menschen umzugehen, als es bis jetzt möglich war. Zusätzlich ist der Mann notwendig als Übertragungsfigur. Mit ihm kann sie auf nicht kognitive Weise, weil er als Mann einfach da ist, ihre Ambivalenz zu ihrem Vater verarbeiten und bewältigen. Es ist das bestmögliche Übungsfeld für sie. Sie kann versuchen, von ihm anerkannt, verstanden, respektiert zu werden, aber auch ihre Wut, ihren Ärger, Haß und Ekel an ihm auslassen. Selbstverständlich ist es dabei wichtig, daß der Therapeut in der Lage ist, mit diesen Übertragungsgefühlen so umzugehen, daß die Frau sie auch wirklich an ihm auslassen kann. Daß der Therapeut an dieser Stelle nicht durch Empathie, Rationalisierung oder Themenwechsel ausweicht. Wenn die Klientin diese negativen Gefühle dem Therapeuten gegenüber nicht äußern kann, wo wird sie es dann sonst jemals können? Wie schnell diese Gefühle auftauchen können, haben wir in Kapitel 3 gezeigt, wo Thijs Ursulas Fußgelenke festhält. In einer derartigen Situation wird für die Klientin der Therapeut identisch mit dem Täter. Es ist für die Klientin hilfreich, wenn der Therapeut in dem Moment versucht, die Fußgelenke festzuhalten und akzeptiert, daß sie diese Gefühle ihm gegenüber äußert. Eine Analyse zu diesem Zeitpunkt wird zur Folge haben, daß die Klientin sofort die Kontrolle wieder übernimmt und Gefühle und Kopf wieder voneinander trennt. Schließlich könnte es wieder mit einem negativen Gefühl enden: »Hätte ich das nicht tun dürfen?« Wenn beide Rollen, Täter und Therapeut, identisch werden, ist es natürlich klar, daß es bei einer derartigen Heftigkeit der Gefühle fast unmöglich ist, als Therapeut weiter zu agieren. Denn der Therapeut kann ja nicht wissen, ob die Klientin bei seinen weiteren Aussagen den Therapeuten oder den Täter hört. Weil wir das Äußern der Gefühle für wichtiger halten als das Trennen der realen und der Übertragungsfigur in dem Moment, arbeiten wir in solchen Situationen mit zwei Therapeuten. Die Therapeutin übernimmt in diesem Fall die therapeutische Initiative und unterstützt die Klientin, ihre Gefühle dem Therapeuten/Täter gegenüber zu äußern. Erst danach wird zu dritt besprochen, was wem geholfen hat und wie die Übertragung funktioniert.

Selbstverrat: Der Selbstverrat führt zu ständigen Schuldgefühlen, zu einem Übermaß an Kontrolle und zur Spaltung von Körper, Gefühlen und Gedanken. Die Betroffenen werden gefühlskalt. Sie wissen von bestimmten Gefühlen, können sie aber nicht empfinden. Sie versuchen, sich zu Gefühlen zu zwingen, was nicht gelingt. Ratlos versuchen sie Gefühle wachzurufen und sie auf andere Beziehungen zu übertragen, was auch wieder scheitert. Sie sehnen sich nach Wärme und Zärtlichkeit, Gefühle, die sie in sich selbst nicht mehr spüren können. Schönheit, Aufregung, Ausgelassenheit sind Bereiche, aus denen sie ausgeschlossen sind. Weil sie diese Gefühle nicht mehr empfinden, entsteht auch ein Mangel an Gefühlsausdruck. Das nimmt die Außenwelt wahr und reagiert dementsprechend: »Ursula, warum lachst du nicht?« Ursula lächelt. Jedes Lächeln ist ein neuer Selbstverrat. Gertrud: »Ich konnte bei der Tongruppe nicht bleiben. Die hatten Spaß, haben gelacht, waren ausgelassen. Bei mir gibt es überhaupt nichts zu lachen. Ich kann da nicht mitmachen. Die finden mich alle nur komisch. Sagen dann, daß ich zu distanziert bin.«

Mit jedem Schritt und jedem neuen Versuch entfremden die Betroffenen sich wieder etwas mehr von sich selbst. »Es ist, als ob ich nicht mehr in mir selbst zu Hause bin.« Wenn es dann auch noch durch die Inzesterfahrungen zu einem Bruch mit der Familie kommt, was ja oft geschieht, haben die Betroffenen sowohl real wie auch emotional kein Heim mehr.

Nachdem in der Therapie der Verrat und der daraus entstandene Selbstverrat klar geworden ist, können wir mit der Klientin anfangen, sich selbst trotz allem zu suchen, anzunehmen und nicht weiter zu verraten, damit sie ihr Heim findet und sich selbst nicht im Stich läßt. Das fängt so an, daß wir nicht die Gefühle, die die Klientin ausdrücken und fühlen möchte, betonen, sondern indem wir ihr zeigen, welche Gefühle sie jetzt empfindet, ausdrückt oder zeigt. Das sind Gefühle wie Angst, Mißtrauen, Ärger und, wenn auch nur kurz, Spaß und Freude. Wenn die Klientin in der Therapie unterschiedliche Erfahrungen machen kann, zum Beispiel durch Gespräche, Spielen, Spazierengehen, Toben, Musikhören, wird sie auch entdecken, daß sie tatsächlich sehr viele unterschiedliche Gefühle hat und zeigen kann. Es ist wie eine Entdeckungsreise durch das Land der Gefühle. Sehr hilfreich kann auch sein, daß wir gemeinsam üben, uns in verschiedene Situationen einzuleben.

Wir spielen beispielsweise gemeinsam nacheinander folgende Szenen: Alte im Altersheim, Feuer auf dem Lande, Damenklatsch in der Konditorei, Kinder im Kindergarten, eilende Reisende am Flughafen, begeistertes Publikum bei einem Popkonzert, Familienmitglieder bei einer Beerdigung, Geburtstagsfete, Bewerbungsgespräch, in der Wüste ohne Wasser. Anschließend werden diese Erlebnisse besprochen, und die Klientin versucht sich klarzumachen, was sie wo gespürt hat. Wie sie mit ihren Gefühlen umgegangen ist. Was hat ihr Spaß gemacht, was sie langweilig und blöde fand, was schwierig war, und so weiter. Anschließend spielen wir nochmal, wobei die Klientin dann aber nicht die Rollen und Personen beschreiben soll, sondern nur die situationsbedingten Gefühle. Wir gehen durch die Straße der Betrübten, kommen zum Platz der Verzweiflung, gehen durch die Gasse der Enttäuschung, durch die Straße der Angst, kommen zum Haus der Hoffnung. Nach einem Besuch in diesem Haus gehen wir weiter und kommen in die Straße der Zärtlichkeit. Da ist die Ecke der Geborgenheit. Weitergehend kommen wir auf einen Riesenplatz, den Platz der Einsamkeit. Von hier aus führt die Straße der Traurigkeit zu der Spielwiese für Ärger und Wut. Dort ist ein großes Zelt. Es ist das Zelt der Freude und der Ausgelassenheit. In dem Zelt ist das Podium der Aufregung, der Spannung. Wenn wir das Zelt verlassen, kommen wir an eine Straße, deren Namen wir nicht lesen können.

Am Ende dieser Erfahrung schreibt die Klientin auf, was sie wo erlebt hat, welches Gefühl sie bei sich kennt und welches ganz fremd war, wo es ganz leicht war, sich auszudrücken und wo ganz schwierig. Wir finden es wichtig, es aufzuschreiben, weil die Klientin damit auch ihre Gefühle für sich selbst festhalten kann und sie nicht so schnell miteinander vermischt werden, wie es in einem Gespräch oft passiert. Nachdem wir alle geschrieben haben, tauschen wir uns darüber aus. Mit verschiedenen Frauen wurde uns klar, daß diese Entdeckungsreise gleichzeitig auch eine Übungsreise ist. Sie üben Gefühle zu entdecken und auszudrücken, die sie selbst nicht (mehr) kennen. Für uns selbstverständlich, aber vielleicht doch noch wichtig zu betonen, ist, daß wir das gleiche mitmachen. Die Betroffene braucht auf dieser Entdeckungsreise Ansprechpartner, mit denen sie kommunizieren kann, und mögliche Vorbilder, die sie kopieren kann. Außerdem ist es natürlich ein blödes Gefühl, körperlich etwas zu machen versuchen, und andere schauen dabei die ganze Zeit zu. Das würde das Vertrauen in sich selbst nicht gerade vergrößern.

Im Stich gelassen

Beim Inzest spielen nicht nur Täter und Betroffene eine Rolle, sondern auch die große Abwesende, die Mutter. Zusätzlich zu der direkten Inzesterfahrung hat das Kind die Erfahrung gemacht, daß die wichtigste Person, die es schützen könnte und sollte, es nicht getan hat. Sie war nicht da, in dem Moment, in dem es sie am meisten brauchte. Während das Mädchen sich vom Täter verraten fühlt, fühlt es sich gleichzeitig von der Mutter im Stich gelassen. Dieses Gefühl wird wiederholt und verstärkt, wenn das Kind versucht, der Mutter von den Erfahrungen zu erzählen, und die Mutter das aus irgendeinem Grund nicht versteht beziehungsweise nicht hören will. Das Gefühl ungeschützt zu sein, wird durch diese Enttäuschung verstärkt. Das führt dazu, daß das Kind sich nur noch auf einen Schutz verlassen kann: Den Schutz, den es sich selbst geben muß.

Mutter ist nicht da, aber ist sie darum mitschuldig? Für das Kind erst einmal nicht. Der Verrat durch den Täter ist für das Kind etwas ganz anderes als die fehlende Rettung und der fehlende Schutz durch die Mutter. Es ist der Unterschied zwischen einer negativen Erfahrung und einem Erfahrungsdefizit. Das Negative ist passiert, das positive Notwendige hat nicht stattgefunden. Wichtig ist, daß auch in der Therapie diese beiden Gefühle auseinandergehalten und nicht miteinander verwechselt werden. Die Handlungen des Täters empfindet das Kind als verwirrend, ambivalent, falsch und bedrohlich. Daß die Mutter nicht da ist, ist zwar bedauerlich, aber das Kind kann es verstehen. Es paßt in sein Weltbild: Mutter ist krank, schwanger, auf Besuch oder arbeiten, und deswegen ist sie jetzt nicht hier. Es gibt verschiedene Therapeuten die diesen fehlenden Schutz der Mutter so stark betonen, daß damit die Aufmerksamkeit auf die Verantwortlichkeit des Täters reduziert wird. Machen es männliche Therapeuten vielleicht, weil sie sich mit dem Täter identifizieren? Möchten sie die Männer schonen, indem sie den Frauen mehr Verantwortlichkeit übertragen? Wir halten diese Betonung für völlig falsch, irreführend und für die Klientin verwirrend. Daß die Mutter nicht da ist, um das Kind zu schützen, ist zwar schade, aber der Mutter überhaupt nicht anzurechnen. Warum soll die Mutter die einzige sein, die das Kind schützt, und sogar noch vor anderen Erwachsenen, die das Kind gerne hat. Wenigstens der Vater, aber auch Onkel und Großvater haben als Erwachsene die Aufgabe, das Kind in gefährlichen Situationen zu schützen. Daß diese Erwachsenen die schützende Aufgabe nicht erfüllen oder sogar mißbrauchen, um ihre eigenen sexuellen Bedürfnisse zu erfüllen, kann die Mutter nicht ahnen beziehungsweise wissen. Und dieses logische, ganz normale Wissen hat auch das Kind. Es bedauert, daß die Mutter nicht da ist, ist aber zutiefst verletzt durch den Täter. In der Therapie sollten diese beiden Sachen nicht verwechselt werden. Wir verstehen auch nicht, warum in der Inzestliteratur soviele verschiedene Versuche gemacht werden zu beschreiben, in welcher Form die Frau daran bewußt oder unbewußt mitarbeitet, daß der Mann dazu kommt, eine Inzesthandlung zu begehen. Das können doch einzig und alleine nur Versuche sein, die Täter von ihren Handlungen und ihrer Verantwortlichkeit zu entlasten. Die Betroffenen werden durch diese Theorie keineswegs verstanden und unterstützt. Und die Mütter? Die sind auch in der Literatur fast völlig abwesend. Auch da schützen sie sich noch nicht einmal selbst. Eine glückliche Ausnahme ist Christel Dorpat, die auf eindringliche Weise ihr Entsetzen über diese Theorien äußert.

Denn, ob die Mutter da ist oder nicht, ob sie emotional kalt und sexuell frigide ist, das alles kann dazu führen, daß es ein großes sexuelles Problem zwischen Vater und Mutter gibt. Es ist bekannt, daß emotionale Kälte und Frigidität weniger individuelle als vielmehr Beziehungsprobleme sind. Das läßt vermuten, daß der Vater sicherlich auch seinen Beitrag zu dieser Problematik leistet. Zu behaupten, daß Inzest entsteht, weil die Mutter sich emotional und/oder sexuell zurückzieht, ist unseres Erachtens auch mehr eine Männerphantasie beziehungsweise Männerausrede als eine Realität. Außerdem wurde bereits 1963 festgestellt, daß es überhaupt keine Kausalität zwischen Frigidität und Inzest gibt. Bei cirka 60% der untersuchten Fälle hat der Vater während der Zeit, in der er sexuelle Kontakte mit seiner Tochter hatte, auch regelmäßig mit seiner Frau geschlafen.[25] Aber selbst wenn der sexuelle Kontakt zwischen den beiden Partner nicht so läuft, wie jeder es haben möchte, dann gibt das dem Vater keine einzige Legitimation, für seine sexuellen Bedürfnisse seine Tochter zu benutzen. Und es gibt keinen Grund, die Mutter als Mitschuldige anzusehen. Ihr Beziehungsproblem sollen sie gemeinsam lösen oder, wenn sie das lieber tun, ihm gemeinsam ausweichen. Wie der Vater weiter mit seinem Problem umgeht, liegt ausschließlich in seiner Verantwortung. Jeder Autor, der versucht, der Mutter die Schuld zuzuschieben, macht das gleiche wie der Vater. Auch der versucht nämlich, die Mutter-Tochter-Beziehung zu spalten. (»Das ist unser Geheimnis, davon darf Mami nichts wissen.«) Hiermit wird das Kind auch noch von der Mutter isoliert. Die Literatur, in der die Mutter als Mitschuldige angeklagt wird, hilft damit keineswegs den Betroffenen. Damit wird nur erreicht, daß der brüchige Kontakt zwischen Mutter und Tochter erneut durch Mißtrauen in Frage gestellt wird.

Wir sind der Meinung, daß die Ursachen von Inzest nicht bei den Mädchen und nicht bei der Mutter liegen, sondern bei den Tätern. Es ist also kein Frauenproblem, sondern ein eindeutiges Männerproblem. Gegen jeden Versuch, die Frauensolidarität zu spalten, sollten sowohl Töchter wie auch Mütter sich wehren.

In diesem Prozeß ist auch die Meinung des Therapeuten wichtig. Denn er macht seine Interventionen von seinem Standpunkt aus. Wenn die Betroffene zum Beispiel sagt, daß die größte Verletzung nicht der sexuelle Kontakt mit dem Vater war, weil der sehr lieb war, sondern die Abwesenheit der Mutter, hat der Therapeut zwei Möglichkeiten. Er nimmt dieses Gefühl auf, unterstützt es und aktualisiert die Enttäuschung durch und den Ärger über die Mutter. Damit schont er den Täter. Wichtiger wäre es, diese Äußerung zu hinterfragen. Wodurch ist sie entstanden. Vielleicht steckt eine Abhängigkeit vom Täter dahinter oder das Gefühl, daß die Mutter leichter anzugreifen ist als Vater, weil ein Angriff auf den Vater viel mehr Angst macht. Wenn Enttäuschung, Traurigkeit und Ärger sich auf andere Personen übertragen, soll der Therapeut versuchen, den Weg zu den Ursprüngen zurückzugehen.

Unser Plädoyer gilt den Müttern, die tatsächlich von dem ganzen Inzest nichts wußten. Deshalb sollte der Therapeut das, was in der Mutter-Tochter-Beziehung noch intakt ist, nicht hinterfragen, sondern vorerst als Stabilisierung auffassen.

Dann gibt es natürlich auch die Mutter, die etwas vermutet hat oder sogar wußte und nicht eingegriffen hat. Von dieser Mutter fühlt die Betroffene sich nicht nur im Stich gelassen, nicht geschützt, sondern zusätzlich auch noch verraten. Dieser Verrat verstärkt die Spaltung zwischen Fühlen und Denken. Viele Betroffene können sehr gut erklären, warum die Mutter nicht eingegriffen hat. Weil sie selbst Angst hatte, weil sie abhängig war, weil sie die Familie nicht zerstören wollte. Mit diesen Erklärungen akzeptieren die Betroffenen die Haltung der Mutter. Erst viele Jahre später spüren sie den Schmerz, den sie mit diesem Akzeptieren unterdrückt haben. Deswegen ist es für die Betroffene sehr wichtig mitzubekommen, wie die Mutter in dem Moment reagiert, in dem sie über den Inzest informiert wird. Es gäbe nur eine richtige, für das Kind wohltuende Reaktion: Empörung über den Täter und sich bedingungslos hinter das Kind stellen. Das wird leider in den seltensten Fällen geschehen. Wir dürfen dabei nicht vergessen, daß auch für die Mutter in dem Moment eine ganze Welt zusammenstürzt. Ihr Bild von der Familie, ihr Vertrauen in den Täter, ihr Schuldbewußtsein, daß sie ihre Tochter nicht gut geschützt hat, das alles kommt zusammen und braucht eine Zeit zur Verarbeitung. Das hilft aber der Betroffenen nicht. Sie fühlt sich durch die Reaktion der Mutter abgelehnt, im Stich gelassen und verraten und zieht sich in ihre Einsamkeit zurück. Therapeutisch könnte es von großer Bedeutung sein, wenn Mutter und Tochter gemeinsam an diesem Problem arbeiten. Denn die Mutter ist wie die Tochter auf irgendeine Weise betroffen. Die Verarbeitung dieses Problems durch die Mutter kann der Tochter helfen, die Problematik für sich zu verarbeiten und dabei die Mutter nicht nochmals zu verlieren.

Die Therapeutin

Die Inzestbetroffenen fühlen sich durch die Mutter im Stich gelassen und manchmal sogar auch von ihr verraten. Das hinterläßt tiefe Traurigkeit und Enttäuschung. Die Ausgangsposition für die Therapeutin in der Therapie mit Inzestbetroffenen wird dadurch nicht leichter. Auch sie wird von der Klientin getestet und überprüft. Die Klientin will entdecken, wo die Therapeutin steht, wie ihre Meinung über Inzest ist, wie abhängig sie selbst ist, wie stabil sie ist, wie sehr sie sich auf sie verlassen kann. Insgesamt will und muß die Klientin abschätzen, wie groß die Gefahr ist, daß sie auch von dieser Frau wieder verlassen wird. Die Betroffenen äußern das meistens, indem sie mir, Gerry, direkte Fragen stellen wie: »Was hältst du denn von mir, denkst du, daß ich angebe, daß ich verrückt bin?« »Findest du nicht auch, daß ich viel Selbstmitleid habe?« »Wo sind deine Kinder, wenn du arbeitest?« Ich versuche sie zu beruhigen, indem ich die Fragen ehrlich und offen beantworte und indem ich ihr zeige, daß ich für sie da bin. Auch wenn sie mich außerhalb der Therapiezeiten mal anrufen wollen, weil es ihnen so schlecht geht oder weil sie etwas Tolles erlebt haben. Ähnlich wie bei den Therapeuten ist es auch bei den Therapeutinnen wichtig, daß sie in der Lage sind, dieses Mißtrauen und die mögliche Ablehnung auszuhalten und damit so positiv umzugehen, daß sich die Klientin auf ihrer Suche nach Sicherheit und Geborgenheit letztendlich befriedigt fühlt. Auf diese Weise kann die Betroffene entdecken, daß Frauen auch anders mit ihr umgehen können und daß sie auch nicht nur mit Mißtrauen auf Frauen reagieren muß. In diesem Prozeß wird sie verschiedene durch die Mutter ausgelöste Gefühle auf die Therapeutin übertragen können: Verletzung, Enttäuschung, Angst verlassen zu werden, Sehnsucht danach, verstanden und in den Arm genommen zu werden. Dafür spreche ich, Gerry, nicht nur mit der Klientin über ihre Mutter, sondern versuche dann und wann auch die Rolle der Mutter zu übernehmen, damit das Gefühl für die Klientin wieder real da ist. Ich übernehme dabei Verhaltensweisen der Mutter, sage die Sätze, die die Mutter zu der Klientin gesagt hat beziehungsweise hätte sagen können. Auf diese Weise kann die Klientin direkt mit ihren Gefühlen auf mich reagieren, ohne daß alles durch den Filter ihrer Kontrolle muß. Ohne kognitive Zensur kann die Betroffene versuchen, ihre Gefühle ihrer Mutter gegenüber zu äußern. Aber vor allem auch ihre Sehnsüchte. Das Ziel dieser Arbeit ist dann auch nicht, die damalige Situation, in der die Mutter nicht da war und ihre Geschichte nicht hören konnte, zu wiederholen. Das würde das Gefühl vom Im-Stich- Gelassen-Sein und möglicherweise auch Verraten-Sein nur verstärken. Die Therapeutin versucht diese Art Arbeit auf derartige Weise abzuschließen, daß die frühere Situation korrigiert oder kompensiert wird. Die Klientin erlebt dabei, daß es auch anders hätte sein können und daß es wenigstens jetzt eine Frau gibt, der sie ihre Erlebnisse erzählen kann, die zuhört und sie auch in den Arm nimmt. Dazu braucht die Therapeutin eine sensible Wahrnehmung. Die Klientin wird oft nicht in der Lage sein, ihre Sehnsüchte zu äußern. Sie macht das schon solange mit sich selbst aus, daß sie sich nicht mehr zutraut, um etwas zu bitten. Wenn die Therapeutin gut auf den Körper achtet, kann sie jedoch entdecken, was die Klientin möchte. Dennoch ist es wichtig, nicht zu schnell vorzugehen. Denn wir sollten der Betroffenen keinen Schritt wegnehmen, den sie bereits in diese Richtung machen kann. Aber es ist auch nicht sinnvoll, sie in einer neuen Verzweiflung, daß sie nicht in der Lage ist, ihre Bedürfnisse zu äußern, zurückzulassen. Zwischen diesen beiden Punkten versucht die Therapeutin ihren Weg mit der Klientin zu finden.

Therapeutin und Therapeut

Am Anfang des therapeutischen Prozesses mit einer Inzestbetroffenen, ist das, was eine Therapeutin mit ihr machen kann, wesentlich anders als das, was für einen Therapeuten möglich ist. Die Arbeit mit dem Therapeuten ist gekennzeichnet durch negative Erfahrungen: Enttäuschung, Verwirrung, Wut, Ärger, Haß-Liebe, Verzweiflung. Die Arbeit mit der Therapeutin ist gekennzeichnet durch Erfahrungsdefizite: Traurigkeit, Einsamkeit, Ärger, Sehnsüchte, gehört, verstanden, umarmt und geschützt werden zu wollen. Gerade wenn das Mädchen oder die Frau beginnt, ihre Erlebnisse mitzuteilen, braucht sie eine Frau, die stellvertretende Mutter, in der Nähe. Denn das erste Bedürfnis war auch damals, es der Mutter erzählen zu können. Dieses Gefühl kann bei keinem Mann entstehen. Aber sie braucht nicht nur eine Frau. Sie braucht auch Zeugen. Zeugen, die hören, daß sie es erzählt. Zeugen, die ihr glauben können, und am besten einer, der stellvertretend für den Täter da ist: der Therapeut. Nach dem Erzählen kann die Klientin in eine tiefere Schicht ihrer Erfahrungen kommen, nämlich die mit dem Täter. Auch da braucht sie die Mutter beziehungsweise die Therapeutin. Mit ihr in der Nähe wird sie mit weniger Angst und gestärkt durch ein Gefühl der Solidarität dem Mann gegenüber, ihre negativen Gefühle äußern können. Es kann ihr die Angst nehmen, wieder überfallen, vergewaltigt, eingewickelt zu werden. Außerdem ist es, wie schon beschrieben, für den Therapeuten sehr wichtig, daß die Kollegin da ist. Er kann die Übertragungsrolle voll annehmen, ohne gleichzeitig auch der Therapeut sein zu müssen. Die Klientin kann sich dadurch auf die Situation einlassen, ohne ständig die Kontrolle zu Hilfe rufen zu müssen, weil sie durch die Vermischung von Übertragung und Realität verwirrt wird. Die Frage, ob für den therapeutischen Prozeß von Inzestbetroffenen ein Therapeut oder eine Therapeutin am besten wäre, ist unserer Meinung nach falsch gestellt. Das ist eine entweder-oder-Frage. Unsere Antwort ist: sowohl als auch. Daß noch keiner bis jetzt daran gedacht hat, kommt wahrscheinlich daher, daß das kaum vorstellbar ist: zwei Therapeuten mit einer Klientin. Unsere Erfahrungen damit sind äußerst positiv. Wenn man sich aus kostenpolitischen Gründen diese Möglichkeit nicht überlegt, dann wäre es richtig, sich zu fragen, ob weniger Sitzungen mit zwei Therapeuten nicht viel mehr bringen als viele Sitzungen mit einem Therapeuten. Außerdem, was kosten die vielen therapeutischen Sitzungen, von denen die Inzestbetroffen so enttäuscht sind, daß sie sie nicht fortsetzen und sich einen zweiten, dritten, sogar vierten Therapeuten suchen? Das bedeutet nicht, daß der ganze therapeutische Prozeß von zwei Therapeuten begleitet werden soll. Wir möchten noch einmal betonen, daß es gerade in der Anfangsphase wichtig ist, daß beide Geschlechter in der Sitzung vertreten sind, wenn folgende Schwerpunkte behandelt werden: die Unmöglichkeit und der Wunsch die Erlebnisse mitzuteilen und die zutiefst verletzten Gefühle von Verraten-Sein und Im-Stich-gelassen-Werden. In dieser Phase der Therapie geht es nicht zu sehr um die Probleme der Klientin mit sich selbst, sondern um ihre Probleme in Beziehungen mit anderen Menschen sowohl mit Männern wie auch mit Frauen. Diese Probleme haben aber in ihrer geschlechtlichen Orientierung eine ganz unterschiedliche Qualität. Wenn diese Problematik zum größten Teil aufgearbeitet ist, rücken andere Themen in den Vordergrund, die sich vor allem damit beschäftigen, wie die Betroffene mit sich selbst umgeht. Diese Phasen, die wir in den nächsten Kapiteln beschreiben wollen, können durchaus von einem einzelnen Therapeuten begleitet werden. Wenn die vorhergehenden Phasen gut bewältigt wurden, ist das Geschlecht des Therapeuten in den nächsten Phasen nicht mehr so wichtig.

Gegenübertragung

Am Ende dieses Kapitels möchten wir die Therapeuten noch einmal darauf hinweisen, während der therapeutischen Arbeit auch gut auf ihre eigenen Gefühle zu achten, insbesondere die, bei der Gegenübertragung. Wenn der Therapeut merkt, daß er versucht die Aggressionen der Klientin dem Täter gegenüber abzuschwächen oder das Verhalten des Täters zu erklären, dann soll er sich doch fragen, ob er sich vielleicht ein wenig mit dem Täter identifiziert. Das trifft auch für die Therapeutin zu, wenn sie versucht, das Verhalten der Mutter der Klientin verständlich zu machen. Genauso problematisch ist es, wenn Therapeutin oder Therapeut sich mit der Betroffenen identifizieren. Es hilft der Klientin nämlich überhaupt nicht, wenn ihre Therapeutin stellvertretend für sie den Haß auf ihren Vater bekommt. Im Gegenteil: der Therapeut beziehungsweise die Therapeutin ist dadurch oft überhaupt nicht mehr in der Lage, den Gefühlen der Ambivalenz, die die Klientin fast immer hat, gerecht zu werden. Denn es geht in dieser ganzen Problematik nämlich nicht nur um negative Gefühle, sondern um negative Gefühle, die sehr kompliziert mit positiven Gefühlen verflochten sind. Deswegen soll die Klientin in die Lage versetzt werden, sowohl die negativen als auch die positiven Gefühle für den Täter und für ihre Mutter zu äußern. Dies können TherapeutInnen nicht leisten, wenn sie durch Identifikation den Täter hassen. Wenn die Klientin ihre Wut äußert, darf das auch nie dazu führen, daß sie auf irgendeine Art symbolisch ihren Vater umbringt. Das würde ihr nur einen neuen Schuldkomplex vermitteln, und zusätzlich bleibt ihr die unbeantwortete Frage: »Wohin mit meiner Liebe für ihn?«

9

Das verbannte
kleine Mädchen

Ursula:
»Mit 14 zeigten sich die ersten Reaktionen meines Körpers. Ich hatte eines Morgens hohes Fieber und tüchtige Bauchschmerzen. Dann wurde der Arzt geholt. Der hat gesagt: Das Kind hat eine Bauchdrüsenentzündung. Dann hat er viele Tabletten verschrieben. Ich weiß noch, das waren solche großen. Davon habe ich dann vier bis fünf genommen, und dann bekam ich eine Hautallergie. Quallen am ganzen Körper. Das Fieber ging aber nicht runter. Dann wollte mich der Arzt, es hatte so vier bis fünf Tage gedauert, ins Krankenhaus bringen. Dann kam der Rettungswagen. Da hat mein Vater gesagt: ›Das kommt überhaupt nicht in Frage. Am Tag pflegt meine Frau das Kind und abends, wenn ich nach Hause komme und nachts, ich habe Kraft, brauche nicht viel Schlaf, pflege ich das Kind.‹ Ich wurde in das Elternschlafzimmer gebracht. Meine Mutter ging ins Kinderzimmer und ich in das Ehebett meiner Mutter. (Ursula weint). Das war die totale Hölle. Nacht für Nacht war ich sein Opfer. Da hat er mir eingeredet und eingehämmert, daß ich sein Besitz bin. Ich mußte ihm versprechen, ihn immer zu lieben. Ich habe alles versprochen, alles was er wollte, alles.
Und am Morgen hat meine Mutter mich gewaschen. Und ich sehe immer noch wie ekelhaft ihr Gesicht war vor Abscheu. Ich habe erst jetzt herausgefunden, und dafür schäme ich mich so, daß das Spermaflecken waren. Ich habe das nicht erkannt. Sie hat immer nur gesagt: ›Was hast du da für ein Zeug auf deinem Körper.‹ Sie hätte das doch wissen müssen.
Woche für Woche hat der Arzt gesagt: ›Das Kind muß ins Krankenhaus.‹ Mein Vater hat nur gesagt: ›Das kommt nicht in Frage.‹ Am Tag ist keiner gekommen, außer der Johannes. Irgend etwas habe ich dann mit mir gemacht. Jedenfalls hat der Arzt gesagt:

›Wenn das Kind morgen dieses Fieber noch hat, kommt es ins Krankenhaus, ob Sie wollen oder nicht. Sonst kommt die Polizei.‹ Jedenfalls solche Dinge sind da gelaufen.

Ich hatte am nächsten Tag kein Fieber mehr. Ich bin auch nie wieder krank geworden. Ich wurde überhaupt nicht krank.

Dann bin ich wieder in die Schule gegangen... ab da konnte ich komischerweise wieder lernen. Ich hatte zeitweise Lernschwierigkeiten gehabt. Ich wollte Lehrerin werden. Irgendwie hat er der Handelsschule zugestimmt. Unter der Bedingung, daß ich den Garten mache. Mein Bruder war damals in der Lehre. Er war bei einem Verein und ist oft weggegangen. Ich durfte in keinen Verein, auch in keinen Sportverein. Ich weiß nicht, wie ich es geschafft habe, aber ich habe es geschafft. Ich bin morgens wenn die Sonne aufging, um drei – ich weiß das wegen den Vögeln – in den Garten gegangen. Bevor ich dann zur Schule ging, habe ich schon eine ganze Menge gemacht. Und dann abends mochmal von neun bis halbzehn.

Zu dem Zeitpunkt hat der Psychoterror von meinem Vater auch angefangen. Wo schon die ganze Familie mitspielte. Mein Vater kam wütend nach Hause, brüllte wegen irgendeiner Kleinigkeit, sowas von schlimm, daß einem das Essen im Hals steckenblieb. Dann saßen wir alle stumm da.

Meine Mutter, meine Geschwister sagten dann: ›Uschi, geh du doch zu ihm.‹ Ich bin zu ihm hingegangen. Das endete immer damit, daß er seine Hände in meine Scheide steckte, solange er sie dort halten wollte. Ich habe nichts gefühlt.

Er hat das gemerkt, mit den Gefühlen.

Ich hatte einen Fluchtweg: einen Tagtraum.

Nachdem die Betroffene ihre Erlebnisse mitgeteilt hat, nachdem sie ihre Gefühle für den Täter und für ihre Mutter zum Teil ausdrücken, und damit auch für sich selbst klarmachen konnte, rückt die Klientin im therapeutischen Prozeß allmählich selbst mehr in den Mittelpunkt. Meistens in einem negativen Sinn: Sie kotzt sich selbst an, findet sich ekelig, verurteilt sich, verletzt sich, mag sich überhaupt nicht. Obwohl das ihre direkten Hier-und-Jetzt-Erlebnisse sind, hat es im Moment wenig Zweck, sich mit diesen Gefühlen auseinanderzusetzen. In der Therapie merken wir auch, daß die Betroffenen in dieser Phase der Therapie nur flüchtig am Umgang mit sich selbst interessiert sind. Sie fragen zum Beispiel: »Wird das mal vorübergehen oder bleibt das immer so?« Das Gefühl ist aber momentan zu ungreifbar und zu schwer, um damit etwas anfangen zu können. Ihr wirkliches Interesse richtet sich immer wieder auf ihre Geschichte. Nicht weil die Geschichte so faszinierend ist, aber weil sie offensichtlich das Gefühl haben, daß sie da den Schlüssel für ihre jetzige Lebensproblematik finden können. Sie können es nicht benennen, nicht begründen, haben aber das undeutliche Gefühl, daß ihre Selbstheilungsmöglichkeiten da verborgen liegen. Therapeutisch ist es wichtig, den Klientinnen da zu folgen. Letztlich wissen sie am besten, was mit ihnen los ist. Die Betroffenen können uns am besten selbst durch ihr Labyrinth führen. Wir Therapeuten sind dabei oft *nur* das Licht, das bestimmte Stellen in diesem Labyrinth noch einmal beleuchtet. Dadurch werden diese Stellen für die Klientin heller, klarer und deutlicher. Wir sollten uns vor allem klarmachen, daß Therapeuten den Weg in diesem persönlichen Labyrinth nicht kennen. Wir können höchstens an der Hand der Klientin auf der Suche nach dem Schlüssel mitgenommen werden. Es hat in dieser Phase der Therapie dann auch überhaupt keinen Zweck, wenn der Therapeut versucht, die Klientin in irgendeine Richtung zu ziehen. Günstiger ist es, wenn der Therapeut sehr einfühlsam versucht zu spüren, wo die Klientin sucht, um dann diese Stelle zu beleuchten. Wenn die Klientin alleine sucht, wird sie es meistens nicht finden. Aber wenn sie dort sucht, wo der Therapeut es für wichtig hält, wird sie sicherlich auch nicht finden, was sie sucht. Es ist wie eine Brosche, die sie verloren hat. Wir können unsere Lampe mitnehmen und gemeinsam im Dunkeln suchen. Es hat aber nur Sinn da zu suchen, wo die Klientin auch tatsächlich gewesen ist. Das kann nur sie uns mitteilen. Es hat keinen Zweck unter einer Laterne zu suchen, weil da zufällig viel Licht ist. Übertragen auf die therapeutische Situation meinen wir damit, daß es keinen Zweck hat, mit der Klientin in emotionalen und geschichtlichen Bereichen zu suchen, wo sich der Therapeut zufällig gut auskennt. Auf dieser Suche nach dem Verlorenen kommt der Therapeut meistens auch in Gegenden, die er selbst nicht gut kennt und die auch ihn überraschen. Voraussetzung ist, daß ihm diese Bereiche selbst keine Angst machen.

Weil die Inzestbetroffenen ihr Verlorengegangenes immer wieder in dem Labyrinth ihrer Kindheit suchen, erfordert das vom Therapeuten viel Wissen um die eigene Kindheit und viel Selbsterfahrung, wobei das Wissen aber nicht ausreicht. Er sollte sich derartig mit seiner eigenen Kindheit beschäftigt haben, daß er sich auf eine harmonische, gefühlvolle Art und Weise damit beschäftigen kann. Eine Klientin kann nicht mit einem Therapeuten in ihrer Kindheit suchen, der seine eigene Kindheit so schlecht verarbeitet hat, daß er sich nur mit Schrecken oder mit Mühe auf diese Arbeit einlassen kann. Nur wenn er sich gut mit seinem eigenen Kind identifizieren kann, kann er sich auch mit dem Kind in der Klientin identifizieren. Dieses Suchen in der Vergangenheit, das heißt in der Kindheit, der Klientin bedeutet jetzt nicht, daß die Klientin ihre Erfahrungen noch einmal erzählt. Es geht jetzt nicht mehr darum, was passiert ist, wie das in den Phasen bisher zentral war, sondern darum, sich mit dem Vorgefallenen auseinanderzusetzen, damit die Betroffene entdecken kann, was mit dem Vorgefallenen gleichzeitig auch noch geschehen ist, etwas, das niemand in der traumatischen Erfahrung direkt wahrnehmen könnte. Was hat der Täter mit ihr gemacht, was bewirkte die fehlende Mutter, auf welche Weise ging die Betroffene seitdem mit sich selbst um.

Um verstehen zu können, was die Betroffenen mit sich selbst machen, hilft uns das Arbeiten mit dem Ton. Alle Frauen, die wir behandelt haben, haben irgendwann während ihrer Erzählung mit den Händen einen Kopf gebildet. Bei der Nachfrage, was dieser Kopf sein könnte, wessen Kopf es sein könnte, kommen fast immer zwei Antworten: Der Täter. Ich selbst.

Der Kopf als solches wird oft auch zweideutig erlebt: Kopf eines Embryos. Totenkopf.

Diese vier Möglichkeiten bringen die Klientin auf folgende Weise zusammen: Zuerst ist es der Totenkopf des Täters. Er drückt ihren Haß aus, und den Wunsch, endgültig in Ruhe gelassen zu werden. »Ich wünsche, mein Vater wäre tot. Dann wäre ich endlich frei und

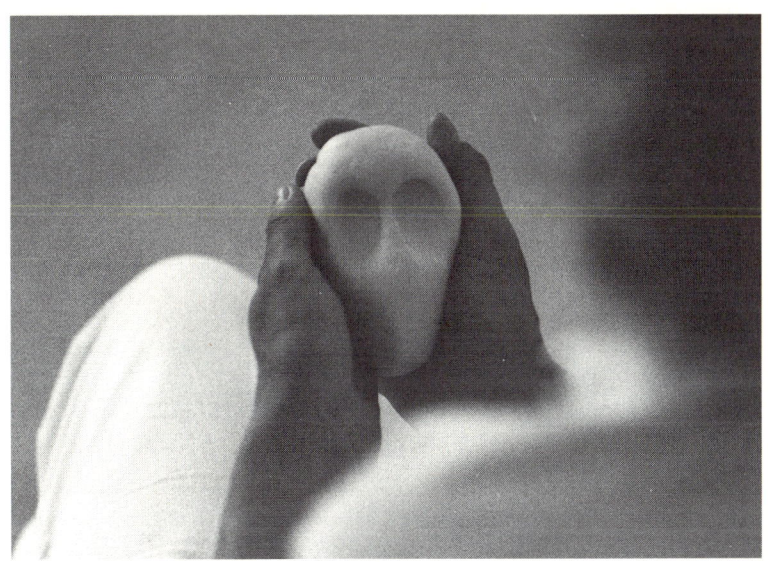

könnte meine Ruhe finden.« Dieser passive Todeswunsch soll vom Therapeuten vor allem nicht als ein aktiver Wunsch, den Täter umzubringen, verstanden werden. In diese Richtung scheint der Haß nämlich nicht zu gehen. Die Therapeuten, die die Klientin dahinführen, ihren Haß auf den Täter mit ihren Händen auszudrükken, indem sie zum Beispiel symbolisch diesen gebastelten Kopf würgen, haben unseres Erachtens die Klientin überhaupt nicht verstanden. Die Klientin drückt mit ihrem Totenkopf einerseits ihren Schmerz und andererseits ihren Wunsch nach Ruhe aus und überhaupt nicht ihre Aggressivität. Die geht in eine andere Richtung. Ein Therapeut, der in dem Totenkopf einen Hinweis für Aggressivität sieht, folgt damit wahrscheinlich auch mehr seinen eigenen Haßgefühlen auf den Täter, der eine stellvertretende Funktion für machtausübende und verletzende Täter in seiner eigenen Geschichte einnimmt. Manche Therapeuten übersehen, was wir in den vielen Supervisionen, die wir machen, feststellen, sehr häufig die Double-bind-Situation, worin sich Betroffene und Täter befinden. Wenn die Betroffene den Täter symbolisch umbringen würde, würde sie gleichzeitig das Objekt ihrer kindlichen Liebe umbringen. Das wird kein Kind von sich aus machen, ohne dazu verführt oder gezwungen zu werden.

Das zeigt sich auch ganz deutlich in den Händen. Die Betroffenen gehen mit dem Totenkopf immer sehr liebevoll um. Achten Sie dabei zum Beispiel auf die Art, wie auf den Bildern der Kopf in den Händen liegt. In diesen Händen ist nichts von Druck, Pressen oder dergleichen zu entdecken. Aggressive Bewegungen, wie Drükken, Pressen, Würgen, Auseinanderziehen und Wegschmeißen zeigen die Hände auch, und zwar fast immer an der gleichen Stelle nämlich nachdem die Hände in irgendeiner Form einen Penis gebastelt haben (siehe S. 89, 112).

Der andere Aspekt dieses Totenkopfes betrifft die Klientin selbst:

Ich habe das Gefühl, daß etwas in mir selber gestorben ist. Ja, ich fühle mich oft, als hätte ich mich da irgendwie beerdigt. Seitdem war ich nur ernst und voller Traurigkeit. Ich kenne das schon lange nicht mehr, daß ich Spaß habe. Wenn andere in meiner Umgebung Spaß haben, bin ich nur traurig, daß ich nie mitmachen kann. Klar bin ich auch oft fröhlich und aufgeräumt, aber nicht, weil ich das so fühle. Das mache ich, weil die anderen das von mir erwarten. Manchmal gelingt es mir, diese Maske aufzusetzen. Aber dahinter ist es wie leer, tot.

Auf diese Weise beschreibt Anne, eine Klientin, den Kopf, den ihre Hände geformt haben. Rijnaarts sagt zu diesem Thema:

Die meisten Väter werden nicht getötet, die meisten Töchter auch nicht: Sie töten sich selbst nur ein bißchen, damit sie das Leben tragen können.[25]

Alle Betroffenen beschreiben diesen Prozeß in irgendeiner Form. Daß etwas gestorben ist, aufgehört hat zu wachsen, abgebrochen ist, nicht weiterlebt und so weiter. Sie spüren auch, was es ist: »die kleine Barbara«, »das Kind in mir«, »meine Jugend« oder »Das verbannte kleine Mädchen, ich habe es weggeschickt, konnte ab da nicht mehr mit ihm zurechtkommen. Ich konnte seit der Situation nicht mehr fröhlich sein, nicht mehr ausgelassen sein, einfach kein Mädchen mehr sein. Es war, als ob ich mit einem Schlag erwachsen wurde und dabei meine Jugend übersprungen habe«, sagen uns verschiedene Betroffene.

Nachdem es der Betroffenen klar wird und sie fühlt, daß sie mit der traumatischen Erfahrung auch ihr kleines Mädchen verbannt hat, geht es um die Frage, wie dieses Mädchen war. Inzestbetroffene haben ihr kleines Mädchen oft so weit verbannt, daß sie nur noch den Abschiedsschmerz spüren, aber überhaupt keinen Kontakt mehr zu diesem Mädchen haben. In der Therapie versuchen wir, diesen Kontakt zu dem verbannten Mädchen wiederherzustellen. Wir versuchen zu entdecken, wie das Kind war, bevor es sich, um zu überleben, spalten mußte. Wenn die Klientin das Kind in sich wieder entdecken und dessen Bedürfnisse, Wünsche und Lebendigkeit wieder spüren kann, kann sich die Möglichkeit ergeben, das verbannte Mädchen wieder nach Hause zu holen: ein Rückkehren in die frühere Gefühlswelt, eine Heimfindung. Konkret kann das bedeuten, daß die Frau noch soviel wie möglich nachholt, was ihr damals nach den traumatischen Erfahrungen als Kind gefehlt hat. Am Anfang wird das für sie selbst, aber vor allem für ihre Umwelt ein schwieriger, oft etwas komischer Prozeß sein. Denn mit einem Kind, das sich ernst wie viele Erwachsene verhält, das selten lacht, wenig spielt und viel arbeitet, haben die meisten in unserer Gesellschaft viel weniger Schwierigkeiten als mit einer vierzigjährigen Frau, die sich benimmt wie ein zwölfjähriges Gör. Dennoch gibt es in unseren Augen nur diese eine Möglichkeit: Der fehlende Teil der Persönlichkeitsentwicklung, das nicht gelebte Kind, soll nachgeholt werden. Die leeren Blätter der Erfahrungen müssen ausgefüllt werden, besser nachher, mit vierzig, als nie. Später ausgefüllte leere Seiten werden oft ein kostbarer Besitz, während das Gefühl der leeren Seiten ein störendes Gefühl im ganzen Buch auslöst, wo man immer wieder hingezogen wird.

Wie werden aber diese leeren Seiten gefüllt? Wie kann die Betroffene das stumme Kind in sich reden und fühlen lassen?

Auf der Suche

Auch hier ist wieder nicht wichtig, oft sogar störend, von welchen Erlebnissen, Erfahrungen und Aktivitäten in einer Kindheit der Therapeut meint, daß sie für die Entwicklung der späteren Persönlichkeit von großer Bedeutung sind. Denn es geht nicht um irgendein verbanntes Mädchen, sondern um das spezifische Mädchen, das die Klientin in sich verbannt hat. Dieses Mädchen müssen wir wieder suchen. Das können wir wieder nur gemeinsam mit der Klientin. Das, was dem Therapeuten am meisten hilft, ist die eigene Erfahrung, wie er sein Kind in sich gesucht und hoffentlich auch gefunden hat.

Einer der Wege, um das verbannte Mädchen zu suchen, sind Phantasiereisen. Das ist für die Klientinnen in dieser Phase der Therapie aber eine der schwierigsten Aufgaben. Denn eine Phantasiereise verläuft gerade bei ihnen nicht reibungslos. Ihre jetzige Verurteilung von sich selbst, das Chaos der Gefühle von damals, die Drohungen der Täter, die Überlebensstrategie, indem das Mädchen verbannt wurde, sind alle Hindernisse auf diesem Weg, die die Phantasie der Betroffenen erheblich beeinträchtigen und eine Begegnung mit dem inneren Kind oft unmöglich machen. Oder einfacher gesagt: Diese Technik fordert viel zu viel Energie von der Klientin. Sie hat ein Recht darauf, auf eine einfachere und leichtere Weise ihrem verbannten Mädchen wieder zu begegnen.

Wir versuchen, das Mädchen aus seinem Schatten zu holen, indem wir Material aus der Kindheit und/oder über die Kindheit benutzen. Wir lassen die Klientin ein Lied hören, in dem zum Beispiel Hermann van Veen über ein Kind singt oder Robert Long eine Jugendliebe besingt, wir zeigen Kinderbilderbücher, arbeiten mit Kinderspielzeug, zeigen Bilder von Kindern und Jugendlichen und das alles mit der einen Frage: »Können wir hier dein verbanntes Mädchen finden? Siehst du sie da, hörst du sie da, ist sie da anwesend? Löst das etwas bei dir aus, kriegen wir auf diese Weise Kontakt mit deinem Kind?« Wir versuchen vieles. Viele von unseren Versuchen werden scheitern, weil sie nichts mit dem Mädchen zu tun haben, das diese Klientin verbannt hat. Aber in der Gesamtheit des

Materials wird die Klientin etwas von der Vielfältigkeit ihres verbannten Mädchens wieder zurückfinden können.

Diese Arbeit wird gekennzeichnet durch zwei Gefühlsbereiche: Betroffenheit über das, was ihr als Kind gefehlt hat. Durch das Material wird das oft schmerzhaft fühlbar.

Wiedererkennen des verbannten Mädchens: So wie es war, in dem Moment, als sie es weggeschickt hat.

Die Gefühle der Betroffenheit, die auftauchen, weil der Betroffenen noch einmal klar wird, was sie alles verpaßt hat, was ihr gefehlt hat beziehungsweise was ihr weggenommen worden ist, werden wir in diesen Sitzungen zwar Raum geben, zuerst aber zudecken und nicht weiter bearbeiten. Diese Gefühle zeigen bereits, welche kindlichen Wünsche und Bedürfnisse nicht erfüllt werden konnten. Wenn wir das jetzt aber weiter bearbeiten, wird die Klientin nachher noch überhaupt nicht wissen, wie sie mit diesen Wünschen und Bedürfnissen weiter umgehen soll. Denn sie weiß überhaupt nicht, wo sie anfangen kann. Es ist, als ob sie viele Jacken in die Hände bekommt und keinen Haken hat beziehungsweise sieht, um sie aufzuhängen. Deswegen werden wir durch diese Gefühle hindurch nach dem Kleiderhaken suchen: das Mädchen, das die Klientin einst vor der traumatischen Erfahrung war.

Nachdem Bärbel in der Therapiesitzung, die wir in Kapitel 5 beschrieben haben, wo Gerry stellvertretend für ihre Mutter handelt, erzählt: »Sie haben mich zertrampelt, sie haben mein Vertrauen ausgenützt.« macht Thijs Musik an und singt Hermann van Veens: *Kleiner Fratz.*

Hierauf reagiert Bärbel: »Das ist wie ein Geschenk, ja, genau, so war ich, ausgelassen, spielerisch, vergnügt. Das haben sie in mir kaputtgemacht.« Durch dieses Lied hat Bärbel plötzlich ihr kleines Kind klar vor Augen. Sie brauchte nicht davon zu erzählen und hatte doch die Möglichkeit zu einer emotionalen Begegnung. Nach dieser Begegnung fiel es ihr auch leicht, sich selbst als Mädchen zu beschreiben. Welche Kleidung sie hatte, was sie am liebsten gemacht hat, mit welchen Leuten sie Kontakt hatte, wo sie im Urlaub hinging und so weiter.

Dieser oft nicht gefühlte Kontakt mit dem inneren Kind ist hier brüchig. Denn die Betroffene hat das Mädchen nicht nur einmal verbannt. Das Mädchen hat sich nämlich immer wieder gemeldet. Und jedes Mal, wenn das Mädchen mit ihren Bedürfnissen und Wünschen nicht in die Überlebensstrategie der Betroffenen paßte, mußte sie weggeschickt werden. Denn es war besser, ohne dieses Mädchen weiterzuleben, als mit diesem Mädchen in einem kompletten Gefühlschaos zu ertrinken. Das hat dazu geführt, daß das Wegschicken des eigenen Kindes keine bewußte, überlegte Handlung oder Gefühlsentscheidung ist, sondern eine Art Automatismus. Es passiert, ohne daß die Betroffene es weiß, ohne daß sie es will. Wenn das Mädchen dann aus ihrem Schatten geholt wird, braucht es viel Unterstützung. Eine Unterstützung, die die Betroffene ihm oft nicht bieten kann. Die Therapeuten dürfen das Mädchen auch nur so weit aus ihrem Schatten holen, wie es sich die Klientin anschauen kann, ohne es sofort zurückschicken oder zerstören zu müssen. Das ist auch der Grund, warum einer von uns, sobald das Mädchen auftaucht, immer wieder die Erlaubnis ausspricht: »Es ist gut, daß es da ist, kannst du es auch willkommenheißen.« oder »Sei lieb zu der kleinen Barbara, zerdrück sie nicht.« Indem andere Interesse für das verbannte Mädchen zeigen, ihm erlauben zurückzukommen, kann die Klientin über dieses Interesse auch ihr eigenes Interesse an ihrem Kind wieder entwickeln.

10
Von dem Mädchen, das das Verführen lernen wollte

Ursula:
»Dieser Tagtraum bestand aus einer realen Figur, es war ein Lehrer. Der einzige Lehrer, der nett zu mir war. Außerdem war er bildschön für mich. Er hatte auch eine Freundin. Real. Dann habe ich in mir eine Liebesgeschichte ablaufen lassen. Ich habe die beiden immer beobachtet. Das gab in mir ein schönes, warmes Gefühl. Dann konnte er mit mir machen, was er wollte. In dieses Gefühl konnte ich immer eintauchen. Immer wenn es mir schlecht ging, bin ich in die Phantasie getaucht.
Mein Vater hat schon richtig beobachtet, daß ich nichts fühle. Ich habe mich damit aber nie verraten. Ich hatte Angst, daß wenn ich mal operiert werde, ich es erzählen würde. Deswegen wollte ich auch nie operiert werden. Ich habe mal gehört, daß man dann irgendwelche Sachen erzählt. Ich habe erst sehr spät entdeckt, daß ich diesen Tagtraum hatte. Ich habe mich sehr dafür geschämt. Ich wußte irgendwas ist da nicht in Ordnung. Ich konnte auch nicht richtig denken. Damit meine ich: die Kombination von Gefühlen und Gedanken. Wenn jemand überhaupt etwas von meiner Kombination von Gefühlen und Gedanken wußte, dann waren es die Kinder in der Schule. Aber die Erwachsenen habe ich getäuscht. Das konnte ich total perfekt. Komischerweise haben mir das alle immer geglaubt. Wenn ich die Wahrheit sagen wollte, dann wurde ich immer unsicher. Das habe ich heute noch manchmal so.
Das geschah, bis ich von zu Hause wegging, drei bis fünf, sechs Mal in der Woche. Ich habe mehrere Male versucht da herauszukommen, indem ich mich geweigert habe und mir gesagt habe: Ich tu es nicht mehr, ich tu es nicht mehr, ich tu es nicht mehr. Und

wenn alle verrecken. Ich habe über meinen Vater geschimpft bei meiner Mutter mit schrecklichen Wörtern. Aber sie hat mich immer mundtot gemacht. Sie hat nie nachgefragt. Mich nur verurteilt, was für ein schrecklicher Mensch ich bin.

Ich habe angefangen, die Jahre zu zählen: Noch fünf Jahre, vier Jahre, drei Jahre, noch zwei Jahre.

Ich wurde fett. Ich haßte mich wie die Pest. Der einzige, der Zugang zu mir hatte, war Johannes. Ich glaube, von dem habe ich so ein Stück Wärme bekommen. Ich fühle ihn noch.

Als ich ins Berufsleben trat, mit 17, da wurden die Kontrollmaßnahmen schlimmer. Ich bekam vorgeschrieben, wie lange ich zur Arbeit zu gehen hätte. Geld durfte ich nicht behalten. Über das, was ich bekam, mußte ich Rechenschaft ablegen. Aber mein Leben veränderte sich. Bei der ersten Stelle, wo ich anfing zu arbeiten, es war ein Versicherungsbüro, da war eine Frau, die war zehn Jahre älter.

Die mochte mich unheimlich gerne.

Ich glaube, ich hatte so etwas wie einen Schwarm. So etwas kenne ich überhaupt nicht. Sowas wie Gleichaltrige hatten, wenn sie von Schauspielern schwärmen. So etwas muß ich da wohl gemacht haben. Sie begegnete mir mit sehr viel Sanftheit und Freundlichkeit. Sie hatte Geduld mit mir, erklärte mir alles. Auch mit Kosmetik und so, auf eine ganz dezente Weise. Ich fühlte, wie sie ganz einfühlsam mit mir umging.

Das hat mein Vater wohl gemerkt. Daß es mir da gut ging und ich mich wohlfühlte. Daß ich da gerne war. Er ist zu meinem Chef gegangen und hat gesagt, daß man mit mir aufpassen müßte, daß ich ein Flittchen wäre. Das habe ich erst später erfahren, der nahm sich dann allerlei Frechheiten heraus, faßte mir in die Bluse, wenn Marianne, das ist die Frau, die da auch arbeitete, nicht da war. Ich habe ihm auf die Finger geschlagen. Denn das hatte meine Mutter mir beigebracht und mein Vater auch: Wenn dich ein Fremder anfaßt, schlag zu. Daß mein Vater ihn auf die Idee gebracht hat, daß ich ein Flittchen wäre, habe ich erst später erfahren. Als mein Vater mal besoffen war, hatte er das verraten. Dann habe ich auch sofort begriffen, was da lief.

Wenn mein Vater das Gefühl hatte, ich könnte ihm entgleiten oder etwas sagen, hat er zu allen Unternehmungen, die ich machte, zwei bis fünfmal in der Woche Verhöre angestellt. Dazu mußte ich mich hinsetzen.

Ich durfte nicht auf einem Stuhl sitzen. Ich mußte auf einem Schrankboard sitzen, das war höher, dann hingen meine Beine so runter. Ich durfte sie nicht auf eine Stuhlkante stellen. Und dann fing er an, wen ich getroffen hätte, mit wem ich geredet hätte, was ich da angehabt hätte. Ich fand diese Gespräche entwürdigend... Manchmal hat es mir auch Spaß gemacht, ihn zu nerven. Jedenfalls endeten die Gespräche selten vor zwölf. Meistens zwischen zwei und drei Uhr nachts. Es wurde alles ausgefragt. Wie es im Büro gewesen ist, wer da gekommen ist... Einmal im Monat durfte ich weg, alleine. Darüber hat er auch immer wieder Verhöre gemacht. So daß ich keine Lust mehr hatte, nochmal wegzugehen. Ich durfte entweder nur am Sonnabend weg oder am Sonntag. In der Woche sowieso nicht. Aber das mußte ich am Mittwoch vorfragen. Und zwar Mittwoch in der Zeit von halb sieben bis acht. Dann mußte ich genau fragen: Darf ich am Sonntag zu Marianne oder zu Mechthild, zwei Freundinnen, eher Bekannte. Dann mußte ich auch genau sagen, wer da noch hinkommen sollte, was wir machen wollten. Dann wurde gesagt ja, mal gucken, ob du dich bis Freitag gut benimmst, ob ich keine Klagen von Mutti höre, dann darfst du... Meine Mutter hat sich nie über mich beklagt. Ich habe in der Zeit schon verschiedene Wutausbrüche gehabt, gegen meine Geschwister, auch gegen meine Mutter, aber sie hat mich nie verpetzt. Wenn ich dann am Sonnabend gehen durfte, mußte ich nochmal sagen, was wir machen wollten, wer da noch kommen wollte. Ich bekam einen genauen Zeitplan mit, damit ich nicht zu lange auf dem Weg blieb, ich durfte nicht mit der Straßenbahn fahren, damit ich keine Kontakte bekam. Ich war da nicht frei, wenn ich dann da war. Ich hatte immer Angst gehabt, daß die was unternehmen, was ich vielleicht besser meinem Vater nicht sage... und wenn ich dann zurückkam, kam einen Tag oder sofort danach dieses Verhör. Wie es wohl gewesen ist. Da hat er mir manchmal Lügen unterstellt. Aber ich habe die Wahrheit gesagt. Wenn er dann sagte, ich hätte gelogen, bin ich ganz laut geworden. Das konnte er überhaupt nicht ab... Das war so von meinem 17. Lebensjahr ab, mit steigender Tendenz, zweimal in der Woche, manchmal jeden Tag. Da tut mir am allermeisten weh... (Ursula weint und schüttelt fast ununterbrochen ihren Kopf), daß meine Geschwister gesagt haben: Wenn du doch erst 21 bist und ausziehst, käme wieder Frieden in das Haus. Aber ich war das gar nicht, der Unfrieden machte... dieses Gefühl, daß es mit mir sowieso keiner aushält ... ist immer noch sehr stark in mir.

Es war wirklich ein Gefängnis. So ab 16, kam mein Vater auch nachts ins Kinderzimmer, da schliefen meine vier Geschwister und ich. Dann hat er sich mit der Hand an mir befriedigt, und ich habe ins Kopfkissen gebissen. Wenn meine Mutter dann kam und sagte: Leo was machst du denn da, hat er sie angebrüllt. Die Geschwister wurden wach, haben mich angeguckt. Am nächsten Morgen haben mich meine Geschwister gehänselt: ›Uschi ist die Geliebte von Leo.‹ Dann bin ich wie ein Tier gewesen. Ich habe mich immer gewundert, warum ich zwischen eins und drei nachts aufwache. Das tue ich heute noch.

Ich habe so eine Angst gehabt, daß andere das entdecken. Es war ein Horror. Jede Nacht, wenn ich wach werde, muß ich einen Apfel essen, sonst schlafe ich nicht mehr ein.

Nach dieser Beschreibung von Ursula, wie ihr Schuldgefühl systematisch aufgebaut wurde und alle Familienmitglieder mit dem Finger auf sie zeigten, gibt es nur einen Satz, mit dem wir dieses Kapitel anfangen können, und zwar den Satz, womit Miller viele ihrer Bücher abschließt: »Das Kind ist immer unschuldig«.[27]

Schon längst bevor Kinder einen Beruf ausüben können, müssen sie ganz schwere lebenswichtige Aufgaben erfüllen. Für manche Kinder liegt ihre Aufgabe schon in der Wiege, bevor sie geboren werden: sie sollen die Ehe ihrer Eltern retten. Andere Kinder bekommen ihre Aufgabe später zugeteilt: Mutter fröhlich machen und ihr einen Lebenssinn vermitteln, unausgedrückten Streit von Familienmitgliedern auf sich ziehen und mittragen und: die sexuellen Wünsche des Vaters befriedigen. Das Kind wird nicht gefragt, ob es diese Aufgabe erfüllen will, ihm wird nicht mitgeteilt, daß es die Aufgabe erfüllen soll, nein, es wird ihm vermittelt, daß es diese Aufgabe eigentlich selbst gewählt hat und auch selbst erfüllen will. Dem hungrigen Kind, das so gerne Liebe, Wärme, Geborgenheit, Anerkennung hätte, bleibt nichts anderes übrig als zu essen. Erst viel später wird es bemerken, daß seine Eltern ihm Steine statt Brot gegeben haben, daß es nicht in der Lage ist, diese Steine in Brot zu verwandeln und daß diese Steine ihm in seinem weiteren Leben schwer im Magen liegen. Hungrig wie das Kind ist, zieht es alles in sich rein. Es entsteht eine zentripetale gesellschaftliche Verinnerlichung: Alle Schuld, die die Menschen um es herum dem Kind zuschreiben, nimmt es auf sich, verwandelt es, so daß es letztlich selbst glaubt, tatsächlich schuld daran zu sein. Maria: »Oh, scheußlich, wie ich mich da sehe, wie ich da gelegen habe. Ich bin doch wirklich nicht in Ordnung. Sonst hätte ich das doch nicht mitgemacht. Ich verabscheue mich, ich kotze vor mir selbst.« Die große Frage, die wir hier weder beantworten noch lösen können, ist, warum Eltern ihre Kinder für ihre eigenen ungelösten Probleme benutzen, statt sie gerade davor zu schützen. Warum beschäftigen Erwachsene sich nicht mehr mit sich selbst, damit das Kind wirklich wachsen kann, indem es sich mit seinen eigenen Bedürfnissen, Wünschen und Schwierigkeiten beschäftigt. Denn wie kann ein Kind noch wachsen, wenn ihm Aufgaben zugeschoben werden, die überhaupt nicht in seine kleinen Hände passen.

Die sexuelle Entwicklung ist unterbrochen

Die Suche nach dem verbannten Mädchen ist auch die Suche nach der kindlichen Sexualität. In dem Moment, in dem die Inzesterfahrungen angefangen haben, ist die Entwicklung der kindlichen Sexualität durchbrochen, abgebrochen oder übersprungen. Wesentliches Merkmal der kindlichen Sexualität ist an erster Stelle die Neugier, das Entdecken. Das Kind schaut sich selbst an, beguckt die Eltern, Gleichaltrige, faßt sich und andere an Pimmel, Möse,

Busen, Behaarung, spielt damit, probiert aus, was man damit alles machen kann. Probiert selbstverständlich auch aus, was es dabei fühlt. Die Erfahrungen stehen dabei aber unter der Überschrift *Entdecken* und *Spielen*. Dadurch kann das Kind diese Handlungen auch sofort wieder vergessen und etwas anderes machen, wenn es ihm gerade in den Sinn kommt. Hierher gehört auch seine Lustempfindung. Auch das ist nicht das Ziel, das es erreichen will, es strebt nicht nach einem Höhepunkt, kennt überhaupt keinen Orgasmus, wird sich auch nicht solange mit dieser Lustempfindung beschäftigen. Das sind alles Ziele und Gedanken der Erwachsenen. Da geht es nicht mehr um das Entdecken, da geht es um das Erreichen von bestimmten Gefühlen und das Erfahren von bestimmten Erlebnissen. Das sind zwei ganz verschiedene Vorgehensweisen, die als einziges Element gemeinsam haben, daß sie sich beide mit den Geschlechtsteilen beschäftigen. Die erste Entdeckung sexueller Gefühle geht mit Verwirrung und Angst, aber auch mit Freude und Erstaunen einher. Das Kind braucht Zeit und ähnliche Erfahrungen in vergleichbaren Situationen, um diese Gefühle zu verarbeiten und in seinem Welterleben und Sich-selbst-Erleben einzuordnen. In der Inzestsituation wird ihm diese Zeit nicht gelassen. Das Kind wird plötzlich konfrontiert mit einer erwachsenen Sexualität, mit Bedürfnissen, die seiner Welt überhaupt nicht entsprechen. Der Erwachsene zwingt das Kind zu einem sexuellen Kontakt, zu sexuellen Bedürfnissen, in die es überhaupt noch nicht hineingewachsen ist.

Ab dem Moment entwickelt sich die Sexualität nicht mehr von innen heraus, wird die Neugierde endgültig umgebracht und durch Angst und Scham ersetzt. Das Kind bekommt viel zu viel sexuelle Impulse von außen, auf die es überhaupt nicht adäquat reagieren kann. Damit wird seine eigene sexuelle Entwicklung durchkreuzt. Weil Sexualität nicht nur eine Körpererfahrung ist, sondern vor allem auch eine emotionale Erfahrung, treten auch starke Störungen in der emotionalen Entwicklung auf. Es entsteht eine Unterbrechung in der Entwicklung, die sich im weiteren Leben immer wieder bemerkbar macht. Dieses Umbringen der kindlichen Sexualität wird noch verstärkt, indem der Vater die kindliche Sexualität verbietet, wie es zum Beispiel bei Ursula der Fall ist: Experimente mit Gleichaltrigen werden unmöglich gemacht, und alle Erfahrungen, die das Kind machen will, weil es seinem Alter und seiner Erlebniswelt entspricht, werden von dem Inzesttäter niedergemacht oder ins Lächerliche gezogen.[28] Gerade in einer Zeit, in der das Kind durch immer wieder neue Entdeckungen und Erfahrungen versucht, seinen Weg in der Sexualität zu finden, in seine Person zu integrieren und damit ein Gleichgewicht in seiner Identität zu finden, sind derart negative Erfahrungen von einschneidender Bedeutung. Erfahrungen, die es braucht, darf es nicht machen, altersgemäße Erfahrungen, die es macht, werden zerstört, gefühlsmäßig und körperlich chaotische Erfahrungen werden ihm aufgezwungen. In einer derartigen Situation hat das Mädchen nur noch eine Reaktionsmöglichkeit: Mit dem spielerischen, unbesorgten Mädchen wird gleichzeitig die ganze positive Gefühlswelt der Sexualität aus seiner Gefühls- und Gedankenwelt wegradiert. Und statt Spaß und Lust kommen Scham und Schmutz.

In dem vorigen Kapitel haben wir beschrieben, wie schwierig es ist, das verbannte Mädchen wieder heimkehren zu lassen. Aber sobald die Begegnung mit ihm stattgefunden hat, kam es bei all unseren Klientinnen doch Schritt für Schritt näher. Die Betroffenen beschäftigen sich gefühlsmäßig und in Gedanken mit ihrem kleinen Mädchen, versuchen viele Erfahrungen nachzuholen, freuen sich über jedes zurückgewonnene Gefühl. Diese Entwicklung ist auch möglich, weil der Platz des verbannten Mädchens leer geblieben ist. Ihre Stelle hat kein anderer eingenommen. Es blieb einfach ein Loch im Gedächtnis.

Und es war auch schön

Viel schwieriger ist das mit dem Zurückgewinnen der positiven sexuellen Gefühle. Denn da ist keine leere Stelle geblieben. Statt positiver Gefühle und positiver Erfahrungen sind schmerzvolle, Angst machende, Ekel hervorrufende, traurige und machtlose Erfahrungen und Gefühle entstanden. Der Bereich der sexuellen Erfahrungen wird ausgefüllt. Es sind aber alles nur falsche Erfahrungen, und das Kind spürt nur Verwirrung. Es gibt keinen, der sie aus diesem Alptraum herauszieht. Im Gegenteil gibt es viele, die sie noch weiter hineinschieben, und nicht zuletzt die Psychotherapeuten. Über Jahrzehnte wurde ja behauptet, daß entweder das Mädchen die sexuellen Reaktionen des Täters ausgelöst hat oder daß sie das ganze nur phantasiert hat. Beides vergrößert bis jetzt noch immer die Selbstzweifel der Betroffenen. Denn immer wieder denken die Betroffenen: das ist so schlimm, das kann fast nicht geschehen sein, wahrscheinlich habe ich mir das alles nur ausgedacht. Vielleicht ist es überhaupt nicht geschehen. Hierin werden sie durch jede Reaktion unterstützt, die hinter ihre Erfahrungen ein Fragezeichen setzt. Schlimmer ist es noch mit der anderen Unterstellung, sie hätten schuld daran. Denn die meisten Betroffenen erzählen ja auch, daß sie alles mögliche tun wollten, um von ihrem Vater geliebt zu werden. Auch vermuten beziehungsweise wissen viele Betroffenen, daß sie bei den ganzen traumatischen Erfahrungen, wie schlimm und ekelhaft sie auch gewesen sein mögen, oft irgend etwas Positives, Schönes, Warmes gefühlt haben.

Es ist auch eine normale Reaktion, wenn das Kind etwas Positives fühlt, wie schwierig und bedrückend die Situation auch ist. Diese Gefühle hängen aber mit der Körpererfahrung zusammen und dürfen vor allem nicht als Bewertung der Situation oder als Ausdruck von Wohlbefinden in der Beziehung interpretiert werden. Der größte Fehler, den man hier machen kann und der von vielen immer wieder gemacht wird, ist die kindlichen Erfahrungen mit erwachsenen Augen zu deuten. Und selbstverständlich wird es noch schlimmer, wenn sie so gedeutet werden, wie es den Erwachsenen am besten paßt. Es ist normal, daß Kinder sexuell erregt werden, auch beim Fernsehen beispielsweise. Aber für sie hat es nicht die gleiche Bedeutung wie für einen Erwachsenen, denn für Kinder ist es lediglich eine Empfindung.

Es ist eine normale menschliche Reaktion, wenn wir Körperberührungen wahrnehmen, Körperempfindungen spüren und wenn diese bei uns bestimmte Gefühle auslösen. So ist es üblich, daß wir beim Empfinden eines bestimmten Körperschmerzes, wenn wir beispielsweise mit dem Kopf gegen einen Gegenstand stoßen, mit Schreien, Schimpfen, Weinen reagieren. Wenn jemand auf diese Erfahrung mit Lachen oder Weitergehen, als ob überhaupt nichts geschehen ist, reagiert, wundern wir uns doch darüber und vermuten, daß irgendeine Art Störung vorliegt. Vergleichbar ist das mit positiven Körperberührungen. Wenn ich jemanden, den ich mag, zärtlich umarme, bin ich wohl sehr erstaunt, wenn er mit lautem Schreien und Schimpfen reagiert. Ich finde die Reaktion nicht üblich und kann nur vermuten, daß da ein Problem zwischen uns vorliegt. Auch wenn derjenige überhaupt nicht reagiert und so tut, als ob er meine Umarmung überhaupt nicht wahrnimmt, bin ich erstaunt und vermute eine Störung. Schlußfolgernd können wir sagen, daß wir es für sehr normal halten, wenn Kinder Körperberührungen wahrnehmen und Empfindungen spüren und dadurch Gefühle auftauchen. Bei positiven Berührungen sind das positive Gefühle. Es wäre wohl sehr komisch zu erwarten, daß ein Kind auf eine positive Körperberührung ein negatives Gefühl hat oder zu erwarten, daß es überhaupt nichts fühlt. Was macht überhaupt die Gesellschaft hier mit den Kindern, indem sie ihm seine schönen Gefühle verbietet oder wenigstens übelnimmt. In vielen Inzestsituationen handelt es sich um Täter, für die die Kinder ein positives Gefühl haben, viel Vertrauen und das Gefühl, daß von ihnen nur Gutes kommt. In vielen Inzestsituationen handelt es sich nicht nur um Körperverletzung und Vergewaltigung. Mancher Täter liebkost das Kind, streichelt es, schmust, berührt zärtlich die Klitoris. Trotz aller Ohnmacht, Angst und Verwirrung gibt es da eine positive Körperberührung, worauf das Kind, das hoffentlich bisher in seiner Entwicklung noch keine tiefen Störungen erlitten hat, eindeutig nur mit positiven Gefühlen reagieren kann, auch wenn ihm das seine Gedanken und seine ganze Umwelt verbieten. Es wird doch wirklich die Welt auf den Kopf gestellt, wenn man dem Kind übelnimmt, daß es die Berührungen gespürt hat und daß das bei ihm positive Empfindungen hervorgerufen hat, wie es bei jedem anderen Menschen der Fall sein würde. Wenn mir kalt ist, bekomme ich eine Gänsehaut, ob ich will oder nicht. Wenn mich einer kitzelt, muß ich lachen, auch wenn ich es zu unterdrücken versuche.

Wenn in der traumatischen Inzesterfahrung auch nur einige, positive, leichte, zärtliche Berührungen stattgefunden haben, gibt es nur eine gesunde Reaktionsmöglichkeit: das Mädchen hat es auch schön gefunden. Jede Erwartung, daß das Kind dieses Gefühl nicht hat beziehungsweise haben darf, ist eine Perversität. Jeder, der diese Erwartung hat, glaubt, daß das Kind schon frigide ist, bevor es entdeckt hat, was Sexualität ist.

Das dualistische Denken drängt die Betroffene nur noch weiter in die Ecke. Wissenschaftler und Therapeuten, die ihre Arbeitsweise auf diese Gedanken gründen, haben nämlich nur die Entweder-oder-Wahl: Es war grausam oder es war schön. Wenn es grausam war, kann es nicht auch schön sein, und wenn es schön war, kann es nicht auch grausam sein. Diese Gedanken widersprechen dem Bereich der menschlichen Erfahrungen völlig und insbesondere auch den Erfahrungen, die die Inzestbetroffenen machen. Um zu verstehen, was sie durchlebt haben, hilft uns nur das dialektische Denken, worin ein Platz für die Einheit der Widersprüche ist. Hier gibt es keine Entweder-oder-Wahl, sondern eine Und-Möglichkeit. Das eine schließt das andere nicht aus. Widersprüche beinhalten einander (wir kennen Licht nur, weil wir Dunkel kennen, Traurigkeit, weil wir Freude kennen) und sind oft gleichzeitig vorhanden (im lebenden Organismus sterben ständig Zellen, gestorbene Pflanzen sind Ernährung für neue Gewächse). Das bedeutet, daß für viele Betroffene die Inzesterfahrungen grausam und gleichzeitig auch schön waren. Daß da schöne Momente waren, läßt die Grausamkeit nicht verschwinden, verringert sie auch kein Stück. Es war auch nicht schön, weil es grausam war. Es war einfach grausam, und es war auch schön.

In unseren Therapien und Supervisionen stellen wir fest, daß viele Therapeuten um dieses Thema einen großen Bogen machen. Sie sprechen es nicht an, trauen sich nicht nachzufragen, denn sie wissen nicht, was sie damit anfangen sollen, wenn die Klientin sagt beziehungsweise entdeckt, daß sie es auch schön gefunden hat. Mit dem Totschweigen dieses Themas macht der Therapeut aber das Gleiche, was die Klientin schon mit sich gemacht hat: »Ich tue, als ob es nicht da ist.« Damit fühlt sie sich in ihrem Schuldgefühl bestärkt, das sie seit der Erfahrung aufgebaut hat: »Ich hatte auch schöne Gefühle, aber die dürfen ja überhaupt nicht sein. Das macht mich nur noch schlechter und schmutziger.« Gerade dieses Gefühl soll vom Therapeuten durchbrochen und korrigiert werden, indem er klar, gezielt nachfragt und ihre schönen Gefühle auch akzeptiert. Wir denken, daß es letztlich nur eine richtige Reaktion geben kann, nämlich wenn der Therapeut authentisch sagen kann: »Sei froh, daß du es schön gefunden hast.« Dann hat die Klientin wenigstens an dieser Stelle noch ihre Gefühle richtig wahrgenommen und wird darin unterstützt, wenigstens hier sich selbst richtig gespürt zu haben. Wir bedauern es, daß auch in der feministischen Literatur, die doch vor allem die Frauen verteidigen und den Betroffenen ihren Selbstwert zurückgeben will, dieser Aspekt so wenig berücksichtigt wird. Es scheint, daß manche sich damit beschäftigen, die Aggression auf den Täter abzulassen, dabei aber die Betroffene ziemlich alleine hängen lassen. Inwieweit berücksichtigen sie auch die Vielschichtigkeit der Gefühle der betroffenen Mädchen beziehungsweise Frauen? Hier richtet sich auch unsere Hauptkritik auf den Ausdruck ›sexueller Mißbrauch‹. Denn auch ›Mißbrauch‹ paßt in ein dualistisches Denken. Mißbrauch ist nur negativ und von einem moralistischen Standpunkt aus, darf die Berührung in keinem Moment als schön empfunden worden sein. Wir finden diesen für die Betroffene so schwierigen Aspekt, der verschiedene Gefühle überhaupt nicht berücksichtigt, zum Beispiel bei: Armstrong, Gardiner-Sirtl, Masson, Rosh, Lohstöter und Kavemann. Miller schreibt zwar viel über die ambivalenten Gefühle des Kindes dem Täter gegenüber, aber nichts über die widersprüchlichen Gefühle, die das Kind in sich selbst empfindet im Moment der traumatischen Erfahrung. Rijnaarts beschreibt zwar, wie sich das Kind von seinem eigenen Körper verraten fühlt, wenn es in der Situation einen Orgasmus bekommt, aber negiert auch weiterhin die Bedeutung der positiven Gefühle, die das Kind in der Situation in seinem Körper empfindet. Die Betroffene kommt durch das dualistische Denken, das in unserer Gesellschaft üblich ist, mit dem Wort ›Mißbrauch‹ in große Schwierigkeiten. Denn wenn sie es tatsächlich auch schön gefunden hat, gibt es für sie und ihre Umwelt nur zwei mögliche Schlußfolgerungen: »Dann wird das wohl auch nicht so schlimm gewesen sein« und »Dann liebe ich offensichtlich Gewalt in der Sexualität«, womit die Betroffene sich zur Masochistin macht.

Schön und grausam sind in diesem Fall aber keineswegs kausal miteinander verbunden. Die Gesamtsituation der Inzesterfahrung ist als solche grausam für das Kind. Die Situation entspricht nicht seinen Bedürfnissen, nicht seiner Erlebniswelt, nicht seinen Phantasien. Das ist das eine. Das andere ist, daß in dieser Situation etwas mit seinem Körper gemacht wird. Auf positive Berührungen reagiert der Körper positiv, und es entstehen positive Gefühle. Und da ist wohl ein kausaler Zusammenhang: Eine bestimmte Berührung löst ein bestimmtes Gefühl aus. Was machen wir mit einem Kind, wenn wir ihm seine positiven Gefühle auf positive Berührungen versagen? Als ob die Verwirrung der ganzen Situation nicht ausreicht, wird nach dieser Erfahrung regelmäßig die Gefühlswelt der Betroffenen durcheinandergeschmissen. Denn man erwartet offensichtlich, daß das Kind auf positive Berührungen entweder nicht oder (besser noch?) mit negativen Gefühlen reagiert.

Der Täter ist verantwortlich

Und wenn es trotz allem doch etwas Positives empfunden hat? Dann reagiert jeder mit dem in unserer Gesellschaft offensichtlich fast schönsten Spiel, dem Zuschieben von Schuld. »Dann wird sie wohl auch was dafür getan haben, daß es soweit gekommen ist.« Und das fällt bei den Betroffenen leider wieder auf fruchtbaren Boden, denn sie haben von klein auf gelernt, daß sie sich für alles schuldig fühlen sollen.

Und an dieser Stelle fängt die große Irreführung der Fachleute an, die noch immer dem mißbrauchten Kind die Schuld zuschieben und dem Täter verzeihen.

Schon 1887 erkannte Freud die Inzestproblematik und daß sie vielen emotionalen Störungen erwachsener Frauen zugrunde liegt.

Er stellt sich eindeutig hinter die betroffenen Mädchen. Hysterische Symptome sind für ihn auf sexuelle Erfahrungen im Kindesalter zurückzuführen. Er spricht von der Perversität des Täters und der Verführung durch den Vater. Auch seinen eigenen Vater schließt er hier nicht aus. In dieser Theorie wird er von allen Kollegen, selbstverständlich alles Männer, stark angegriffen. Dennoch forscht er weiter und bestätigt seine Theorie immer mehr. Dann stirbt 1896 sein Vater, und in der Nacht nach der Beerdigung hat Freud einen Traum, worin ihn ein Schild fasziniert, mit dem Text: »Die Augen werden geschlossen«, und 1897 teilt Freud seinem Freund Fließ mit, daß er seine eigene Theorie nicht mehr glaubt. Er entwickelt die Theorie, worin das Mädchen sich nach seinem Vater sehnt und unerfüllte sexuelle Wünsche in bezug auf ihren Vater entwickelt.

Mit dieser Theorie verletzen Freud und alle Psychotherapeuten, die nach ihm diese Theorie dankbar aufgegriffen haben, die Betroffenen auf zwei Arten grob:

Das, was real passiert ist, was die Betroffene wirklich erlebt hat, wird abgehandelt als wäre es eine Phantasie gewesen.

Schuld an der emotionalen Störung, die aus dieser sexuellen Phantasie entsteht, hat nur das Kind, weil es ein nichterfülltes sexuelles Verlangen nach seinem Vater hat.

Diese Theorie wurde zwar vor hundert Jahren entwickelt, ist jedoch, wie verschiedene Beispiele zeigen, auch 1990 noch immer sehr aktuell. Obwohl wichtige Psychoanalytiker, wie Ferencsi und Robert Fließ, etwa 1930 und 1960 die Ursprungstheorie von Freud wieder aufgegriffen und bestätigt haben, hat das zu keinen großartigen Veränderungen in den psychotherapeutischen Ansätzen geführt. Sie haben leider auch kein brauchbares Therapiekonzept entwickelt. Und so halten noch viele dankbar an einer Ödipus- oder Elektraphantasie fest, wo es um konkrete sexuelle Handlungen geht, für die ausschließlich der männliche Täter der Verantwortliche ist. Und so kann es passieren, daß auch jetzt noch viele der Meinung sind, daß das Mädchen die Verführerin sei.

Erotik und Sexualität

Nun kann es auch aus unserer Sicht tatsächlich so sein, daß das kleine Mädchen verführerisch ist und sich verführerisch verhält. Verführen ist aber noch längst keine Einladung zu sexuellen Handlungen. Verführen gehört in den Bereich der Erotik. Erotik ist der Bereich der sinnlichen Liebe, die sich in dem Spannungsfeld zwischen Nähe und Distanz entwickelt. Zum größten Teil wird sie in dem Bereich der nicht direkten körperlichen Berührung entwickelt. Es ist flirten, locken, wegdrehen, sich zeigen, leichte aufregende Berührungen, Aufbauen von Spannung, mit seinem Körper, mit und ohne Kleidung, so mit anderen umgehen, daß es eine attraktive Wirkung hat.

In der Sexualität kann ein Teil der Erotik vorhanden sein, sie ist aber damit nicht gleichzusetzen. Sexualität ist ein körperlicher Kontakt, wobei die Geschlechtsteile und erogenen Zonen bewußt berührt werden.

Während in der Erotik der Schwerpunkt auf dem genußvollen Erleben des eigenen Körpers und der Spannung im Kontakt liegt, ist in der Sexualität eher das genußvolle Erlebnis von beiden Körpern gemeinsam zentral. In der Sexualität geht es nicht mehr um Nähe und Distanz, um das Aufbauen von Spannung, sondern um Aufbauen von Erregung mit dem Orgasmus als Höhepunkt.

Es hat etwas Unnatürliches, diese beiden Elemente, die so nah miteinander verknüpft sind, auseinanderzureißen. Dennoch halten wir es für sehr wichtig. Und künstlich ist die Trennung nicht. Wenn jemand über einen erotischen Kontakt spricht, meint er etwas ganz anderes als einen sexuellen Kontakt. Auch in unseren Paartherapien stellen wir häufig fest, daß der sexuelle Kontakt zwar da ist, aber daß die Erotik zwischen den Partnern völlig verschwunden ist. Sie scheint oft nur zu funktionieren, wenn man einander noch finden und locken will, und zu verschwinden, sobald man einander gefunden hat. Auch in unserer Arbeit mit Inzestbetroffenen ist diese Trennung sehr sinnvoll. Denn für das Kind sind beide Bereiche noch sehr deutlich getrennt. In den Bereich der Erotik übt das Kind sich auch sehr schnell ein. Aber von dem, was wir über Sexualität geschrieben haben, interessiert es meistens nur, warum Pimmel und Möse unterschiedlich aussehen, wie das bei ihm aussieht und wie das bei Erwachsenen ist, wie man damit spielen kann, welche Gefühle man dadurch bekommen kann. Daß man andere Gefühle bekommt, wenn man gemeinsam damit über längere Zeit spielt und daß man dadurch auch noch zu einem sogenannten Höhepunkt kommen kann, das liegt wohl weit außerhalb seiner Erlebniswelt.

Die kleine Verführerin ist keine ›Femme fatale‹

Wie das Mädchen lernt, daß zwei und zwei vier ist, indem es zum Beispiel mit Papas Hemdknöpfen übt, will es auch das Verführen lernen. Das Zählen übt es tausendmal, und einen Ball kann es endlos von einem Hügel herunterrollen lassen. Dabei ist die Feststellung, daß der Ball offensichtlich herunterrollt, nicht ausreichend. Das Erlebnis, daß er das jedesmal wieder macht, ist für das Kind das Faszinierendste. Es lernt Sachen, indem es sie immer wieder tut, und jedesmal lernt es etwas Neues hinzu. Ein Lernbereich ist auch das Verführen. Es will auch lernen, mit Nähe und Distanz umzugehen, in Beziehungen zu spielen und sich selbst zu finden, die Spannung eines Kontaktes zu spüren, das schöne Gefühl, angenommen und gewünscht zu werden, aber auch das schlechte Gefühl, abgelehnt zu werden. Alle Erfahrungen sammelt es, um Stückchen für Stückchen seine Identität aufzubauen. Ein sehr wesentliches Element unserer Identität ist nicht die Zwei-und-zwei-Kenntnis, sondern die Erfahrungen im Spannungsfeld zwischen zwei Menschen.

Die Aufgabe von Erwachsenen ist es, Kinder in die Welt der Erfahrungen und Erlebnisse einzuführen, zu begleiten, zu unterstützen, zu schützen, zu fördern und zu helfen. Wie die Eltern dem Kind helfen, zwei und zwei ist vier zu lernen, sollten sie ihm auch helfen, das Verführen zu lernen. Nicht indem wir ihnen unsere Erwachsenenwelt überstülpen, sondern indem wir ihnen ihre kindlichen Erfahrungen ermöglichen und sie dabei begleiten, die Erfahrungen und sich selbst zu verstehen. Wenn das Kind fragt: Papa, wieviel ist zwei und zwei, reagiert der Vater hoffentlich doch auch nicht mit einer Formel aus dem Differenzialrechnen. Nein, er versteht, daß das Kind lernt, ermöglicht ihm das und erklärt ihm ein Stückchen unserer Welt. Wenn ein sechsjähriges Mädchen fragt: »Papa, sehe ich nicht schön aus?« und dabei seinen Rock hochhebt, verstehen inzestuöse Täter und ihre vielen Verteidiger plötzlich nicht, daß das Kind auch da lernt. Nein, in dem Moment soll sie plötzlich ihren Vater verführt haben. Tatsächlich sehen viele Kinder in ihrer Unschuld toll aus. Sie sind attraktiv in ihrer Schönheit, Zärtlichkeit, in ihren graziösen zierlichen Bewegungen, ihrer Leichtsinnigkeit und in ihrem vollen Vertrauen. Wenn sie dann auch noch in das Spannungsfeld der Erotik eintreten, indem sie mit Nähe und Distanz spielen, indem sie ihren Körper zeigen und bewundert werden wollen, indem sie sich anschmeicheln, kann das selbstverständlich bei dem erwachsenen Mann erotische Gefühle auslösen und sogar auch sexuelle Wünsche. Dafür ist das Kind aber nicht verantwortlich. Es ist auch nicht verantwortlich für die Antwort, die der Vater gibt auf die Frage: Wieviel ist zwei und zwei. Abhängig von seinem eigenen sexuellen Leben, wird der erwachsene Mann auf dieses verführende Mädchen reagieren. Für diese Reaktion ist aber nur ausschließlich der erwachsene Mann selber verantwortlich.

Die Möglichkeit, das Verführen zu lernen, braucht jedes Kind und soll es auch haben. Wichtig dabei ist, daß wir als Erwachsene dieses Lernen auch als ein Lernen des Kindes betrachten. Das bedeutet, daß das Verführen des Kindes kein anderes Ziel hat als das Verführen selber. Das Kind ist fasziniert von dem, was durch die Spannung im Kontakt entsteht. Das Kind ist fasziniert von der Begeisterung, die es erlebt, wenn es schön aussieht, gemocht wird, wenn es eine schöne Bewegung macht und so weiter. Nur das. Nicht mehr. So, wie es den Ball herunterrollen läßt, weil der Ball herunterrollt. Der Erwachsene reagiert auf einer völlig falschen Ebene, wenn er dieses kindliche Üben als eine erwachsene Handlung betrachtet. In der Erotik der Erwachsenen ist oft eine Verbindung mit der Sexualität vorhanden: in mancher Verführung steckt eine Einladung zum sexuellen Kontakt. Aber auch da oft nicht. Oft findet auch zwischen Erwachsenen eine erotische Verführung statt, ausschließlich wegen der Spannung. Verführung um der Verführung willen. Nicht mehr. Bei einem Kind ist die Verbindung mit der Sexualität sicherlich nicht in der Verführung vorhanden. Kein Kind, das sich bei einem Erwachsenen ankuschelt, will damit die Botschaft übermitteln: »Ich möchte mit dir schlafen.« Wenn der Erwachsene das so versteht, beschäftigt er sich nur mit sich selbst und keine Sekunde mit dem Kind. In dem Moment wird die Zärtlichkeit des Kindes mit der Leidenschaft von Erwachsenen verwechselt. Auf diese Weise führt das Bedürfnis nach Geborgenheit, Wärme und Intimität zu Sexualität, Macht und Aggression. In der Verführung von einem Kind in irgendeinem Sinne etwas von einem Wunsch nach sexuellem Kontakt zu sehen, ist »adultomorph«, was bedeutet, daß dem Kind Motive von Erwachsenen zugeschoben werden.[29] Es ist nichts anderes, als eine Projektion von den Erwachsenen, die, indem sie das Spiel von dem Kind, sein lebensnotwendiges Lernen nicht wahrnehmen, versuchen, damit ihr eigenes Gewissen zu entlasten. Diese Entlastung darf von Therapeuten nie unterstützt werden. Denn der Schmutz, den der Erwachsene auf diese Weise von sich abgewaschen hat, hat die Betroffene berührt, und sie spürt das überall an ihrem Körper.

Sie nimmt sich ihre möglichen schönen Gefühle übel und noch viel mehr, daß sie vielleicht auch versucht hat, das Verführen zu lernen. Ab dem Moment hat sie das Spiel der Verführung aus ihrem Leben endgültig gestrichen. Wir erkennen das an ihrer Kleidung (die darf nicht attraktiv, nicht erotisch sein), in ihren Bewegungen (die dürfen nicht geschmeidig, nicht graziös sein) und an ihrem Körper (der darf überhaupt nicht schön aussehen).

Schmutz entfernen

Jede Betroffene hat das ängstliche Gefühl, irgendwann entdecken zu müssen, daß sie damals tatsächlich verführerische Qualitäten hatte, die sie dann aus ihrer jetzigen Sicht als Erwachsene ablehnen würde, weil sie mittlerweile soviel gesellschaftlichen Schmutz mitbekommen hat, daß auch sie glauben muß, ihre kindliche Verführung hätte ein sexuelles Ziel gehabt. Das macht die therapeutische Arbeit mit diesem Thema ganz anders, als das Suchen nach dem verbannten Mädchen. Denn das verführende Kind will die Betroffene überhaupt nicht mehr finden, denn damit wäre sie gleichzeitig auch an der ganzen Erfahrung schuld. Aus diesem Grund fängt hier die therapeutische Arbeit erst mit Schmutzentfernen und mit Reinigen an. Das tun wir nicht, indem wir die Klientin nach ihren Erfahrungen fragen, sondern indem wir ihr das, was wir hier über die kindliche Verführung geschrieben haben, erzählen. Das fassen wir dann zusammen in dem Satz:

Hoffentlich hast du als Kind versucht, das Verführen zu lernen, denn wenn du das zu Hause als Kind nicht darfst, wo sollst du es dann noch üben.

In unserer Arbeit mit Inzestbetroffenen haben wir erfahren, daß wir diese Erlaubnis sehr oft wiederholen müssen. Denn es dauert sehr lange, bis das verführende Kind einen fast hundertjährigen Freudschen Irrtum überwunden hat.

Dennoch reicht diese wiederholte Erlaubnis nicht aus. Sie reicht nicht soweit, daß die Betroffene ihrem inneren Kind diese Erlaubnis gibt, und überhaupt nicht soweit, daß sie ihrem Kind sagen kann: »Es ist gerade gut, daß du versucht hast zu verführen, denn du solltest das lernen.« Weil die Verurteilung des verführenden Mädchens überwiegend keine Erfahrungsproblematik ist, sondern ein kognitives, moralisches Problem, liegt der Schwerpunkt in dieser Phase der Therapie vor allem auf dem kognitiven Niveau. Zuerst ist es wichtig, daß die Betroffene verstehen kann, wie ein derartig negatives Bild eines Mädchens von Erwachsenen entwickelt wird und wie eine solche Theorie zu Unrecht den Erwachsenen schont. Obwohl die Betroffene oft noch so voller Schuld und Scham ist, daß sie sich nur verurteilen will beziehungsweise muß, ist es dennoch wichtig, regelmäßig daran zu arbeiten, ihre Sicht auf die Gesamtsituation zu erweitern. Dazu bitten wir die Klientin, für einen Moment Abstand von ihrer eigenen Geschichte zu nehmen und, als wäre sie eine andere Person, zu betrachten wie Erwachsene und Kind miteinander umgehen. Wir versuchen gemeinsam herauszufinden, wie Erwachsene auf Kinder reagieren können, wie Inzesttäter auf Mädchen reagieren und wie Erwachsene unserer Ansicht nach auf Kinder reagieren sollten. Wenn wir eine Klientin fragen, wie sie auf ein Kind reagieren würde, das sich versteckt, gesucht werden will und, wenn es einmal gefunden worden ist, auf ihren Schoß kriecht, wird ihr ziemlich schnell klar, daß ein Erwachsener üblicherweise auf ein Kind reagiert, indem er in das Spiel des Kindes einsteigt. Gleichzeitig wird deutlich, daß der Inzesttäter das mit ihr damals nicht gemacht hat. Er hat nicht ihr Spiel und ihre Bedürfnisse aufgegriffen und beantwortet, sondern seine eigenen Bedürfnisse. Das führt zu einem Kommunikationsmuster, wie wir es in Kapitel 6 beschrieben haben:

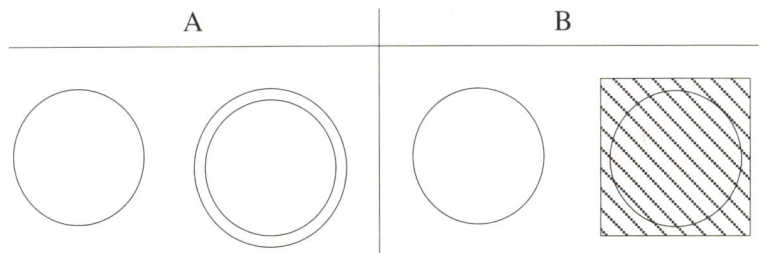

Der Erwachsene sieht das Verhalten des Kindes, registriert es auch und füllt es mit seinen eigenen Bedürfnissen. Das Kind ist zu der Zeit noch nicht in der Lage, seine Bedürfnisse adäquat auszudrücken. Es existiert eine Übereinstimmung zwischen seinem Handeln und seinen Wünschen. Der Erwachsene sieht aber nur sein Handeln und füllt es mit seinen eigenen Wünschen.

Was ist geschehen? Ein Erklärungsmodell mit Hilfe der Transaktionsanalyse
Weiterhin hat sich in unserer Arbeit das Erklärungssystem der Transaktionsanalyse, wie es Berne dargestellt hat, als sehr hilfreich und für die Klientin einsichtig erwiesen. Wir fassen dieses System kurz zusammen. Berne geht davon aus, daß zwischen Menschen immer Transaktionen abgeschlossen werden. In diesen Transaktionen können erwachsene Menschen auf drei Schichten reagieren.

Jeder Erwachsene hat also drei Ich-Elemente in sich: ein Eltern-Ich, ein Erwachsenen-Ich, ein Kind-Ich.

Das Eltern-Ich ist der Teil, den wir als Eltern beziehungsweise Erziehende übernommen und entwickelt haben. Es ist gekennzeichnet durch Aspekte wie Lob, Schutz, Erlaubnis, Ermutigung, Gebote, Verbote, Moral, Kritik, Abwertung, Warnung, Strafe.

Das Erwachsenen-Ich ist unser Teil, in dem wir unsere Erfahrungen mit unseren kognitiven Fähigkeiten verknüpft haben. Es ist gekennzeichnet durch Einsicht, Zusammenhänge erkennen, Realität erfassen, Fakten prüfen, Überblick, sich distanzieren können, beurteilen und entscheiden.

Das Kind-Ich ist der Teil unseres Kindseins, den wir auch mit unserem Älterwerden aufrechterhalten konnten. Es ist gekennzeichnet durch: Spontanes Handeln, Trotz, Rache, Hilflosigkeit, Direktheit, Ausdruck von Gefühlen, wie Trauer, Wut und Freude.

Berne hat sein Analysesystem für die Kommunikation zwischen Erwachsenen entwickelt. Durch seine therapeutische Erfahrung erkannte er, daß erwachsene Menschen nicht als totale Persönlichkeit reagieren, sondern immer schwerpunktmäßig auf der Basis einer dieser drei Ich-Zustände. So kann auf einen Partner als Eltern reagiert werden, als Erwachsener oder als Kind. Berne sagt aber nichts über die Art, wie Kinder reagieren können. Wir können aber davon ausgehen, daß bei Kindern ausschließlich das Kind-Ich vollständig entwickelt ist. Das Erwachsenen-Ich beginnt seine Entwicklung erst mit acht bis neun Jahren, entwickelt sich aber ganz langsam und hat die wichtigsten Entwicklungsphasen in der Pubertät und der Adoleszenz. Vom Eltern-Ich übernimmt schon ein kleines Kind sehr viel. Oft spricht es sich zu, als wäre es eines der Eltern: »Peter ist lieb gewesen, Peter darf ein Bonbon haben.« Das sind aber alles nur sehr kurze Momente, die das Kind in seine Persönlichkeit zu integrieren versucht, die aber jedenfalls noch längst nicht dazu führen, daß ein Kind auch über längere Zeit in der Lage ist, als Erwachsener zu reagieren. Es kann höchstens einige Zeit den Erwachsenen spielen: »Dann wäre ich der Vater, dann wärest du die Mutter und dann trinken wir jetzt Tee.« Schlußfolgernd können wir sagen, daß wir der Meinung sind, daß ein Kind nur eine Möglichkeit hat als Kind zu reagieren, nämlich mit seinem Kind-Ich. Das macht die Kommunikation zwischen Kind und Erwachsenen schon ein bißchen deutlicher. Die Vielfältigkeit der Reaktionsmöglichkeiten, die Erwachsene haben, fehlt dem Kind. Mit Bernes System können wir das schematisch wie folgt darstellen:

ERWACHSENER   KIND

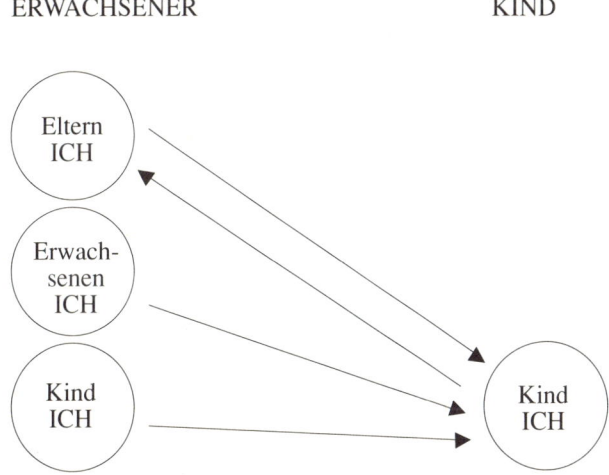

Wenn wir als Beispiel folgende Situation nehmen: An einem Morgen liegt der Vater noch im Bett, während die Mutter irgendwo in der Wohnung ist. Die siebenjährige Tochter kommt zu ihm ins Bett. Sie kuschelt sich an ihn, tobt ein wenig, legt sich auf seinen Bauch, fragt ihn, ob sie schöne Haare hat. Das ganze erregt den Vater derartig, daß er eine Erektion bekommt. Das spürt die Tochter, sie fühlt mit ihrer Hand auf seinem Bauch, berührt seinen Penis und fragt: »Was ist das denn Papa.«

Der Vater kann jetzt auf verschiedene Weise auf diese Situation reagieren:

– Er reagiert mit seinem Kind-Ich: Er benimmt sich als Kind und entwickelt aus der Situation eine Art Doktorspiel. Die Tochter soll sich ausziehen, er zieht sich auch aus. Er beguckt und betastet seine Tochter, um sie ›zu entdecken‹ und sie soll ihn berühren, um ihn ›zu entdecken‹. Dazu spricht er davon, wie schön und aufregend das alles ist und wie sie da zusammen doch ein spannendes Geheimnis haben.

Auf diese Weise haben zum Beispiel die in diesem Buch beschriebenen Personen, der Opa von Maria und der Vater von Barbara, reagiert. Dieses Verhalten beinhaltet, daß der Täter seinen Realitätssinn beiseite legt, wodurch er in dem Moment überhaupt nicht mehr wahrnimmt, was da tatsächlich abläuft. Er ist taub für sein Eltern-Ich, das ihm einflüstert, daß das nicht in Ordnung ist, was er da macht, und das ihm überhaupt den ethischen Unterschied zwischen gut und schlecht ermöglicht. Nein, er fühlt sich wie ein Kind mit einem Kind, die zusammen etwas Spannendes tun, was die Eltern verbieten könnten. Das führt dazu, daß diese Täter auch nachher ihre Situation überhaupt nicht erkennen. Sie verstehen nicht, daß sie mit dem Mädchen etwas ganz Schlimmes gemacht haben, daß sie keine Kinder waren, sondern erwachsene Männer. Er hat aus seiner Sicht schließlich nur als Kind auf Impulse des anderen Kindes reagiert, das angegeben hat, Doktor spielen zu wollen. Dennoch, ob er es versteht oder nicht, der erwachsene Mann ist in einer solchen Situation nicht nur Kind. Er kann zwar sein Kind-Ich in den Vordergrund stellen, dennoch hat er als Erwachsener die Verantwortung, seine beiden anderen Ich-Funktionen nicht lahmzulegen. Das Kind dagegen hat in dieser Situation nur eine Möglichkeit, nämlich als Kind zu reagieren. Ein Kind hat einfach nicht die Möglichkeit und die Fähigkeit, in einer derartigen Situation den Überblick und die Kontrolle zu bewahren. Das Kind läßt sich von seiner Neugierde und seinen Gefühlen führen. Und das sollen Kinder auch. Wir wollen bitte aus Kindern keine frühreifen Erwachsenen machen, weil die Erwachsenen ihr Erwachsen-Sein nicht akzeptieren können und noch immer Kind sein wollen. Das Kind sieht auch in der Situation, und zu Recht, in dem Täter aber noch immer den Erwachsenen und den Elternteil, der schon weiß was gut ist. Schematisch können wir diese Situation wie folgt darstellen:

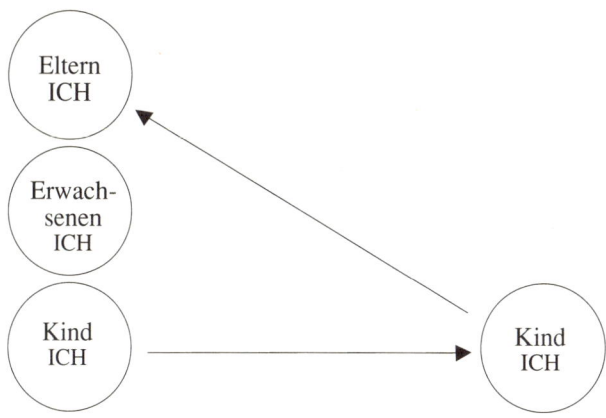

– Eine andere Möglichkeit ist, daß der Vater mit seinem Erwachsenen-Ich reagiert. Dabei reagiert er nicht auf ein Kind, sondern auf einen gleichaltrigen Partner. Das bedeutet, daß er das Kind aus seinem Kind-Ich in ein Erwachsenen-Ich projiziert. Er fühlt sich und reagiert, als wäre er mit seinem Partner zusammen. Er nimmt das Kind in seinem realen Alter nicht mehr wahr. Er nimmt nur sich mit seinen Gefühlen und Bedürfnissen wahr und erlebt das Kind als dasjenige, mit dem er seine Bedürfnisse befriedigen kann. Er geht zärtlich oder brutal mit ihm um, wie er das sonst auch mit einem erwachsenen Partner tun würde. Er versteht die Frage nach den Haaren und das Berühren seines Penis durch seine Tochter als eine verführende Einladung zu sexuellem Kontakt. Er berührt das Mädchen, als wäre es erwachsen, will auch alles mit ihm machen, wie er es mit einem erwachsenen Partner tun würde. Das bedeutet auch, daß er zärtlich zu ihm sein kann und auch versucht seine sexuellen Bedürfnisse zu wecken und zu befriedigen, als wäre es eine erwachsene Frau. Weil es für ihn in dem Moment ein Kontakt zwischen zwei Erwachsenen ist, ist es völlig in Ordnung, und er hat die ethischen Fragen seines Erwachsenen-Ichs, soweit vorhanden, beruhigt. Das Kind aber ist und bleibt nur Kind. Der Täter begreift in der Situation überhaupt nicht, daß er dem Kind Gefühle und Bedürfnisse vermittelt, die seiner Welt noch längst nicht entsprechen. Deswegen verstehen diese Täter oft auch nicht, was an ihren Handlungen so falsch ist. Sie reagieren dann zum Beispiel mit: »Aber ich habe doch auch für sie gesorgt, sie hat es doch auch schön gefunden.« Bei näherem Nachfragen und Erklären sind diese Täter aber oft in der Lage, ihre Kontrolle und den Überblick zurückzugewinnen und zu verstehen, was sie wirklich gemacht haben. Daß sie nicht einen Ersatzpartner vor sich hatten, sondern ein Kind. Auch in dieser Situation hat das Kind keine anderen Möglichkeiten, als wie ein Kind zu reagieren. Es kann sein Kindesalter nicht verlassen und nicht auf die Stufe des Erwachsenen-Ich hochgehoben werden. Im Täter sieht es nach wie vor denjenigen, der weiß was gut ist, der ihr nur Gutes tun will. Vieles von dem, was er macht und sagt, versteht das Kind überhaupt nicht, weil es seinem Alter nicht entspricht. Von den in diesem Buch beschriebenen Situationen können wir die Vorgehensweise von Ursulas Vater in dieses Reaktionsmuster einordnen. Er geht mit ihr um, als wäre sie sein Partner. Daß er sie auch noch behandelt, als wäre sie sein Besitz, sein Objekt, hat mit dieser Kommunikationsproblematik nichts zu tun. Es gibt nämlich viele Männer, die, leider noch immer, auch auf diese Weise mit ihrem erwachsenen Partner umgehen. Schematisch sieht diese Situation wie folgt aus:

– Der Täter kann auch mit seinem Eltern-Ich reagieren. Er schützt

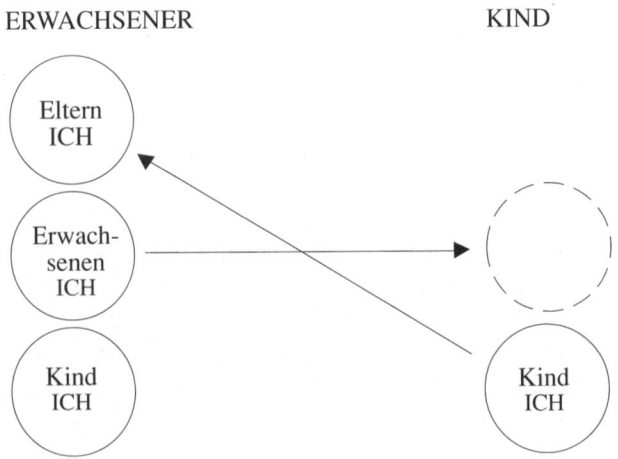

208

das Kind vor Erfahrungen, mit denen es jetzt noch nichts anfangen kann und die es bedrohen und verwirren würden. Er bleibt sich darüber im klaren, daß er der Erwachsene ist, der das Kind vor Gefahren schützt, ihm altersgerechte Erlebnisse ermöglicht und dem Kind die Welt erklärt, insoweit er dazu in der Lage ist. In diesem Fall könnte er seiner Tochter sagen, daß ihre Berührungen schön für ihn waren, daß er sie gerne hat und daß ihn das auch aufgeregt hat. Er könnte seiner Tochter erzählen, was eine Erektion ist, wie so etwas passiert und was das überhaupt soll. Wir glauben nicht, daß die Tochter von sich aus daran interessiert ist, den steifen Penis auch zu sehen und weiter zu betasten. Der Vater braucht natürlich seine eigene Gefühlsverwirrung nicht zu verstecken, aber hoffentlich kann er das Ganze so vermitteln, daß das Kind nicht das Gefühl bekommt, daß es mit seinem Spielen etwas Falsches gemacht hat. Immerhin ist es wichtig, daß der Vater ihm auch zeigt und sagt, daß hier eine Intimitätsgrenze erreicht ist. Wie der Vater auch sonst seiner Tochter Grenzen vermittelt, zum Beispiel beim Spielen auf der Straße, kann er das selbstverständlich auch bei der Sexualität. Und wie auch sonst, hat er hier ebenfalls das Recht und die Möglichkeit, seine persönlichen Grenzen klar mitzuteilen und aufrechtzuerhalten. In dieser Reaktion ist der Kontakt auf beiden Seiten stimmig. Der Vater sieht in dem Kind das Kind, das Kind in seinem Vater den Vater. Schematisch wäre das so:

Wir möchten an dieser Stelle noch dafür plädieren, daß Väter nicht

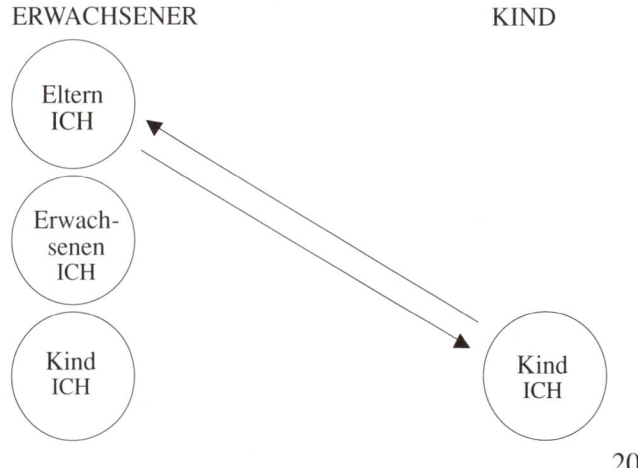

ERWACHSENER   KIND

Eltern
ICH

Erwach-
senen
ICH

Kind
ICH

Kind
ICH

aus Angst vor Inzestsituationen Kuschelmöglichkeiten mit dem Kind meiden. Weil wir beim Schwimmen ertrinken können, bedeutet das noch nicht, daß wir nicht mehr schwimmen gehen. Es bedeutet nur, daß wir in bestimmtes Wasser oder bei bestimmten Wetterbedingungen nicht schwimmen gehen. Die vielen Veröffentlichungen über Inzest und ihre Folgen sind ein kostbares Gut. Es ist sehr wertvoll, daß die Betroffenen sich melden und daß jeder Mensch sich irgendwann mit diesem Thema befassen muß. Wir sollten es aber nicht zu einer Hysterie machen. Das Ziel sollte ein großes Warnzeichen sein, wie: »Sei in diesem Wasser vorsichtig.« Dieses Schild ist nicht gleichzusetzen mit: »Hab Angst in diesem Wasser.« Wir möchten, daß Väter, Onkel und Großväter weiterhin kleine Mädchen in den Arm und auf den Schoß nehmen und mit ihnen kuscheln. Solange sie dabei als Eltern reagieren und dem Kind sein Verführungsspiel gönnen. Wenn diese Situation angstbesetzt werden würde, könnte bei vielen Kindern ein noch größeres Defizit an väterlicher Körperwärme entstehen. Denn viele Kinder können ihren Vater grundsätzlich schon wenig erfahren. Wir möchten nicht, daß sie sich noch weiter voneinander entfernen.

Selbstverständlich haben wir mit diesem Schema der Transaktionsanalyse die Vielschichtigkeit der Inzesterfahrungen auf einige wesentliche Merkmale reduziert. Damit möchten wir nicht die Komplexität der Beziehung zwischen Inzestbetroffenen und Tätern negieren. Die Situation ist aber zu komplex für die Betroffene, um sie zu durchschauen und zu analysieren. Mit diesem Analyse-Modell kann sie lernen, sich selbst und den Täter voneinander zu trennen und unterschiedlich wahrzunehmen. Sie kann auch lernen zu durchschauen, was sie mit sich selbst macht, wenn sie sich jetzt als kleines Mädchen betrachtet. Denn genauso wie der Täter sie zu einer unangemessenen Erwachsenen-Ich-Ebene hochgezogen hat, zieht sie sich selbst als Kind regelmäßig zur Eltern-Ich-Ebene. Sie erwartet von sich als Kind, daß sie in der Lage gewesen wäre die Situation zu durchschauen, zu wissen, was gut und schlecht ist, zu verstehen, daß diese Situation schlecht ist (obwohl das real vorhandene Eltern-Ich sagt und vermittelt, daß es in Ordnung ist) und daß sie als Eltern-Ich in der Lage gewesen wäre, sich gegen das andere

Eltern-Ich zu wehren. Das Gefühl, daß sie überfordert ist und sich selbst überfordert, wird auf diese Weise für sie greifbar und durchschaubar. Dadurch hat sie auch die Möglichkeit, die einzelnen Teile zu trennen und zu versuchen, sich als Kind wirklich als Kind zu betrachten. Das, was sie mit sich selbst macht, können wir im Schema wie folgt darstellen:

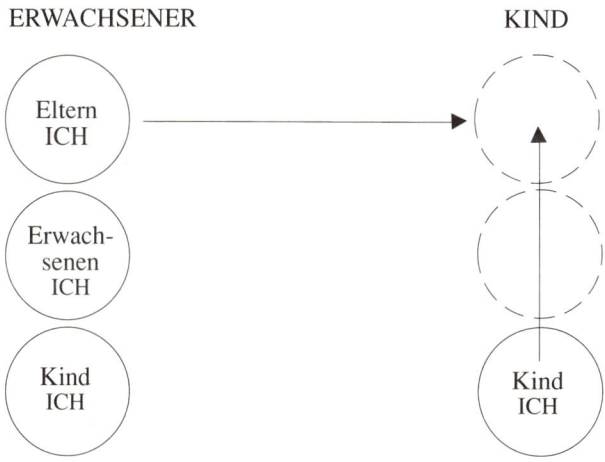

Die erwachsene Klientin beurteilt mit ihrem Eltern-Ich das nicht vorhandene Eltern-Ich in ihrer Kindheit. Sie meint, daß sie es damals haben hätte sollen.

Wiederentdecken der Lust

Die hier vorgestellte Analyse wird selbstverständlich mit den Erfahrungen der Betroffenen verknüpft. Das führt meistens dazu, daß sie diese Erfahrungen jetzt unter einem anderen Blickwinkel betrachten kann. Wir müssen dabei nicht wieder ausschließlich an eine Therapiesitzung denken, denn auch hier liegt die Kraft in der Wiederholung. Durchschnittlich hat die Therapie bis zu diesem Prozeß schon etwa ein Jahr gedauert. Zum Teil haben wir uns in mehreren Sitzungen mit dem gleichen Thema, zum Teil in jeder Sitzung mit einem anderen Thema befaßt. Dabei ist es nicht wichtig, in einer Sitzung ein Thema ganz ausgiebig zu behandeln, weil gerade bei Inzestbetroffenen die Wiederholung eine sehr wichtige Rolle spielt. Das bedeutet, daß sie in einer bestimmten Regelmäßigkeit die wichtigsten Themen wiederholen. Wenn wir uns zum Beispiel in der achten Sitzung mit der Verführung beschäftigt haben, bemerken wir, daß die Klientin sich nach einer bestimmten Zeit, in der das Thema überhaupt keine Rolle spielte (etwa sieben bis zehn Sitzungen) wieder mehr damit auseinandersetzt. Das erste Mal ist die Entfernung vom Erwachsenenschmutz zentral, indem die Klientin versucht, ihr Verhalten als kleines Mädchen anders zu sehen, als der Täter es ihr aufgezwungen hat. Meistens wird diese kognitive Arbeit durch körperliche Aktivitäten ergänzt. Dabei beschäftigen wir uns mit der Frage, wie sich die Klientin wäscht, ob sie sich gerne wäscht, sich gerne pflegt, ihren Körper gerne säubert. Welches Gefühl ihr dieses Waschen vermittelt.[30] Im Laufe der Zeit kann die Betroffene ihr kleines verführendes Mädchen positiver beurteilen. Das führt dazu, daß auch die Verführung als solche einen großen Teil ihrer negativen Bewertung verloren hat. Sobald das ansatzweise vorhanden ist, können wir mit Aktivitäten beginnen, über die die Betroffene die Lust an der Erotik, an der Verführung und an der Sexualität allmählich wieder zurückgewinnen kann. Denn diese Lust, und nicht die beurteilende, negative Moral, ist die Voraussetzung um fehlende Erfahrungen in diesem Bereich zu ergänzen. Meistens fehlen etwa zehn bis dreißig Jahre Spaß und Freude an Erotik und Sexualität. Dadurch haben diese Betroffenen auf diesem Gebiet auch wenig Fähigkeiten aufbauen können und sich nur beschränkt kennengelernt. Das bedeutet, daß das Nachholen dieser fehlenden Erfahrungen auch mit vielen Unsicherheiten einhergeht. Deswegen brauchen diese Klientinnen viel Schutz und eine Atmosphäre, in der sie sich geborgen fühlen und versuchen können, diesen für sie so belastenden Bereich neu kennenzulernen. Es ist auch nur dann sinnvoll, damit anzufangen, wenn Neugierde und Spannung größer sind als das Gefühl des Schmutzes und des beurteilenden, verinnerlichten Täters.

Auch diese Übungen sind am schönsten, wenn sie in einer kleinen Gruppe mit Frauen und Männern stattfinden. Denn Verführung und

Erotik sind Elemente einer Beziehung zwischen Menschen. Das ist schlecht alleine zu üben und mit den Therapeuten gemeinsam ist das Übungsfeld auch sehr gering.

Von den Übungen, die wir durchführen, möchten wir hier einige beschreiben:

Kontaktsuche
Geht im Raum durcheinander und nehmt Kontakt zueinander auf in für euch harmloser Weise. Berührt einander an harmlosen Stellen.

Nehmt jetzt Kontakt zueinander auf in weniger harmloser Weise, berührt einander an weniger harmlosen Stellen. Probiere für dich aus, wo die Grenze liegt. Die Grenze von berühren und von berührt werden. Wo ist es schön, berührt zu werden, wo ist es unangenehm? An welchen Stellen ist es schön, einen anderen zu berühren, an welchen Stellen ist es unangenehm? Welche Stellen berührst du bei deinem Partner, welche klammerst du aus? Mit welchen Körperteilen berührst du ihn? Wie gehst du mit deiner Grenze um, wenn du berührt wirst? Warnst du, ziehst du dich schon weit vor der Grenze zurück, gehst du über die Grenze hinweg? Wie gehst du mit den Grenzen des anderen um? Respektierst und entdeckst du sie, versuchst du die Grenzen des Partners zu erweitern, lockst oder forderst du ihn, darüber hinaus zu gehen?

In kleinen Gruppen werden die Erfahrungen nachbesprochen. Schwerpunkte in dieser Besprechung sind: Was ist harmlos, was ist weniger harmlos? Sind es die Berührungen, die Art der Berührungen, die Stelle, derjenige der es macht? Welche Gefühle löst das aus? Wie ist jeder mit seinen Grenzen umgegangen und mit denen des anderen?

Selbstwahrnehmung – Fremdwahrnehmung
– Betrachte deinen Körper. Welche Körperteile vermitteln dir ein positives Gefühl, welche Teile magst du? Schreibe diese Teile auf ein Blatt Papier.

Welche Teile vermitteln dir ein negatives Gefühl, welche Körperteile magst du nicht, stören dich? Schreibe diese Teile auf die andere Seite des Papiers.

– Im Raum sind jetzt Kärtchen in zwei verschiedenen Farben vorhanden, die man einander an die Kleidung und an den Körper kleben kann. Zum Beispiel rot und blau. Rot: »Ich mag.« Blau: »Ich mag nicht.« Jeder sorgt dafür, daß er stets Kärtchen von jeder Farbe in der Hand hat, und klebt es irgend jemandem an die gemochten oder nicht gemochten Körperstellen.

– Jeder kommt dann – so von den anderen beklebt – mit seinem Block in die Mitte und vergleicht offen die Selbstwahrnehmung und die Fremdwahrnehmungen.

– Auswertung: Wie war diese Aktivität (positiv/negativ zu kleben und beklebt zu werden)? Wie ist es, sich mit seinen gemochten und nicht gemochten Stellen so deutlich zu zeigen? Wie geht jeder mit seinen nicht gemochten Stellen um? Welche Körperteile werden ausgeklammert? Gibt es eine Geschichte, die zu der Ablehnung der bestimmten Körperteile geführt hat? Gibt es eine Möglichkeit, auf eine positivere Weise mit diesen nicht gemochten Stellen umzugehen?

Körperbeschreibung – und -berührung
Hintereinander sitzend beschreibt die Hinterfrau verbal den Rücken des Vordermannes.
Der Rücken wird mit geschlossenen Augen gefühlt (mit Handinnenflächen und -rücken). Die Hintere teilt ihre Wahrnehmungen mit. Der Vordere sagt, was Beschreibung und Berührung bei ihm auslösen.
Der nackte Rücken wird mit geschlossenen Augen gefühlt und beschrieben.
Der nackte Rücken wird betrachtet und beschrieben.
Die hintere Person führt Berührungen aus, von denen sie annimmt, daß die andere sie lustvoll findet. Die vordere gibt Rückmeldung, erst verbal, dann mit Lauten und Bewegungen.
Verabschiedung
Die Person, die vorne gesessen ist, liegt bei Musik im Schoß der/des anderen.

Das ganze wird mit getauschter Position wiederholt.
Schließlich tauschen sich die Beteiligten über die Übung aus, mit Schwerpunkt auf das Erleben und Ausdrücken von Interesse und Lust.

Verführen
Hier werden Dreiergruppen gemacht, wobei jeweils zwei Personen aus der dritten Person eine Skulptur formen. Diese dritte Person ist das Material, mit dem die anderen alles mögliche machen können.
Aus der »Material-Person« wird zuerst eine Anti-Sex-Skulptur geformt. Wie können die beiden Künstler am besten das Gefühl der verbotenen beziehungsweise tabuisierten Sexualität in einer Skulptur darstellen? Wenn mehrere Dreiergruppen da sind, bleiben die fertigen Skulpturen eine Weile stehen beziehungsweise sitzen oder liegen, damit die verschiedenen Skulpturen gemeinsam betrachtet werden können.
Jetzt wird mit einer anderen »Material-Person« die Skulptur der Wollust geformt.
Schließlich wird aus der dritten »Material-Person« die Skulptur der Verführung geformt.
Die beiden anderen Personen der Gruppe kopieren jetzt diese letzte Skulptur. Ganz langsam kommen die drei Skulpturen in Bewegung. Jede probiert in der Gruppe, den anderen mit verführerischen Bewegungen zu begegnen. Dabei gibt man einander Feedback: Was ist verführerisch, welche Signale gehören dazu, welche Art Bewegungen wirken auf einen, welche Rolle spielen die Augen, die Haare, die Geschwindigkeit der Bewegungen? Jeder teilt seinen Partnern mit, was in ihm ausgelöst wird. Wenn jeder das Gefühl hat, verführerische Signale, Bewegungen und Ausdruck in der Kleingruppe ausprobiert und in sich selbst aufgenommen zu haben, wird in der Großgruppe weitergeübt. Jeder kann dabei ausprobieren, mit welchen Bewegungen, welcher Haltung und welchem Ausdruck er sich wohlfühlt, und womit er das Gefühl hat, bei den anderen anzukommen.
Am Ende tauschen sich die Beteiligten darüber aus, was jeder für

sich in der Verführung gespürt hat, welche Rolle ihre Verführung im Alltagsleben spielt und wie sie das verführerische Verhalten vielleicht mehr in ihrem Leben aufgreifen und integrieren könnte. Wir möchten dieses Kapitel mit einigen Reaktionen von den Frauen abschließen, die an diesen Aktivitäten teilgenommen haben:

Am Anfang fand ich es schrecklich. Befreiend fand ich schon, daß wir zuerst die Anti-Sex-Skulptur machen konnten. Da konnten wir alles, was wir an Tabus und Verbotenem in uns haben, schön ausdrücken. Dann wurde ich auch allmählich freier. Bei der Skulptur der Wollust war ich erstaunt, wie mutig wir dann plötzlich waren und wieviel Spaß das auch gemacht hat. Das Verführen fand ich schwierig. Ich kann das nicht.

Ich habe unheimlich viel Energie gespürt. Es ist, als ob etwas durchgebrochen ist, als ob ich plötzlich was darf, was ich nie durfte. Zuerst war ich ganz ängstlich und habe nur ganz kleine Bewegungen mit meinem Körper gemacht. Wir haben einander aber Mut gemacht, und dann allmählich ging es. Meine Bewegungen wurden größer und fließender.

Die Musik hat sehr dabei geholfen (wir haben die Verführung mit dem Lied *Memory*, gesungen von Barbara Streisand, durchgeführt). Dann merkte ich plötzlich, wie leicht ich wurde und wie unheimlich toll das war. Ich habe sehr viel Spannung gespürt. Es war lebendig. Ich habe mich selten so fröhlich und ausgelassen gefühlt wie jetzt. Ich müßte das eigentlich viel öfter machen. Ich traue mich nur nicht. Ich habe nie gefühlt, daß ich so vielseitig mit meinem Körper verführen kann. Es ist wie ein tolles Buch, worin ich nach den ersten paar Seiten nie mehr gelesen hatte.

11
Wert führt zu Selbstwert

Ursula:
»Mit 20 bin ich von zu Hause abgehauen. Das war in der Zeit, als ich mit meinem Vater gesprochen habe, daß ich mehr Freiheit wollte und mein Geld für mich. Er hat es versprochen, aber sich nicht daran gehalten. Das war 1960. Dann habe ich gearbeitet und mußte Überstunden machen. Ich habe angerufen, weil ich später kam. Mein Vater sagte: ›Das ist in Ordnung. Ulla.‹ Als ich nach Hause kam, habe ich das Fahrrad in den Schuppen gestellt. Ich kam herein und merkte, an der Stimmung, da ist etwas gewesen. Es stand kein Teller auf dem Tisch. Meine Mutter wirft einen verzweifelt flehenden Blick auf mich. Mein Vater fragt: ›Wo kommst du her?‹ Ich sagte ihm: ›Ich habe doch angerufen, ich mußte länger arbeiten.‹ Dann sagte er: ›Mich... hat... keiner... angerufen.‹ Ich dachte: ›Das darf nicht wahr sein, ich habe mit ihm gesprochen.‹ Ich sagte: ›Vati, ich habe mit dir geredet.‹ ›Mit mir hat keiner geredet.‹ Ich stand verdutzt da. Dann sagte er: ›Du Dreckshure, du hast es wieder mit dem von deiner Arbeit getrieben, du Hure, gib es zu.‹ Er stand vor mir. Dann habe ich gesagt: ›Wenn ich eine Hure bin, dann bist du ein Hurenbock.‹ Ich merkte, daß es ernst wurde. Ich habe nur noch gedacht: ›Ich muß hier raus.‹ Ich hatte meinen Anorak noch nicht ausgezogen. Mein Vater kam hinterher. Ich habe das Fahrrad genommen. Das Fahrrad nicht bestiegen. Weil das Aufsteigen mir zuviel Zeit gekostet hatte. Ich bin wie eine Verrückte gerannt, gerannt und gerannt. Erst in einer anderen Straße bin ich aufgestiegen. Ich weiß nur noch, daß ich aufgestiegen bin, ab da weiß ich nichts mehr. Ich hatte während meiner Arbeit eine Frau kennengelernt, die Margret hieß, die wohnte zehn Kilometer von unserer Wohnung entfernt. Die kannte keiner von unserer Familie. Zu der bin ich hin. Sie hat mir später erzählt, daß da irgendwann, um ungefähr halb elf einer geklopft hat. Sie hat auf-

gemacht, das wäre ich gewesen. Ich bin völlig durcheinander gewesen. Ich hätte nur dummes Zeug geredet. Sie hat einen Arzt geholt, der mir eine Spritze gegeben hat, dann habe ich 36 Stunden geschlafen. Als ich aufwachte, saß Margret an meinem Bett. Sie sagte: ›Alles ist in Ordnung.‹ Sie hatte meinen Chef angerufen. Ich bin nie mehr nach Hause gegangen.

Ach ja, ich hatte da schon ein Zimmer. Ich habe bestimmte Dinge in meinem Leben gut geplant. Ich durfte ja so gut wie kein Geld behalten. Über das, was ich hatte, mußte ich Rechenschaft ablegen. In dem Betrieb, in dem ich gearbeitet hatte, bekam ich für meine Gefälligkeiten Trinkgeld. Etwa 80,- DM im Monat. Die habe ich gespart. Eines Tages habe ich gelesen, daß es irgendwo ein Zimmer gibt. Ich habe es mir angesehen, es war im vierten Stock. Eine hübsche kleine Mansardenwohnung, eine Einzimmerwohnung. So 14 bis 15 Quadratmeter, schräg, mit einem schönen warmen Teppich. Ein kleines Klo, Kochgelegenheit. Das war für mich der Himmel auf Erden. Ich habe das Geld gleich hingebracht.

Dann bin ich dort eingezogen. Ich habe von meinem Chef Geld geliehen, daß ich mir eine Couch kaufen konnte. Von Margret habe ich Bettzeug bekommen und andere Klamotten, und so konnte ich da einziehen. Dann sind wir zur katholischen Gemeindeschwester gegangen, die ging zu meiner Mutter, um Wäsche zu holen. Da war mein Schrank mit so gekreuzten Brettern zugeschlossen. Meine Mutter hat nicht ein Hemd, nicht einen Slip herausgegeben. Sie sagte: ›Die Große kommt schon alleine durch.‹ Mein Vater war scharf auf mein Sparbuch, das hatte ich. Da waren 3.000,- DM drauf. Das hatte ich an das untere Bord geheftet, das wußte nur Johannes. Und wie das in den meisten Familien so ist, denkt man, die Kleinen sind doof. Dann habe ich mir erst einmal Geld von meinem Chef geliehen, damit ich mir etwas zum Anziehen kaufen konnte.

Vierzehn Tage später hat mein Vater mich auf dem Weg von der Arbeit abgepaßt. Er sagte, ich sollte nach Hause kommen. Ich habe ihm gesagt, daß ich nicht mehr nach Hause komme. Er wolle dann etwas über das Jugendamt machen. Ich habe gesagt: ›Dann kommst du ins Zuchthaus.‹ Mindestens 25 Jahre. Er hat mich völlig entgeistert angesehen. Dann sagte er: ›Gut, dann ist das ein Bruch für immer. Du darfst deine Geschwister nicht mehr sehen, deine Mutter nicht mehr, deine Mami.‹ Das stimmte auch, meine Geschwister durfte ich nicht mehr sehen. Das Schlimmste war das mit Johannes. Er war gerade eingeschult und ein totaler Schulversager (Ursula weint). Das ist er geblieben, bis er in die Lehre kam. Er war ein Oberchaot in der Schule und alles nur, weil ihm seine Schwester nicht aus dem Kopf ging. Ich habe meine Geschwister trotzdem getroffen.

Bei uns im Haus wohnte auch mein Großvater. Er hat mich auch noch zum Schweigen gebracht, indem er sagte: ›Töchterchen, Töchterchen, halte es aus, tu es für das Jungchen, für das Müttchen.‹ Meine Mutter war seine Tochter. ›Das liebe Jesulein wird es dich lohnen.‹ Solche Scheiße haben sie mir erzählt. Und ich habe es geglaubt. Fand das auch noch toll.

Weil ich so eine gute Arbeiterin war, bekam ich stundenweise auch frei. Wenn ich meinem Chef sagte, ich will meine Geschwister treffen, dann konnte ich gehen. Mein Großvater ging öfters in der Woche mit meinen Geschwistern in einem Kaufhaus essen. Da habe ich sie getroffen. Was mich am meisten freut, mein Vater ist nie dahinter gekommen. Er hat ernsthaft geglaubt, niemand würde den Versuch unternehmen, seine Anweisungen zu übertreten. Das freut mich noch heute. Später hatten meine beiden Brüder es ihm mal erzählt. Er war fassungslos, daß jemand es wagte, seine Gebote zu übertreten.

Johannes wußte das mit dem Sparbuch. Er hatte es aus dem Schrank genommen und meinem Großvater gegeben. Mir war wichtig, daß ich meinem Chef das Geld zurückgeben konnte.«

In dieser Beschreibung von Ursula wird wieder deutlich, wie ein Inzesttäter kontinuierlich versucht, das Selbstwertgefühl des betroffenen Mädchens zu vermindern. Und mit viel Erfolg. Vor allem das Bild der Prostituierten wirkt stark stigmatisierend auf Inzestbetroffene. Ein Bild von Schlechtigkeit, Schmutz und Wertlosigkeit, dem das Mädchen nicht zu widersprechen vermag, es sogar in sich aufnimmt, mit dem Gefühl: »Wenn sie das sagen, dann wird das wohl so sein.« Auch Ursula widerspricht ihrem Vater nicht. Sie sagt nicht, daß sie keine Hure ist, sie sagt nur: »Wenn ich das bin, dann bist du ein Hurenbock.« Damit nimmt sie das Bild von der Hure in sich auf. In diesem Kampf mit dem Vater, bestätigt sie sich in seinem negativen Bild. Durch diese ständigen negativen Bewertungen entsteht ein äußerst negatives Selbstbild. Weil es keinen Wert mehr hat, sackt das Mädchen immer weiter weg und endet mit dem Gefühl, ein hoffnungsloser Fall zu sein.

Mit einer Beschimpfung als Hure beeinflußt der Täter nicht nur auf negative Weise das Selbstwertgefühl, sondern auch das Bild und später das Erlebnis der Sexualität. Indem der Vater das Mädchen als Hure beschimpft und auch auf eine dementsprechende Weise mit ihr umgeht, werden spätere sexuelle Probleme für das Mädchen vorprogrammiert. Denn Prostituierte werden als ›schlechte‹ Frauen gesehen, die im Gegensatz zu ›guten‹ Frauen viele sexuelle Bedürfnisse haben. Und das bedeutet, daß die betroffene Frau sich selbst auch sofort als Hure fühlt, wenn sie später sexuelle Gefühle empfindet, und wenn sie das nicht sein will, all ihre sexuellen Gefühle aus ihrer bewußten Wahrnehmung entfernt.

Durch die regelmäßige Demütigung in der Kindheit wird das Vertrauen in andere und in sich selbst vollkommen zerstört. Das Gefühl, nicht normal und nicht ganz in Ordnung zu sein, wird immer dominierender. Hieraus entsteht ein Gefühl von großer Einsamkeit und die Überzeugung, daß die anderen wirklich Recht haben. Die Vernichtung des Selbstwerts verursacht eine Erschütterung, die über Jahrzehnte spürbar bleiben kann.

Der Verlust von Selbstwert ist nicht nur auf Äußerungen von anderen Menschen zurückzuführen, sondern auch auf konkrete Lebensumstände, die diese Äußerungen mehr oder weniger untermauern. Zum Beispiel das Fehlen eines eigenen Zimmers, das man selbst abschließen kann, das Fehlen von eigenem Geld, das Bestimmen der eigenen Kleidung, die Freiheit, selbst eigene Kleidung einkaufen zu dürfen und über seine eigene Zeit verfügen zu dürfen. Ursula betont, wie wichtig es für sie war, ein eigenes Zimmer zu haben und selbst über ihr Geld verfügen zu können.

Nachdem wir in den vorhergehenden Kapiteln beschrieben haben, wie wir mit den Klientinnen die traumatischen Erlebnisse aufarbeiten, geht es jetzt darum, daß den Betroffenen klar wird, welche Folgen diese Erfahrungen auch weiterhin für sie gehabt haben und wie diese Erfahrungen bis in ihr jetziges Leben nachwirken. Zentral dabei ist die Frage, was mit ihrem Selbstwert passiert ist.

Wieviel Wert hat die Klientin?

Um den Betroffenen ihre eigene Wertschätzung beziehungsweise den Wertverlust klarzumachen, wenden wir folgende Methode an:

Wir legen vor die Klientin Geldstücke und Geldscheine hin, im Wert von: ein Pfennig, zwei Pfennige, fünf Pfennige, zehn Pfennige… zehn Mark, 20 Mark… bis 100 Mark.
Wir fragen die Klientin: »Wenn du jetzt eines dieser Geldstücke oder Scheine wärest, was wärest du dann?« Nachdem sie gewählt hat, fragen wir sie, ob sie beschreiben kann, was mit soviel Geld anzufangen ist beziehungsweise wieviel Wert das Geld hat.
Gertrud, zum Beispiel, wählt einen 20-Mark-Schein. Darauf sagt sie:

Nee, damit kann man nicht viel anfangen. Ich kann damit zum Bäcker gehen, zum Metzger, aber da bekomme ich auch nicht soviel, ich kann dafür noch nicht mal zum Friseur gehen. Ja, ich kann vielleicht Lidschatten kaufen. Welche Farbe? Sonnenblumen, aber eigentlich macht mir das auch nicht viel aus. Weißt du, wenn ich das so sehe und betrachte, wie wenig wert ich eigentlich bin, dann wird mir klar, daß ich ein ganz anderer Mensch sein möchte. Ich empfinde mich als wertlos, aber ich möchte unabhängig sein. Ich möchte leichter leben, daß mir alles scheißegal ist.

Auf diese Weise wird der Klientin bewußt, wie ihr Selbstwertgefühl ist. Sie sieht, wie groß oder wie klein es sein könnte, und in der Beschreibung kann ihr klarwerden, wie ihre Schwierigkeiten und Beschränkungen in bezug auf ihren Wert aussehen. Wichtig für den Therapeuten ist es, bei dieser Beschreibung der Wertschätzung zu verweilen. Er sollte vor allem nicht versuchen, ein Wertgefühl, das in den Augen der Klientin zu niedrig ist, verändern zu wollen. Für die Klientin hat es eine große Bedeutung, daß sie ihren Wert wahrnimmt, betrachtet und auf sich einwirken lassen kann. Und wir dürfen vor allem nicht denken, daß ein Selbstwertgefühl, das viele Jahre lang vermindert wurde und so geblieben ist, in kurzer Zeit wieder aufgebaut werden kann. Therapie bedeutet nicht an erster Stelle zu verändern, sondern sehr genau wahrzunehmen, wie der Zustand im Augenblick ist. Das Bestreben der Therapie soll anschließend nicht in Richtung Veränderung gehen, sondern in Richtung Akzeptanz. Den Drang zur Veränderung hat die Klientin schon in sich. Der Therapeut braucht ihn überhaupt nicht zu verstärken. Eher ist es unsere Aufgabe, diesen Drang zu bremsen. Denn wenn die Klientin ihrem Wunsch, sich zu ändern und ihr Wertgefühl zu ändern, folgen könnte, hätte sie es wahrscheinlich schon längst gemacht. Das Problem liegt eher darin, daß die Klientin sich mit ihrem jetzigen Wertgefühl nicht akzeptieren kann. Das führt dazu, daß sie sich selbst ständig mit den Augen von anderen betrachtet, die ihr vermittelt haben: »Du bist nicht in Ordnung, du solltest anders sein.« Durch diese auferlegte Unzufriedenheit mit sich selbst, kann sie sich selbstverständlich auch in ihrem jetzigen Zustand nicht detailliert wahrnehmen. Weil sie sich nicht mag, mag sie sich auch nicht ansehen. Wir wollen in unserer Therapie zuerst mal daran arbeiten, daß die Klientin in der Lage ist, sich selbst mit ihrem Wertgefühl detailliert und ohne Bewertung anzusehen. Zuerst nimmt die Betroffene ihre Unzufriedenheit wahr. Gertrud nimmt wahr, was sie mit den 20,- DM alles nicht machen kann. Und das, was sie damit machen kann, reicht ihr nicht aus und führt sie zu ihrer Unzufriedenheit: Sie will anders sein. Für den Therapeuten ist es in dem Moment sehr verführerisch, darauf einzugehen, wie die Klientin sein möchte. Wir halten das für einen Fluchtweg, der sich oft als Sackgasse darstellt. Erst, wenn die Klientin genau wahrgenommen hat, wie sie im Moment ist, und zusätzlich versuchen kann, sich in dem jetzigen Zustand zu akzeptieren, erst dann kann ihr klar werden, was ihr an diesem geringen Wert trotz allem gut gefällt und was sie ergänzen beziehungsweise erweitern möchte. Wenn man ein Zimmer renovieren will, muß man ja auch erst einmal die richtigen Maße haben, wissen, wie groß die Fenster sind, wieviel Farbe, wieviel Tapeten man braucht, wie die Decke ist, welche Struktur die Wände haben und so weiter. Oft muß sogar der jetzige Zustand in diesen Fällen noch verschlechtert werden. Alte Farbe muß abgekratzt, Tapeten müssen abgerissen werden, und wenn man mit den positiven Veränderungen anfängt, sieht alles noch schlechter aus, als es am Anfang war. Bei jeder Veränderung betrachtet man zuerst ausführlich die Lage, und man muß zunächst oft einige Schritte zurückgehen, bevor man vorwärts gehen kann. Denn eine Farbschicht, die man über vier alten Farbschichten anbringt, hält nur sehr kurz.

Diese Überlegungen führen uns dazu, Gertrud zu fragen: »Jetzt haben wir aber erstmal 20,- DM. Können wir jetzt noch gemeinsam überlegen, was wir mit 20,- DM machen können?« Wir kommen auf folgende Ideen (Gertrud fällt am Anfang wenig dazu ein, aber durch unsere Ideen motiviert, sieht sie auch selber immer mehr Möglichkeiten.): Ein Buch kaufen, Seife, das Auto ein paar Tage parken, Auto waschen, Strümpfe, Taschentücher, Kaffee und Kuchen für mich und meinen Mann, Haarspangen für meine Tochter, Fotos, Ohrringe kaufen, Schuhe reparieren lassen, Schallplatten kaufen.

Diese Aufzählung unterbricht Gertrud mit: »Das ist eigentlich unheimlich viel, was man damit machen kann. Es sind alles nur nicht solche weltbewegenden Sachen. Ja vielleicht bin ich dann halt nicht so weltbewegend.«

Selbstbild

Eine andere Methode, das Gefühl des Selbstwertes und das Selbstbild klarzumachen, besteht darin, die Klientin zu bitten, ein Selbstbild zu malen. Als Ulli damit anfing, wurde uns klar, daß die klassischen Mal- und Zeichenmaterialien für dieses Selbstbild nicht ausreichten: »Damit kann ich nicht ausdrücken, wie schmutzig ich mich fühle, wie zu ich bin, wie festgeklebt meine Zunge in meinem

Mund ist.« Daraufhin haben wir die Materialien mit Tesafilm, Schaumgummi, flüssigem Holzleim, flüssiger Papierklebe, Wollfaden und Bindfaden ergänzt, und daraufhin entstand folgendes Bild:

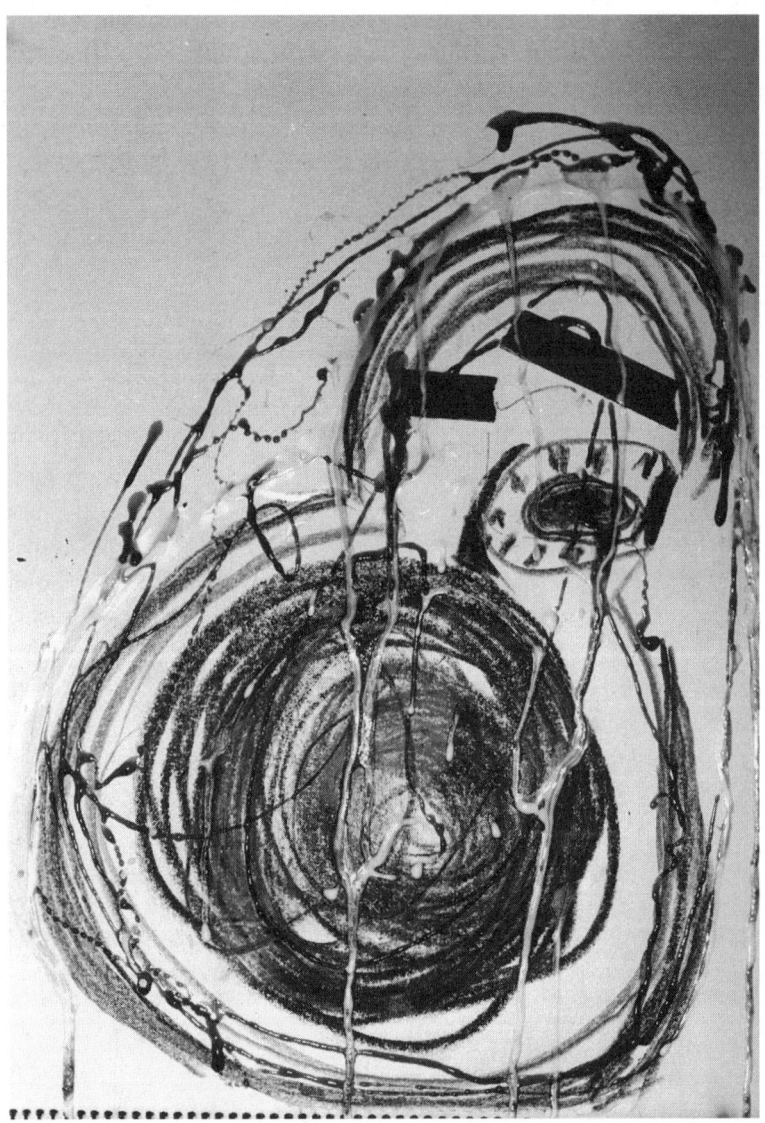

Ulli erzählt über ihr Bild: »Ich bin schmutzig. Der Schmutz ist ganz über mich gelaufen, ekelig. Fett. Alles in mir ist zu. Da kann nichts mehr raus und nichts mehr rein. Meine Ohren sind voller Fett. Meine Augen sind zugeklebt. Meine Zunge ist in meinem Mund eingeschlossen. Ich kann auch nicht mal sagen, wie schmutzig ich mich fühle. Unter diesem Schmutz ist eine klare Abgrenzung. Mit meinem Fett brauche ich mich auch nicht als Frau zu zeigen, brauche ich nicht zu vögeln.«

Die gestörte Selbstwahrnehmung

In beiden Methoden, die wir hier beschrieben haben, wird klar, daß die Selbstwahrnehmung derartig gestört ist, daß die Betroffenen fast nur noch das Negative von sich wahrnehmen. In dieser Phase braucht die Klientin viel Zeit, in der sie sich und ihr Wertsystem genau betrachten kann. Das ist am besten in einer Einzeltherapie zu machen, denn in einer Gruppe kann ihr Gefühl, wertlos zu sein, schnell verstärkt werden. Die Betroffenen empfinden dann nämlich sehr schnell die Erlebnisse anderer als schlimm und schmerzhaft und schieben damit sich selbst und ihre Erfahrungen als nicht wichtig beiseite. Anschließend reagieren sie dann, indem sie die anderen trösten, unterstützen, auffangen und dabei sich selbst völlig vergessen. Oder, wie Gertrud sagt: »Ich tue alles nur noch für einen anderen, für mich brauche ich es überhaupt nicht mehr.« In der Therapie möchten wir die Betroffenen dahinführen, daß sie erfahren, wie wichtig sie selbst sind, und daß wir uns stundenlang nur mit ihnen beschäftigen können. Dazu ist es notwendig, daß in dem Moment niemand anderer da ist, mit dem sich die Klientin beschäftigen kann und sich selbst dadurch überhaupt nicht mehr ernst nimmt. In dieser Zeit beschäftigen wir uns zuerst mit der Wahrnehmung, wobei es wichtig ist, die Wahrnehmung von der Bewertung zu trennen. Weil gerade dieser Prozeß bei der Selbstwahrnehmung sehr schwierig ist, fangen wir zuerst mit der Außenwahrnehmung an. Eine zu früh angefangene Selbstwahrnehmung führte zum Beispiel bei Elke dazu, daß sie auf die Frage, ob sie ihre Kleidung beschreiben könnte, sagte: »Ja, schlimm nicht, diese groben Pullis trage ich auch immer noch, ich möchte mich eigentlich überhaupt nicht darin sehen.« Die Bewertung steht so im Vordergrund, daß sie ihre Wahrnehmung überhaupt nicht beschreiben kann. In dem Moment erscheint es uns gut, da nicht weiterzugehen, sondern erst einmal von der Person wegzugehen und die Klientin zu fragen, ob sie den Raum beschreiben kann, die Geräusche, das was sie riecht. Danach bitten wir sie, Bilder von Menschen zu beschreiben, anschließend einen von den Therapeuten zu beschreiben, wie er aussieht, wie er gekleidet ist und so weiter. Wenn das so weit wie möglich ohne Bewertung gelungen ist, fragen wir die Klientin anschließend, ob sie das, was sie beschrieben hat, auch bewerten möchte. Nicht, wie sie es beschrieben hat, sondern was sie beschrieben hat. Was hält sie zum Beispiel von der Kleidung des Therapeuten. Wie findet sie die Frisur, und so weiter. Danach kommen wir dann auch zur Selbstwahrnehmung und Selbstbeschreibung. Zuerst die veränderbaren Sachen, wie Kleidung und Frisur, und dann der Körper.

Diese reinen Wahrnehmungsübungen haben den Zweck, daß die Betroffenen wieder lernen, zu unterscheiden, den Unterschied zwischen üblichen und abnormalen Sachen zu sehen und damit langsam für sich selbst wieder glaubwürdiger zu werden.

Durch das viele Üben kann die Klientin Interesse an der Wahrnehmung und vor allem an der Selbstwahrnehmung bekommen. Dadurch wird die ständige Bewertung allmählich in den Hintergrund gedrängt. Wenn die Betroffene sich selbst näher betrachten kann, verringert sich auch die Angst vor sich selbst und ihrer Geschichte. Und sie kann entdecken, daß ihr Verhalten die normale Antwort auf unnormale Umstände ist.

In dem Maße, in dem die Klientin lernt, sich ernst zu nehmen, kann sie auch lernen, ihre eigenen Bedürfnisse, die ihre wirklichen Bedürfnisse sind, wahrzunehmen und auszusprechen. Dies ist aber einer der schwierigsten Prozesse. Die Inzestbetroffene wird gezwungen, Bedürfnisse von anderen zu erfüllen beziehungsweise zu befriedigen. Ihre eigenen Bedürfnisse werden dabei grundsätzlich übergangen. Im Prozeß der Abwertung, der sich oft parallel zu der Inzesterfahrung entwickelt, fühlt sie auch ihre wesentlichen Bedürfnisse nach Wärme, Geborgenheit, Zärtlichkeit und Zuwendung abgewertet. Oft fängt sie sogar an, sich selbst für diese Bedürfnisse zu hassen. Weil sie mit keinem über ihre Probleme sprechen kann beziehungsweise darf, fängt in der Zeit oft eine Überlebensstrategie an, die sich dadurch kennzeichnet, daß alle eigentlichen Bedürfnisse verdrängt und verleugnet werden.

Der Therapeut darf dann auch nie erwarten, daß eine Betroffene in der Lage ist, ihre Bedürfnisse klar auszusprechen. Die Betroffene kämpft nämlich in dem Moment mit drei Problemen:

Sie kennt ihre Bedürfnisse nicht und hat nur difusen Kontakt dazu.

Sie kann schlecht über sich selbst reden, vor allem, wenn es um ihre eigenen Bedürfnisse geht.

Sie schätzt sich nicht so wertvoll ein, daß andere ihre Bedürfnisse auch ernst nehmen würden.

Dennoch drücken diese Mädchen und Frauen ihre Bedürfnisse aus. Oft auf eine Weise, die sie selbst nicht verstehen, aber jeder Mensch zeigt in seinem Verhalten und in seiner Sprache seine wesentlichen Bedürfnisse. Es ist jetzt Aufgabe des Therapeuten, die Signale wahrzunehmen, zu übersetzen und auch für die Klientin selbst verständlich zu machen. Weil der Kontakt mit den eigenen Bedürfnissen am Anfang dieser Phase noch sehr brüchig ist, denken wir, daß Therapeuten sehr behutsam und vor allem nicht konfrontativ damit umgehen sollen. Wichtig ist, daß die Klientin wahrnimmt, daß andere ihre Bedürfnisse erkennen und vielleicht sogar ernster nehmen als sie selbst. Wir unterscheiden in dem Prozeß der Annäherung an die eigenen Bedürfnisse folgende vier Phasen:

Wahrnehmen.

Aussprechen.

Akzeptieren.

Durchsetzen.

Unsere Erfahrung ist es, daß der Therapeut meistens eine Phase weiter ist als die Klientin selber. Er nimmt die Bedürfnisse wahr, bevor die Klientin sie bewußt wahrgenommen hat, er spricht sie aus, bevor sie sie aussprechen kann, er akzeptiert sie, bevor sie sie akzeptiert, und er unterstützt sie sich durchzusetzen, wo sie noch an sich selbst zweifelt. Dieses Verhalten des Therapeuten kann der Klientin Mut machen und sie motivieren, ihre eigenen Bedürfnisse auch ernst zu nehmen. Wir wollen hier die Phasen noch einmal etwas genauer ansehen.

Wahrnehmen
In dieser Phase teilt die Klientin ihre Bedürfnisse verschlüsselt mit. Häufig tritt hier die Fremdmotivation auf. Eine Klientin sagt zum Beispiel: »Jetzt muß es mal vorbei sein. Ich muß stärker werden. Ich muß alles besser schaffen können.« Derartige Aussagen zeigen sehr viel Druck und Fremdmotivation. Sie spricht damit mehr die Erwartungen ihrer Umwelt aus, als ihre eigenen Bedürfnisse. Wir erleben oft, daß die eigenen Bedürfnisse die Polarität dieser Aussagen sind. Das bedeutet dann auch, daß wir auf diese Aussagen meistens reagieren mit: »Ich glaube daß du dich sehr angestrengt hast, möchtest du dich ein wenig ausruhen?« Meistens führt aber auch diese Frage zu direkt zu den Bedürfnissen hin, die die Klientin nicht ernst nehmen darf. Deswegen kann sie die Frage nicht beantworten. In dem Fall ist es dann auch besser, wenn wir reagieren mit: »Kannst du dich bitte mal hinlegen und die Augen schließen. Du brauchst jetzt nichts zu tun und darfst dich ausruhen.«
Es kann aber auch sein, daß die Klientin auf eine andere Weise ihre Bedürfnisse verschlüsselt mitteilt. Ein schönes Beispiel dafür lieferte uns Gertrud. In der ersten Zeit der Therapie hat sie sich immer auf ein großes Kissen gesetzt, das in dem Therapiezimmer liegt. Dann waren wir einmal in einem anderen Therapieraum, wo kein Kissen vorhanden war. Gertrud sagte: »Vielleicht hilft es mir, wenn ich zu Hause denke: ›Wenn ich doch nur auf dem Kissen sitzen kann.‹« Gertrud zeigt, daß sie ihr Bedürfnis kennt, traut sich aber nicht es auszusprechen, weil sie die Angst hat, daß ich das Bedürfnis nicht ernst nehme. Deshalb hat es in diesem Fall auch keinen Zweck zu fragen, ob sie das Kissen haben möchte. Sie würde darauf sofort reagieren, daß das ja Blödsinn wäre. Deswegen bin ich aufgestanden und habe das Kissen aus dem anderen Raum geholt. Als ich mit dem Kissen zurückgekommen bin und es vor sie hingelegt habe,

sagte sie: »Das hättest du nicht holen müssen, du, das ist doch lächerlich. Ich verstehe überhaupt nicht, warum ich auf diesem Kissen sitzen will.« Sie setzte sich aber sofort darauf und sagte: »Wie komme ich je von diesem Kissen weg.«

In dieser Phase geht es also nicht darum, daß die Klientin in der Lage ist, ihr Bedürfnis adäquat auszusprechen, sondern erst einmal darum, ihr Bedürfnis selbst wahrzunehmen. Wenn der Therapeut versucht, die Klientin dahin zu führen, das Bedürfnis auch auszusprechen, vermischt er beide Fähigkeiten miteinander. Das kann oft dazu führen, daß die Klientin, weil sie ihr Bedürfnis nicht aussprechen kann, es auch nicht wahrnimmt. Wir versuchen, die Wahrnehmung des Bedürfnisses zu verstehen und womöglich dieses Bedürfnis zu erfüllen, ohne daß die Klientin das klar ausgesprochen hat.

Aussprechen

Nachdem die Klientin wahrgenommen hat, daß sie Bedürfnisse hat, die auch ein anderer wahrnehmen und sogar erfüllen kann, kann die Klientin allmählich Mut fassen, ihr Bedürfnis auch klarer auszusprechen. Dabei fungiert der Therapeut als Übersetzer. Er nimmt die verschlüsselte Mitteilung, formuliert sie als Bedürfnis und fragt die Klientin, ob das die richtige Übersetzung ihrer Gefühle ist. Wenn der Therapeut auf diese Weise den richtigen Satz gefunden hat, bittet er die Klientin, diesen Satz auch selbst auszusprechen.

Akzeptieren

Mit dem Wahrnehmen und Aussprechen hat der Prozeß des Akzeptierens angefangen, der in dieser Phase hinterfragt werden kann. Wichtig ist nämlich, daß die Klientin nicht nur ihre Bedürfnisse wahrnimmt und aussprechen kann, sondern sie vor allem so ernst nimmt, daß sie sie anschließend auch durchsetzen kann. Das bedeutet, daß in diesem Moment die Bedürfnisse der Klientin von den Therapeuten nicht mehr sofort erfüllt werden. Im Gegenteil bezweifelt und hinterfragt der Therapeut das, was die Klientin ausspricht. Auch dies ist eine Technik, die Therapeuten sehr behutsam anwenden sollten, denn die Gefahr ist dabei, daß das Hinterfragen sowohl die therapeutische Beziehung stört, als auch die Klientin in ihren

Selbstzweifeln bestätigt. Das bedeutet, daß erst dann so vorgegangen werden kann, wenn der Therapeut das Gefühl hat, daß die Beziehung zur Klientin tragfähig ist und daß er Anhaltspunkte hat, daß die Selbstakzeptanz der Klientin dementsprechend gewachsen ist. Wenn diese Sitzung noch mit zwei Therapeuten stattfindet, ist es natürlich leichter, weil der Therapeut hinterfragen kann, während die Therapeutin die Klientin unterstützt, bei ihren Bedürfnissen zu bleiben, sie zu akzeptieren und sich zu behaupten.

Durchsetzen

Wenn auf diese Weise ein stabiler Kontakt zu den eigenen Bedürfnissen entstanden ist, kann die Klientin auch wieder ihre eigene Macht entdecken. Sie kann sich zu einer Person mit eigenen Bedürfnissen, Beschränkungen und eigener Macht entwickeln und empfinden, daß die Macht nicht nur bei den Männern liegt.

Indem die Klientin entdeckt hat, daß sie sich selbst ernst nehmen will und auch ernst nehmen kann, kann sie auch lernen, ihre Bedürfnisse durchzusetzen. Auch das fängt mit ganz kleinen, einfachen Schritten an, wie zum Beispiel mit dem Kissen von Gertrud. Einige Sitzungen später habe ich das Kissen absichtlich aus dem Raum entfernt, um zu überprüfen, ob sie es noch haben möchte, und wenn, ob sie sich mit diesem Bedürfnis ernst nimmt und sich auch durchsetzen kann. Am Anfang der Sitzung war folgender Dialog:

Gertrud: »Das Kissen ist nicht da?«
Thijs: »Nein.«
Gertrud setzt sich auf einen Stuhl.
Thijs: »Magst du erzählen, wie es dir in den vergangenen Wochen gegangen ist.«
Gertrud: »Das letzte Mal habe ich doch auf dem Kissen gesessen.«
Thijs: »Ja.«
Gertrud: »Warum ist es jetzt nicht hier?«
Thijs: »Es liegt noch in dem anderen Raum.«
Gertrud: »Ach, eigentlich geht es ganz gut mit mir.«
Thijs: »Möchtest du das Kissen haben?«

Gertrud: »Ach, wo du es sagst, ich sitze immer ganz bequem darauf.«

Thijs: »Und jetzt.«

Gertrud: »Ich möchte es eigentlich haben.«

Thijs: »Sitzt du auf dem Stuhl nicht so gut?«

Gertrud: »Doch. Aber auf dem Kissen ist es anders.«

Thijs: »Wie?«

Gertrud: »Ach hol es doch, wenn ich darauf sitze, dann kann ich dir das besser beschreiben.«

Thijs: »Sitzt du also nicht so gut auf dem Stuhl?«

Gertrud: »Ich glaube, ich sitze lieber auf dem Kissen. Kannst du das mal für mich holen?«

Thijs holt das Kissen, und Gertrud setzt sich darauf.

Gertrud: »Ich habe vor kurzem zu meinem Schwager gesagt: ›Du müßtest auch mal auf dem Kissen bei Thijs sitzen. Das würde dir bestimmt guttun.‹ Ich erlebe, wo ich jetzt wieder auf dem Kissen sitze, daß ich viel näher bei mir bin. Ich spüre mich viel besser. Oft fühle ich mich auch viel kleiner. Ich muß dann nicht soviel machen. Spüre nicht so viele Ansprüche an mich.«

Heilung durch Respekt

Dieser Prozeß, die eigenen Bedürfnisse und den Selbstwert zu finden, ist aber nicht nur ein rein individueller Prozeß. Die Betroffenen haben nämlich nicht nur zufällig ihren Respekt vor sich selbst verloren, er ist ihnen von anderen Menschen genommen worden. Das bedeutet auch, daß andere Menschen notwendig sind, um den eigenen Respekt wieder finden zu können. Die Selbstheilungskräfte sind zwar ganz wichtig, aber wir können nicht erwarten, daß Inzestbetroffene die kaputtmachende Erfahrung ausschließlich aus eigener Kraft wieder heilen können. Weil der Mensch grundsätzlich auf andere Menschen bezogen ist, ist es hier in dieser Phase auch notwendig, daß die Inzestbetroffenen ihren Selbstwert in direktem Kontakt mit anderen Menschen wieder aufbauen können. Hiermit meinen wir vor allem nicht, daß die Inzestbetroffenen mit viel Mitleid behandelt werden und in allen möglichen Sachen unterstützt werden sollen. Nein, Respekt heißt hier, sie ernst zu nehmen und sie in ihrer Würde zu schätzen. Weil es aber wichtig ist, daß das neuentstehende Wertsystem nicht nur von einem Therapeutenpaar abhängig ist, wäre es sinnvoll, wenn die Klientin in dieser Phase der Therapie auch Gruppenerfahrungen machen kann. Gerade in einer Gruppe kann gegenseitiger Respekt und gegenseitige Wertschätzung erfahren werden. Wir haben es zum Beispiel als sehr sinnvoll erfahren, wenn die Teilnehmer einer Gruppe – Frauen und Männer – Bezugspaare bilden.

Ein Bezugspartner ist ein Gruppenmitglied, das also weiß, was in der Gruppe geschieht, das sich aber auch zwischen den Gruppensitzungen zur Verfügung stellt. Die Partnerin kann es anrufen oder zu ihm hingehen, wenn sie etwas Wichtiges besprechen möchte, wenn es ihr toll geht oder wenn es ihr ganz schlecht geht. Für die Inzestbetroffene ist es sowohl wichtig zu wissen, daß sie jederzeit zu jemandem hingehen kann, ohne Last zu sein, als auch das Gefühl zu haben, daß eine Frau zu ihr kommt, weil sie ihren Rat haben, von ihr unterstützt werden und mit ihr etwas machen möchte, weil sie von ihr wertgeschätzt wird. Denn wertvoll wird man nicht nur durch sich selbst, sondern gerade auch durch den Respekt von anderen. Wichtig hierbei ist, daß die Inzestbetroffene erfahren kann, daß sie respektiert wird, weil sie so ist, wie sie ist, und nicht, weil sie alles mögliche leistet. Eine Anerkennung ihrer Funktionalität haben sie nämlich oft erfahren können. In diesem Fall geht es aber darum, Respekt für ihre Existenz zu erfahren.

Aus diesem Gefühl heraus respektiert zu sein, kann die Klientin sich auch allmählich erlauben, eigene Wertvorstellungen zu schaffen und die internalisierten Werte der Eltern zu hinterfragen. In diesem Prozeß verliert die eigene Geschichte langsam an Wichtigkeit und die Inzestbetroffene kann Interesse für ihre eigene Zukunft entwickeln. Das kann geschehen, wenn sie ihre Würde zurückgewonnen hat und mit Selbstvertrauen über ihre Zukunft phantasieren kann. In der Therapie beschäftigen wir uns dann mit Fragen wie: »Was heißt es, Frau zu sein?« »Was bedeutet dir Erfolg?« »Was wünscht du dir von deinem Leben?« Eine gute Möglichkeit, Zugang zu diesen Zukunftsphantasien zu bekommen, ist zum Beispiel die Frage: »Stell dir mal vor, daß wir jetzt fünf Jahre weiter sind. Kannst du mal beschreiben, wie dein Leben aussieht? Was du tust, mit welchen Leuten du umgehst, was deine Freizeitbeschäftigungen sind, wie du dich fühlst?«

12
Wer rettet die Prinzessin?

Ursula:
»Ich habe meinen Vater ganz lange nicht mehr gesehen. 1972 haben meine Eltern sich getrennt. Ich schäme mich oft für meine Unwissenheit. Ich hatte ganz lange körperliche Beschwerden wie Verstopfung und Zysten in den Brüsten, wurde panisch, wenn Menschen sympathisch zu mir waren, bekam Angst, wenn Menschen zu mir kamen, aber ich habe nie einen Zusammenhang mit meiner Geschichte entdeckt. Ich schäme mich, daß es mir nicht aufgefallen ist, daß ich erst so spät darauf gestoßen bin. Ich verstehe auch nicht, daß es mir nicht in der Zeitung und so aufgefallen ist. Auch jetzt habe ich keinen Kontakt zu meinem Vater. Das ist mal sporadisch gewesen. Mein Bruder, Johannes, hat 1981 geheiratet. Zu dem Zeitpunkt hatte ich meinen Vater acht Jahre nicht mehr gesehen. Johannes wollte eine große Familienfeier, und ich sollte da nicht fehlen. Ihm zuliebe habe ich dann Kontakt mit meinem Vater aufgenommen. Das war schrecklich. Mein Vater hat mich wieder gedemütigt, weil ich die Einzige bin, die nicht geheiratet hat. Am nächsten Tag ist er wortlos abgefahren. Dann wurde mir bewußt, daß ich mit ihm reden wollte. Das wollte er aber nicht. Dann habe ich ihm Briefe geschrieben mit schrecklichen Ausdrücken, die mir auch heute noch leid tun. Eines Tages kam ich auf die Idee, so wie ich ihn kenne, könnte er alles ableugnen und sagen, das stimme nicht. Er hat schon früher immer gesagt: »Die Große hat zuviel Phantasie. Die bildet sich alles nur ein.« Dann habe ich mir ein Herz gefaßt, bin zu meiner Mutter gefahren und habe gesagt: »So, ich will, daß du von ihm hörst, was er mit mir getan hat.« Meine Mutter wollte kneifen. Ich sagte: »Tu einmal im Leben was für mich, ein einziges Mal.« Da hat sie gemerkt, es ist ernst. Dann ist sie mitgegangen. Mein Vater war völlig überrascht, uns beide zu sehen. Er hatte sich damit herausgeredet, daß er verabredet wäre und

keine Zeit hätte. Ich habe gesagt: ›Eine halbe Stunde hast du Zeit.
Mehr brauche ich nicht.‹ Dann hat er sich darauf eingelassen.
Alles, was ich von dir will, ist, daß du deiner Frau sagst, was du
mit mir gemacht hast. Stimmt es... daß du mich acht Jahre lang
sexuell mißbraucht hast?« Dann lachte er: ›Acht, du warst elf, als
es angefangen hat.‹ Da kam mir die Erinnerung. Es ist mir heraus-
gerutscht: ›Du Sau.‹ Da hat er gegrinst. Dieses Grinsen hat mich
verzweifelt gemacht. Ich habe angefangen zu weinen. Dann habe
ich geweint, daß ich keine Kinder habe, keinen Partner. Dann hat
er mir erzählt, die alten Ägypter hätten es auch mit ihren Töchtern
und Schwestern getrieben, und ich wäre schon immer ein Spinner
gewesen. Ich habe gesagt: ›Aber mein Kopf, mein Kopf. Da hört
es nicht auf, da hört es nicht auf.‹ Er hat gesagt: ›Gut, wenn es das
ist, dann such dir einen guten Chirurgen, der soll die Stelle aus
deinem Kopf operieren, die dich an mich erinnert. Dann schick mir
die Rechnung zu.‹ Zwischen ihm und mir lagen zwei Messer. Er
hatte gerade zu Abend gegessen. Dann war schon die Versuchung
da. Ich habe mir dann gesagt: ›Nein Ursula, mach dich nicht
unglücklich.‹ Ich sagte zu meiner Mutter: ›Komm wir gehen.‹ Dann
sind wir gegangen. Nach einigen Wochen habe ich ihm einen Brief
geschrieben, voller Haß und Abscheu. Ich bin dann mit meiner
Mutter zurückgefahren, sie hat nichts gesagt. Ich wollte von ihr
auch nichts mehr hören. Ich habe mich nur noch geduscht. Die
Klamotten, die ich anhatte, habe ich in eine Plastiktüte getan, habe
im Ort Kaffee getrunken, habe die Klamotten in den Müll geschmis-
sen und bin nach Hause gefahren.«

Nachdem die Betroffene Ansätze ihrer Würde wiedergefunden hat,
fängt der Prozeß an, sich damit zu identifizieren und für sich eine
neue Rolle zu entwickeln. Selbstverständlich ist die Geschichte
nicht wegzuwischen. Sie ist ein Teil der Biographie. Dieser Teil
der Biographie hat hauptsächlich dazu geführt, daß eine Inzestbetroffene sich stark über ihre Opferrolle identifiziert. Wenn sie ihre
Würde zurückgefunden hat und für sich ernst nehmen kann, ist es
notwendig, daß die Inzestbetroffene auch ein neues Gleichgewicht
sucht. Das bedeutet allerdings nicht, daß die Opferrolle völlig ver-

schwinden soll. Wir stellen uns das Gleichgewicht vor als eine Waage, bei der auf zwei Schalen ein Gewicht liegt. Das Gleichgewicht wird hergestellt, wenn das Gewicht auf beiden Schalen gleich groß ist. In diesem Bild können wir uns die Inzestbetroffene bis zu dieser Phase der Therapie als eine Frau vorstellen, bei der die Waage sehr stark im Ungleichgewicht war, wobei auf der einen Schale ein Opfer mit einem sehr großen Gewicht steht. Auf der anderen Schale steht ein zerbrechliches Mädchen, das fragt: »Was bin ich denn noch?« Der Therapeut, der jetzt versuchen würde, das Opfer von der einen Schale zu entfernen, würde zum Teil etwas Irreales versuchen, denn die Geschichte ist nicht zu entfernen und zum anderen Teil gäbe es ein neues Ungleichgewicht. Auch die Opferrolle soll angenommen werden. Denn das ist für die Klientin ein wesentlicher Teil ihres Lebens geworden. Es wäre falsch zu versuchen, diesen Teil zu entfernen, denn damit würden wir auch versuchen, einen Teil dieser Frau zu entfernen, was ein neues Vergewaltigungsgefühl hervorrufen würde. Es ist ein Teil ihres Lebens, und das soll es auch bleiben. Ziel der Therapie ist zu versuchen, es zu integrieren. Ein Gleichgewicht herstellen kann man nur zwischen zwei verschiedenen Sachen. Deswegen braucht die Inzestbetroffene auch weiterhin ihre Opferrolle. Aber nicht mehr als ausschließliche Form der Identifikation. Die therapeutische Arbeit soll ergänzen und nicht entfernen. Wichtig ist, daß die Betroffene nicht das Gefühl bekommt, daß ihr wieder etwas genommen werden könnte. Auch wenn sie selber spürt, daß die Opferrolle ihr nicht gut tut. Es ist ihre Überlebensstrategie, und in dem Sinne hat sie bis jetzt eine große Bedeutung gehabt. Keiner darf da auf irgendeine negative Weise darüber urteilen. Die Ergänzung in der Therapie bedeutet, daß unser Augenmerk jetzt weiterhin nicht mehr auf die Opferrolle gerichtet ist, sondern auf die andere Schale, die Schale der Würde, des Wertvoll-Seins. Oder wie eine Klientin sagte: »Vielleicht bin ich auch eine Prinzessin.«

Wenn ich eine Prinzessin wäre

Während auf der einen Waagschale die Geschichte liegt, liegt auf der anderen Schale die Zukunft. Die jetzige Situation bedeutet, sich als diese Waage mit der Vergangenheit und mit Zukunftserwartungen zu spüren. Nachdem wir uns in den vergangenen Sitzungen intensiv mit der Vergangenheit beschäftigt haben, widmen wir uns jetzt ausführlicher den Zukunftserwartungen. Ausgangspunkt ist die Polarität der Opferrolle: die Prinzessin. Wir fragen die Klientin: »Kannst du dir mal vorstellen, daß du eine Prinzessin wärest.« Wir bitten sie, sich mit dieser neuen Identität anzufreunden und auszuprobieren, welche Konsequenzen das hat. Aspekte, die hierbei berücksichtigt werden sind:
– Welche Macht hat eine Prinzessin?
– Welche Körperhaltung hat sie? Kannst du mal stehen wie eine Prinzessin? Wie fühlt sich das an?
– Wie bewegt sich eine Prinzessin? Geh mal durch den Raum, als wärest du eine Prinzessin. Was fällt dir dabei auf? Wie ist deine Kopfhaltung? Was fühlst du in dieser Haltung und dieser Bewegung?
– Wie würdest du dich als Prinzessin kleiden? Hierbei stehen ihr auch verschiedene Verkleidungsmaterialien, Schmuck und bunte Schminke zur Verfügung.

Auch wenn eine Klientin diese Polarität nicht selbst erwähnt, ist es doch wichtig, dieses Element der Polarität einzuführen. Wir können dann die Klientin fragen, was für sie die Polarität zum Opfer wäre. Danach ist es wichtig, daß die Klientin sich auch mit dieser Polarität identifiziert, um zu entdecken, ob sie diese Anteile von sich auch kennt. Durch die Betonung der Polarität und die Erlaubnis, sie in der Therapiesitzung anzusehen, können wir die Klientin darin unterstützen, auch in ihrer alltäglichen Realität dieser polaren Rolle mehr Raum zu geben. Die meisten Inzestbetroffenen haben aber durch ihre jahrelange Opferrolle sehr große Distanz zu ihrer Polarität entwickelt. Das bedeutet, daß diese Aufgabe, sich als Prinzessin zu fühlen, zu spüren und darzustellen nicht einfach ist. Wir können ihr es erleichtern, indem wir unsere eigene polare Seite ausprobieren und darstellen oder indem wir es gemeinsam in einer Gruppe ausprobieren. Wichtig ist aber, daß wir es gemeinsam tun, denn nur darüber reden, bringt nicht den notwendigen Kontakt zur polaren Seite. Wesentlich ist es, zu spüren, daß es mehr und etwas anderes ist, sich als Frau zu fühlen, als nur Opfer zu sein. Lebendige Beispiele können darin für viele Inzestbetroffene große Bedeutung haben. Nicht zuletzt dabei eine glaubwürdige Therapeutin.

Die Gesellschaftlichkeit des Individuums

Bis jetzt haben wir stark das individuelle Vorgehen mit einer Inzestbetroffenen betont. Das haben wir gemacht, weil wir der Meinung sind, daß Inzestbetroffene viel Hilfe und gesellschaftliche Unterstützung brauchen, damit sie ihre Probleme verarbeiten und entdecken können, daß sie wertvolle Menschen sind. Dabei soll die Therapie aber nicht aufhören. Wird dabei ausschließlich auf der individuellen Ebene gearbeitet, besteht die Gefahr, auch öfters für Psychotherapeuten, daß Inzest als ausschließlich individuelles Problem behandelt wird, das es jedoch nicht ist. Unsere Gesellschaft wirkt auf eine bestimmte Art und Weise daran mit, daß es zu Inzest kommt und weiterhin kommen wird. Nun ist es natürlich schwierig, die ganze Gesellschaft in unseren Therapieraum hereinzuholen. Auch möchten wir nicht die Omnipotenzgefühle der Psychotherapeuten vergrößern, indem sie denken, daß sie die ganze Gesellschaft verändern können. Selbstverständlich können wir das nicht. Dennoch können wir auch als Psychotherapeuten einen kleinen Teil dazu beitragen, daß sich die Gesellschaft auch in diesem Aspekt vielleicht ein wenig ändert. Wir denken, daß zwischen Hilflosigkeit und Omnipotenz ein großer Bereich liegt, in dem Therapeuten ihre Fähigkeiten noch einsetzen können. Eine erste Aufgabe sehen wir in der Möglichkeit für die Klientin, entdecken zu können, daß ihr Problem nicht ein rein individuelles Problem ist. Nicht mit dem Ziel, daß sie dann sagt: »Ach so schlimm ist es ja nicht mit mir«, sondern damit sie entdecken kann, daß nicht sie eine Störung hat, sondern ihre Umwelt gestört ist. In der ersten Zeit der Therapie konzentrieren wir uns auf die persönlichen Konflikte und Spannungen der Klientin. Jetzt wollen wir das Bewußtwerden des Zusammenhangs zwischen individuellen und kollektiv-gesellschaftlichen Problemen und Konflikten ermöglichen. Die persönlichen Konflikte werden nochmals aufgegriffen, jedoch unter zwei verschiedenen Blickwinkeln analysiert. Die individuellen Probleme werden so deutlich wie möglich in Beziehung zu ihrem sozialen Kontext gesetzt. Zusätzlich werden diese Probleme mit dem verglichen, was Frauen in ähnlichen Situationen und mit ähnlichen Erfahrungen über sich mitteilen.

Konkret bedeutet das, daß wir die Klientin fragen, ob sie ihre Rolle und Aufgabe in der Familie schildern kann. Oft wird dann klar, daß nicht nur die Inzesterfahrungen als solches das Problem sind, sondern auch das Nicht-kontrollieren-Können der Situationen und das Darüber-schweigen-Müssen. Viele Klientinnen beschreiben ihre Angst, daß die Familie auseinanderfallen würde, wenn sie sprechen würden. Das Fortbestehen der Familie wird vom Schweigen des Kindes abhängig. Die Verantwortung wird von den Erwachsenen dem Kind zugeschoben. Wie wir das auch bei Ursula in dem vorigen Kapitel gelesen haben, wird von dem Mädchen erwartet, daß es bei Familienkonflikten dem Vater gegenüber eine beschwichtigende Rolle einnimmt.

Ganz speziell in diesem Kontext, ist die Beziehung zwischen Tochter und Mutter. Die meisten Betroffenen beschreiben, daß sie ihre Mutter nicht verletzen wollten, daß sie es ihr gegenüber zwar andeuteten, aber daß es unmöglich war, mit Mutter über Sexualität zu reden. Gleichzeitig ist da die ständige Suche nach der Unterstützung durch die Mutter.

Die konkreten Lebensumstände sind unterschiedlich, weisen jedoch eine Gemeinsamkeit auf: Der Täter arrangiert Situationen oder nutzt Situationen aus, immer wenn die Mutter abwesend ist.

Nachdem die Betroffene sich in ihrem Kontext wahrgenommen und beschrieben hat, versuchen wir ihr Interesse für Frauen zu wecken, die mit ähnlichen Beschwerden und Schwierigkeiten zu tun haben wie sie. Am einfachsten geht das natürlich in einer Gruppe. Wichtig ist dann, daß der Therapeut die Beschwerden nicht individualisiert als etwas ganz Besonderes, das nur ihr geschehen ist, sondern daß die Therapeuten mit den Gruppenmitgliedern gemeinsam zu entdecken versuchen, ob es Ähnlichkeiten in Beschwerden, in Gefühlen, in Schwierigkeiten gibt. Wenn dann zum Beispiel verschiedene Frauen beschreiben, daß sie:

sich schmutzig und wertlos fühlen,

oft depressiv sind,

Kopfschmerzen und Bauchbeschwerden haben,

Probleme mit der Sexualität haben,

dann wäre es sinnvoll als Therapeut zu fragen ob sie Gemeinsamkeiten entdecken. Ein Austausch zwischen Betroffenen wird anschließend dazu führen, daß sie nicht nur über ihre augenblicklichen Schwierigkeiten sprechen, sondern auch die Gemeinsamkeiten in ihren Geschichten und Erfahrungen entdecken. Daraus kann sich eine Solidarität entwickeln. Darin liegt auch der große Wert von Selbsthilfegruppen.

Weil wir nicht immer Gruppen von Betroffenen haben und auch oft mit Einzelklientinnen arbeiten, haben wir andere Lösungen gesucht, um die Klientin die Gesellschaftlichkeit ihrer Probleme erfahren zu lassen. Ein wichtiges Mittel dabei sind Videoaufnahmen. Manche unserer Sitzungen nehmen wir auf und fragen die Klientin, ob sie damit einverstanden ist, daß auch andere unserer Klientinnen diese Sitzungen anschauen können. Wenn dann zum Beispiel eine Klientin zu uns sagt: »Ich glaube, ich bin wirklich nicht normal. Das dauert bei mir alles so lange. Ich glaube, daß keine so komisch mit ihren Problemen umgeht wie ich.« dann fragen wir sie, ob sie eine Videoaufnahme von einer Therapiesitzung mit einer anderen Frau sehen möchte. Die meisten tun das gerne. In diesen Aufnahmen finden manche vieles von sich selbst wieder.

Es ist, als ob ich in einen Spiegel sehe. Meistens ändert sich danach die Fragestellung. War da zuerst: »Wie kommt das, daß es bei mir so lange dauert?« ist jetzt das: »Wie kommt das, daß so etwas bei uns so lange dauert?«

Die Klientin erfährt, daß die Problematik der Verarbeitung ihrer Erfahrungen nicht ihre persönliche Macke ist. Jede, die so etwas erfahren hat, würde auf ähnliche Weise reagieren.

Diese Erkenntnis der Gesellschaftlichkeit in den persönlichen Schwierigkeiten ermöglicht den Zugang zu der Prinzessin. Denn »wenn es uns allen so geht, bin ich wirklich nicht so bekloppt« verringert das Gewicht der Opferrolle und vergrößert die Möglichkeiten der Selbstbehauptung. Von großer Bedeutung in dieser Phase der Therapie ist die Entwicklung der Solidarität. Zuerst ist es eine Solidarität zwischen Betroffenen. Bald wird aber deutlich, daß es sich hier um eine Frauensolidarität handelt, wobei auch die Mütter nicht ausgeschlossen werden. Im Gegenteil sehen wir immer wieder, daß Betroffene gerade auch die Solidarität mit ihrer Mutter suchen. Denn beide sind dem Mann gegenüber in eine ähnliche Abhängigkeit geraten. Wenn Ursula für ihre eigene Sicherheit und Bestätigung Zeugen haben wollte, die gehört haben, daß der Vater zugegeben hat, daß er sie sexuell mißbraucht hat, dann hätte sie auch eine Freundin oder zum Beispiel eine Sozialarbeiterin mitnehmen können. Die kamen überhaupt nicht in Frage. Es sollte unbedingt die Mutter sein. Und keine andere Person.

Männer versuchen aber oft, diese Solidarität zu zerstören. Auch Psychotherapeuten haben Teil an diesen gesellschaftlichen Mechanismen. Wir halten es für notwendig, daß die Therapeuten versuchen, soweit wie möglich die Solidarität zwischen Tochter und Mutter zustandezubringen, und wenn sie existiert, sie zu unterstützen. Therapeuten, die den Betroffenen vermitteln, daß die Mutter es gewußt hat und daß sie sich entzogen hat, vielleicht weil sie frigide ist, gehen damit in eine völlig falsche Richtung. Sie zerstören den oft brüchigen Kontakt zwischen Mutter und Tochter, ohne zu wissen, was wirklich geschehen ist, und verhindern damit eine mögliche weibliche Solidarität. Viele Mütter wissen es nämlich tatsächlich nicht. Deswegen ist es auch wichtig, sie nicht zu schnell zu einer Stellungnahme zu zwingen. Eine Mutter soll erst informiert werden und die Zeit haben, diese Informationen für sich zu verarbeiten, bevor einer sie fragt, was sie davon hält. Oft stürzt auch für sie eine Welt zusammen. Im Chaos dieser Gefühle würde sie sich erst einmal für sich selbst entscheiden, was meistens bedeutet, sich gegen die Tochter zu stellen. Wenn die Mutter aber die Möglichkeit hat, ihre Enttäuschungen ohne Schuldzuweisung zu verarbeiten, ist die Chance groß, daß sie sich hinter ihre Tochter stellen kann. Damit würde ein wichtiges Bedürfnis der Tochter erfüllt.

Gesellschaftliche Strukturen und Mechanismen

Unser Verhalten wird zu einem großen Teil durch nicht greifbare gesellschaftliche Strukturen und Mechanismen bestimmt, die meistens so komplex sind, daß es kaum möglich ist, sie zu durchschauen. Den Blick für diese Dimension zu eröffnen, ist erst möglich, wenn der unmittelbare Anlaß für die Behandlung, die emotionalen Störungen und Hemmungen, bei der Klientin gemindert sind und wenn sie daran interessiert ist, weitere Verbindungen zu entdecken. In der System-Theorie wird davon ausgegangen, daß in einer Familie, wo Inzest stattfindet, die ganze Familie eine Störung hat und nicht nur das betroffene Mädchen. Für die Therapie würde das bedeuten, daß nicht nur das betroffene Mädchen alleine beteiligt sein sollte, sondern die ganze Familie. Das ist jedoch ein theoretischer Ausgangspunkt, der dem betroffenen Mädchen oft wenig weiterhilft. Denn es ist in Not. Und es dauert oft einige Zeit, bevor die anderen Familienmitglieder alle akzeptieren, daß auch sie ein Problem haben. Diese Vorgehensweise fordert unseres Erachtens auch sehr kräftige direktive Therapeuten und Methoden, um zu verhindern, daß auch die Therapeuten in das Machtsystem des Täters mit einbezogen werden. Denn klarmachen, wie das Familiensystem wirkt, bedeutet noch längst nicht, daß sich auch etwas zum Positiven ändern wird. Und eine gefangene Prinzessin kann sich selten selbst befreien. Es ist nicht unüblich, daß der Täter in der Lage ist, alle Aufmerksamkeit auf sich zu ziehen, wobei das betroffene Kind wieder im Stich gelassen wird.
Eine Klientin berichtete uns, wie ein Therapeut mit der Familie gearbeitet hat, nachdem sie ihm erzählt hatte, daß ein Onkel mit ihr sexuelle Erfahrungen gemacht hat. Die Eltern waren erschüttert, als

sie es hörten. Der Vater hat mit dem Onkel gesprochen. Daraufhin hat er dem Mädchen einen Blumenstrauß geschickt. Das Mädchen sagte:

Jeder machte sich Sorgen um ihn, und jeder ging davon aus, daß für mich mit diesem Blumenstrauß alle Probleme beseitigt waren. Ich habe aber immer noch die gleichen Beschwerden, die gleiche Angst, die gleiche Unruhe. Keiner kann das verstehen. Ich fühle mich jetzt noch weniger ernstgenommen als zuvor.

Das system-theoretische Denken ist zwar wichtig, aber in diesem Fall nicht ganz zu Ende geführt. Denn das Familiensystem ist Teil eines größeren Systems, nämlich der Gesellschaft, von dem es in seiner Existenz abhängig ist und großen Teils bestimmt wird. Wichtige Mechanismen in der Gesellschaft sind zum Beispiel das Nichternstnehmen von Kinderbedürfnissen, das Erzwingen der kindlichen Anpassung, das Bekämpfen von Affekten, das Tabuisieren der Sexualität und das Bagatellisieren beziehungsweise Verneinen des Inzests.

Wenn uns und unseren Klientinnen klar wird, wie wir von unserer Gesellschaft beeinflußt werden und wie wir dadurch blockiert werden können, kann die Klientin auch verstehen, daß sie nicht zuviel Energie darauf verwenden soll, ihre Umgebung in diesem Bereich zu verändern. Wenn wir und einige andere sie nicht massiv unterstützen, kann sie sicherlich ihre Gefühle, auch eine Prinzessin zu sein, nicht wachsen lassen.

Es hört sich vielleicht fatalistisch an, wenn wir meinen, daß die Betroffene nicht in der Lage ist, ihre Umwelt zu verändern, oft sogar nicht in der Lage ist, in ihrem sozialen Umfeld zu erreichen, daß sie verstanden und akzeptiert wird. Wir meinen damit keineswegs, daß wir nicht alles mögliche tun sollen, um die Gesellschaft zu verändern. Diese Kraft und Energie können wir aber nicht von einer Frau erwarten, die ein Opfer gerade dieser gesellschaftlichen Mechanismen geworden ist. Wenn die Klientin die Zusammenhänge sieht, erfährt und sie ihr bewußt werden, kann sie sich auch eindeutig entscheiden, die Struktur einzig und allein für sich zu durchbrechen und ihre Rolle in dieser Struktur zu ändern. Unsere Aufgabe ist es daran mitzuarbeiten, daß ein Klima entstehen kann, worin die Betroffene ihre geänderte Rolle auch leben kann. Konkret bedeutet das, daß wir mit anderen Therapeuten, Juristen, Polizisten, Sozialarbeitern und Lehrern gemeinsam versuchen, das Inzesttabu weiter zu durchbrechen.

In den therapeutischen Sitzungen bedeutet das, daß ein Verhalten gefördert wird, das sich gegen diese gesellschaftlichen Mechanismen wehrt, beispielsweise indem Rollenmuster durchbrochen werden. Am besten geht das selbstverständlich in gemischten Gruppen, wo Männer Frauenverhalten üben können und Frauen Männerverhalten. Hier ist es auch erlaubt, sich zu wehren, selbstverständlich auch gegen den Therapeuten, und hier ist Auflehnung etwas Selbstverständliches und Berechtigtes, ohne ›verräterisch‹ zu scheinen. Aggressivität wird geübt, sexuelle Themen werden nicht peinlichst vermieden und das Aussprechen und Durchsetzen von eigenen Bedürfnissen wird ermutigt.

Auch damit hört Therapie aber nicht auf. Das Ausprobieren von gesellschaftlich nicht sehr erwünschten Verhaltensweisen in einer möglichst angstfreien Atmosphäre ist zwar wichtig als Grundlage, aber nicht ausreichend. Mit der Klientin suchen wir gemeinsam nach Möglichkeiten, wie sie diese neuen Erfahrungen in ihrem alltäglichen Leben anwenden kann. Das bedeutet zum Beispiel, daß wir in der Therapie Situationen spielen, die die Klientin in nächster Zeit erwartet. In diesem Rollenspiel kann ihr dann klar werden, wer und was alles auf sie einwirkt und dafür sorgt, daß es meistens nicht so läuft, wie sie es sich gewünscht hat. Mit dem Spiel kann großen Enttäuschungen vorgebeugt werden. Die Klientin lernt, wie sie ihre Durchsetzungsfähigkeit entwickeln kann und wie sie in bestimmten Situationen vor allem ihr Wissen nicht vergessen soll. Dies spielt zum Beispiel in dem ganzen Prozeß einer Anzeige eine bedeutende Rolle. Gerade da ist es wichtig, daß die Klientin den Kontakt zu ihrer Prinzessin nicht verliert und sich nicht durch großen Außendruck in die Opferrolle zurückdrängen läßt.

Eine andere unterstützende Technik ist das minutiöse Besprechen von bestimmten Plänen. Dadurch können der Klientin verschiedene Aspekte ihrer Pläne schon vorher klarwerden. Sie entdeckt ihre Ängste in bestimmten Momenten, spürt schon vorher den Außendruck und von wem dieser kommt, und kann überlegen, ob und wie sie sich dagegen behaupten kann. Wenn eine Klientin in einer Sitzung sagt, daß sie in den nächsten Wochen ihre Geschwister einladen will, um ihnen zu erzählen, was mit ihr passiert ist, mit dem Ziel Unterstützung zu spüren, dann fragen wir genau nach. So entstand folgender Dialog:

Gerry: »Wann möchtest du das machen?«

Juliana: »In 14 Tagen.«

Gerry: »An welchen Tag denkst du?«

Juliana: »Mußt du das so genau wissen, das kann ich doch nachschauen.«

Gerry: »Ich möchte mal sehen, ob du das genau planen kannst.«

Juliana: »Da muß ich in meinen Terminkalender gucken.«

Gerry: »Mach das mal.«

Juliana: »Nächste Woche Donnerstag.«

Gerry: »Wann?«

Juliana: »Das weiß ich noch nicht.«

Gerry: »Versuch's doch mal festzulegen.«

Juliana: »Am Nachmittag.«

Gerry: »Möchtest du sie alle gleichzeitig einladen?«

Juliana: »Ja klar, dann brauch ich es nur einmal zu erzählen.«

Gerry: »Können sie alle nachmittags?«

Juliana: »Ach nein, klar. Einige arbeiten, dann muß es wohl abends sein.«

Gerry: »Was wäre am Nachmittag schöner?«

Juliana: »Das finde ich gemütlicher, da können wir vielleicht auch ein Stückchen spazierengehen.«

Gerry: »Kommt ihr öfter mal so zusammen?«

Juliana: »Selten, nur bei Familienfeiern.«

Gerry: »Wie denkst du, daß sie reagieren?«

Juliana: »Wenn ich das erzähle von mir?«

Gerry: »Ja.«

Juliana: »Daß sie erstaunt sind erstmal, daß sie es vielleicht auch vermutet haben, daß sie mich unterstützen.«

Gerry: »Alle?«

Juliana: »Das hoffe ich ja.«

Gerry: »Aber was erwartest du?«

Juliana: »Das weiß ich nicht.«

Gerry: »Haben sie alle vier eine gleiche Beziehung zu dir?«

Juliana: »Nein, mit meiner älteren Schwester und meinem Bruder habe ich eigentlich wenig Kontakt.«

Gerry: »Und wie ist deren Beziehung zu deinen Eltern?«

Juliana: »Das weiß ich nicht so recht.«

Gerry: »Wie geht es dir jetzt mit der Vorstellung von diesem Gespräch?«

Juliana: »Es wird mir ein bißchen mulmig im Bauch.«

Gerry: »Ist da ein Bild, ein Gefühl, ein Gedanke, etwas, das dir unheimlich ist?«

Juliana: »Ich glaube, daß sie alle vier gleichzeitig da sind.«

Gerry: »Was ist damit?«

Juliana: »Das ist mir zuviel. Ich kann ihre Reaktionen nicht einschätzen. Vielleicht bin ich da nicht so stark, wie ich mich jetzt fühle. Denn wenn mein Bruder irgendeine flapsige Bemerkung macht, bin ich weg, dann sitze ich da mit meinen Tränen. Weißt du, ich war, glaube ich, ein bißchen übermütig.«

Gerry: »Was jetzt?«

Juliana: »Ich mach' das Gespräch nicht.«

Gerry: »Überhaupt nicht?«

Juliana: »Nein, es ist mir zuviel.«

Gerry: »Vielleicht kannst du dir etwas Kleineres ausdenken.«

Juliana: »Wie kleiner?«

Gerry: »Etwas, das nicht so bedrohlich ist für dich.«

Juliana: »Du meinst zum Beispiel mit einem von ihnen. Ja, das kann ich machen. Dann rufe ich die Margret an. Das kann ich auch heute Abend machen. Dann frage ich, ob sie morgen nachmittag kommt. Dann bin ich das erst einmal bei ihr los.«

Durch das genaue Nachfragen kann der Klientin klarwerden, welche Konsequenzen ihre Pläne haben, und sie kann Enttäuschungen vorbeugen, indem sie sich dementsprechend auf die Situation vorbereitet, zum Beispiel für genügend Unterstützung sorgt, oder indem sie die Situation ändert und einen kleineren Schritt macht, als sie jetzt in ihrer Begeisterung machen möchte. Wichtig ist, daß die Klientin spürt, daß die Gefühle, die in der Therapie entstehen, nicht immer andauern können, wenn sie den Therapieraum verlassen hat. Zum Teil wird sie ihre Gefühle in den Alltag mit hineinnehmen können, zum Teil sollen wir die Realität ein Stück in den Therapieraum hineinziehen. Damit kommen wir zum nächsten therapeutischen Schritt.

Optimale Kontrolle eigener Lebensbedingungen

Daß sich eine richtige Psychotherapie, gerade in der Arbeit mit Inzestbetroffenen, nicht ausschließlich auf die Psyche beschränken darf, haben wir in diesem Kapitel klarzumachen versucht. Denn die Probleme der Betroffenen wurzeln nicht nur in ihrer Psyche, sie sind in direktem Körperkontakt entstanden und eingebettet in ein System von Macht und Machtlosigkeit. Gerade dieses System soll durch einen Psychotherapeuten nicht vernachlässigt werden. Es hängt zusammen mit dem strukturellen Machtübergewicht von Männern, sowohl in gesellschaftlichen wie auch in persönlichen Beziehungen zwischen Männern und Frauen. In der therapeutischen Arbeit sollten wir also darauf achten, worin die Betroffenen Macht über ihr eigenes Leben spüren und nutzen können. Damit sie die Erfahrung machen können, daß sie ihr weiteres Leben zum größten Teil selbst bestimmen können. Ausgangspunkt ist, daß die Klientin die fünf Säulen ihrer Identität malt: Leiblichkeit, soziales Netzwerk, Arbeit und Leistung, materielle Sicherheit und Werte.[31]
Die Art und Weise, wie die Betroffenen ihre fünf Säulen malen, zeigt viele Ähnlichkeiten. Auffällig ist eine sehr beeinträchtigte Säule der Leiblichkeit, meistens verursacht durch viele körperliche Beschwerden und durch das überwiegende Gefühl, sich im Körper nicht wohlzufühlen (siehe Kapitel 4). Beeinträchtigt beziehungsweise klein ist auch oft die Säule des sozialen Netzwerks. Wie wir es schon in den Kapiteln bisher beschrieben haben, führen Inzesterfahrungen dazu, daß Betroffene sich in sozialen Kontakten im allgemeinen unwohl fühlen. Sowohl das erzwungene Schweigen

wie auch das entstandene Mißtrauen gerade freundlichen Menschen gegenüber, sorgen dafür, daß Betroffene es bei sozialen Kontakten oft nicht leicht haben. Wie wir in Kapitel 10 beschrieben haben, ist auch die Säule der Werte oft nicht sehr unterstützend. Durch brutale Unterdrückung und erpreßte Anpassung haben Betroffene wenig Möglichkeiten gehabt, ihr eigenes Wertsystem aufzubauen. Auch wenn sie schon lange erwachsen sind, spüren sie noch, wie sie in dem Wertsystem ihrer Eltern gefangen sind. Als Rettungsring der Identität hat meistens die Säule der Arbeit und Leistung funktioniert. Sie ist dann auch bei den meisten Inzestbetroffenen sehr ausgeprägt. Der Bereich der Arbeit und Leistung ist der Bereich, auf den der Täter keinen Einfluß hat. Der Bereich, in dem sie sich am meisten sich selbst fühlen und sich behaupten konnten. Es entsteht ein »Leisten aus strukturellem Fehlen von Selbstvertrauen«[32]. Dies ist auch der Bereich, der die lebensnotwendige Unabhängigkeit ermöglicht beziehungsweise ermöglicht hat. Denn hieraus entsteht meistens die zweite stabilisierende Säule: die der materiellen Sicherheit. Es besteht die Möglichkeit, selbst über Geld zu verfügen, unabhängig zu sein, selbst zu entscheiden, was gemacht wird, wie es gemacht wird, was gekauft wird, wie es gekauft wird, keinen anderen nach den grundsätzlichen Lebensbedürfnissen wie Wohnung, Kleidung und Essen fragen und für deren Befriedigung dankbar sein zu müssen.

Die optimale Kontrolle der eigenen Lebensbedingungen bezieht sich vor allem auf diese beiden letzten Bereiche. Mit den Klientinnen, die diese beiden Säulen schon als stabilisierend für sich aufbauen konnten, brauchen wir in der Therapie oft wenig daran zu erweitern. Wichtig ist es dennoch, daß wir den Bereichen Aufmerksamkeit widmen, damit die Klientinnen sich in ihrer Stabilität auch bestätigt fühlen.

An erster Stelle steht diese Arbeit mit Klientinnen, bei denen diese beiden Bereiche nicht so positiv ausgeprägt sind. Dieses trifft für die Frauen zu, die sich in Abhängigkeitssituationen befinden. Das sind sowohl die jüngeren Mädchen, die noch keine eigene finanzielle Existenz aufbauen konnten, aber auch ältere Frauen, die in einer finanziell abhängigen Situation leben, zum Beispiel verheiratet sind und nicht selbst Geld verdienen. Für diese beiden Gruppen ist es wichtig, daß wir daran arbeiten, wie sie eine eigene finanzielle Existenz aufbauen, wie sie selbst über Geld verfügen und wie sie sich soweit wie möglich unabhängig machen können. Bei Jugendlichen und jungen Frauen ist diese Arbeit von großer Bedeutung. Denn wenn wir es in der Therapie nicht schaffen, daß diese Klientinnen ihre Macht und Unabhängigkeit entdecken und realisieren, indem sie Ansätze für eine selbständige finanzielle Existenz aufbauen, ist die Chance groß, daß sie als Fluchtweg nur noch die Straßenprostitution wählen können. Denn das ist für manche ein verzweifelter Versuch, die eigene Macht zu spüren und finanziell unabhängig zu werden. Wir werden uns hier mit diesem Thema nicht weiter beschäftigen, weil die Beziehung zwischen Inzest und Prostitution ausführlich in verschiedenen Forschungen und Büchern über Inzest beschrieben ist. Wir betonen diesen Aspekt der optimalen Kontrolle eigener Lebensbedingungen bei Mädchen und jungen Frauen in der Therapie, weil Therapie da eine vorbeugende Wirkung haben kann. Für uns ist es wichtig, daß Psychotherapeuten diesen Aspekt in ihre Arbeit mit einbeziehen. Die Möglichkeiten der Psychotherapie mit inzestbetroffenen Prostituierten nehmen wir in unserem Buch nicht auf, weil sich diese Frauen in der Regel selten in therapeutische Situationen begeben. Wahrscheinlich haben sie noch mehr Schwierigkeiten, über ihre Probleme und Erfahrungen zu reden, als die Frauen, die in die Therapie kommen. Außerdem befinden sie sich meistens noch in einem sehr starken Abhängigkeitsverhältnis, auch durch die Arbeit, mit der sie ihr Geld verdienen, um ihre gewünschte Unabhängigkeit zu realisieren. Wenn sie diese Arbeit aufgeben würden, hätten sie nicht sofort andere Möglichkeiten, um die Säule der Arbeit und Leistung so aufzubauen, daß sie genügend materielle Sicherheit haben. Wir finden es schade, daß die gesellschaftliche Struktur derartig ist, daß Psychotherapie für diese Frauen so schlecht erreichbar ist beziehungsweise daß sie diese so schlecht nutzen können. Wir denken, daß wir als Psychotherapeuten noch viele Schritte aus unserem schön geschützten Arbeitsraum herausgehen müssen, um auch für diese Frauen erreichbar zu werden.

13
Der unbekannte Prinz

Bis jetzt haben wir uns nur mit Inzesterfahrungen beschäftigt, die Frauen in ihrer Kindheit erlebt haben. Was ist aber mit den Männern. Wie wir am Anfang beschrieben haben, sind auch ein bis eineinhalb Prozent aller Männer Inzestbetroffene. Laut Forschungen sollen auch hier mehr als 90% der Täter Männer sein. Leider können wir diesen Klienten zur Zeit nur wenig Unterstützung bieten, weil sie uns aus der Literatur und aus unserer Praxis beziehungsweise Supervision zu wenig bekannt sind. Weshalb hierüber keine spezifischen Informationen oder Erfahrungsberichte in der Öffentlichkeit erscheinen, darüber können wir nur spekulieren. Ein Grund wird sicherlich sein, daß durch die feministische Literatur Frauen stark unterstützt werden, ihre Erfahrungen, auch im sexuellen Bereich, auszudrücken. Viele Männer haben in diesem Bereich noch immer ein großes Defizit. Sie reden über ihre Sexualität am liebsten mit Kumpeln in der Kneipe oder neuerdings in Männergruppen, aber sie scheuen offensichtlich die Öffentlichkeit.

Ein zweiter Grund zu schweigen, kann die Solidarität sein. In dem Moment, wo Frauen das Schweigen durchbrechen, ergreifen sie auch offensiv die Initiative gegen das andere Geschlecht. In dem Moment, da der betroffene Mann das Schweigen bricht, ergreift er zwangsläufig Partei gegen sein eigenes Geschlecht, und damit gegen sich selbst. Er könnte als erwachsener Mann jetzt genausogut ein Täter werden. Dann ist es oft leichter zu schweigen, damit man nicht noch mit diesem Zweifel belastet wird.

Wir möchten betroffenen Männern Mut machen das Schweigen zu durchbrechen, damit sie in der Männersolidarität auch ihre persönliche Identität finden beziehungsweise aufbauen können.

Die Täterin inkognito

In der ganzen Literatur über Inzest gibt es einen großen unbekannten Prinzen: der Mann, der als Junge Inzesterfahrungen machen mußte mit einer erwachsenen Frau, mit Mutter, Tante, Oma oder Kindermädchen. Die meisten Forscher in diesem Bereich der Sexualität haben keinen einzigen Fall von Mutter-Sohn-Inzest gefunden.[33] Sie fanden es auch derartig unwichtig, daß sie noch nicht einmal versucht haben, eine Erklärung für die große Diskrepanz im Verhalten von Müttern und Vätern ihren Kindern gegenüber zu finden. Rijnaarts erwähnt, daß eine größere Distanz zwischen Eltern und Kind Inzest heraufbeschwören würde. Deswegen gäbe es beispielsweise so viele Stiefväter als Täter. Bei Müttern könne das nicht entstehen, weil sie die primäre Verantwortung für die Kinderversorgung haben. Wenn diese Theorie stimmen würde, dann fragen wir uns, was mit den Stiefmüttern ist.

In diesem Zusammenhang möchten wir darauf hinweisen, daß dieses Thema für denjenigen, der es sehen will, schon Jahrhunderte lang in unserer Kultur anwesend ist. Wir denken hier an das Märchen von Hänsel und Gretel beispielsweise.

Die Stiefmutter hat die Idee, die Kinder in den Wald zu bringen, und sie da alleine zu lassen. Das führt dazu, daß beide Kinder zu der Hexe kommen. Diese Hexe, eine erwachsene Frau, will jeden Tag Hänsels Finger fühlen, um festzustellen, ob er dicker wird. Wenn er dick genug ist, will sie ihn ganz fressen, was ja direkt auf einen Koitus hinweist. Völlig unverständlich und unerklärt in dieser Geschichte bleibt nämlich, warum die Hexe nur Hänsel täglich fühlen will und nicht Gretel fressen will.

Wenn die Distanz Eltern/Kinder als kausaler Faktor für Inzest gesehen wird, dann müßte durch den zunehmenden Rollentausch Hausväter und arbeitende Mütter, eine Häufigkeit von Mutter-Sohn- Inzest auftreten. Dies ist uns bis jetzt unbekannt. Aus unserer Praxis wissen wir, daß auch Mutter-Sohn-Inzest stattfindet. Männer berichten darüber. Auffällig ist, daß die Erinnerungen von den männlichen Betroffenen nicht so prägnant und spezifisch sind wie die von weiblichen Betroffenen. Es handelt sich um Erfahrungen, die weniger greifbar sind. Wenn der betroffene Mann über seine Erfahrungen redet, spricht er davon, eingesponnen, umgarnt zu sein. Er kann genau beschreiben, was passierte: »Mutter stand regelmäßig mit halbgeöffnetem Bademantel in meiner Tür.« oder »Dann lag ich bei Mutter im Bett, und sie drückte sich mit ihrem gewaltigen Rücken gegen mich.« Er weiß aber immer noch nicht, wie er solche Situationen bewerten soll, weder wie er seine Gefühle, die diese Situationen ausgelöst haben beziehungsweise immer noch auslösen, einordnen kann. Keine der Mütter hat ihren Sohn an seinen Pimmel gefaßt, es sei denn, sie hat ihn gebadet.

Auf den ersten Blick handelt es sich hier stets um gesellschaftlich völlig akzeptierte Aktionen. Uns fällt hier die Diskrepanz der gesellschaftlichen Bewertung auf. Wenn eine Mutter mit halbgeöffnetem Bademantel in der Türöffnung bei ihrem 13jährigen Sohn steht, hat sich der Mantel zufällig geöffnet, und wenn es öfter geschehen ist, ist es höchstens ein bißchen komisch. Wenn ein Vater bei seiner Tochter das gleiche macht, wirkt das sofort bedrohlich. Wenn ein Vater seine Tochter von zwölf Jahren badet, dabei ihren ganzen Körper einseift und sie dabei liebevoll berührt, wird das als Inzest gedeutet. Wenn eine Mutter mit ihrem zwölfjährigen Sohn das gleiche macht, ist das für die meisten in unserer Gesellschaft ganz normal. Wer sagt uns aber, daß der Vater beim Berühren des nackten Körpers seiner Tochter mehr sexuelle Erregung erlebt, als die Mutter, wenn sie ihren nackten Sohn berührt. Selbstverständlich ist die mögliche Erregung unterschiedlich und zeigt sich auch unterschiedlich: die Tochter kann den erregten Penis vom Vater auch in seiner Hose meistens wahrnehmen. Der Sohn hat es aber schwerer. Die mögliche Erregung seiner Mutter ist für ihn ungreifbar.

Was führt zu sexueller Erregung

Wenn wir unsere Klienten fragen, was sie am anderen Geschlecht sexuell aufregt, sind die Antworten von Männern und Frauen sehr unterschiedlich. Wir wollen hier die häufigsten Gemeinsamkeiten zusammenfassen, ohne individuelle Unterschiede ausschließen zu wollen. Wir sind uns darüber bewußt, daß es etwas Klischeehaftes hat, dennoch, wenn es in unserer Gesellschaft ein Klischee gibt, dann gibt es das nun mal.

– Männer geben an: Beine, Busen, Haare, Po, Zähne, Möse, Augen.
– Frauen geben an: Bewegung, Hände, Po, Haut, Pflege.

Für uns kommt hier ein deutlicher Unterschied des sexuellen Erlebens zwischen Männern und Frauen zum Ausdruck. Während für Männer eher bestimmte Körperteile sehr wichtig sind (Brüste, Po), steht für Frauen eher der Gesamtkörper im Vordergrund (Haut, Pflege, Bewegung). Hinzu kommt, daß viele Frauen in ihrer Sexualität ein oft geringes Interesse am Genitalbereich des Mannes aussprechen, während Männer am Genitalbereich der Frauen durchschnittlich sehr interessiert sind. Dieser Unterschied gilt sowohl für die sexuelle Erregung durch den Körper des anderen wie auch durch den eigenen Körper. Männer sprechen eher das Bedürfnis aus, von einer Frau im Genitalbereich berührt und gestreichelt zu werden, während Frauen diesen Bereich kaum erwähnen. Sie möchten am liebsten am ganzen Körper liebevoll gestreichelt und gedrückt werden.

Wir möchten mit der Betonung der Unterschiede zwischen Mann und Frau nicht polarisieren. Dennoch gibt es Unterschiede. Sie haben unterschiedliche Interessen und Bedürfnisse, auch im sexuellen Bereich. Wir nehmen dabei wahr, daß die Unterschiede zwischen Männern und Frauen größer sind als die zwischen Männern untereinander oder Frauen untereinander. Aus diesen Unterschieden läßt sich erklären, daß die erwachsene Frau in einem sexuellen Kontakt mit einem Kind etwas anderes macht und möchte als ein erwachsener Mann. Die Erfahrungsberichte der inzestbetroffenen Frauen bestätigen diesen Unterschied. Die Täter sind interessiert an ihrem Penis und an der Vagina und den Brüsten des Mädchens. Wenn wir erwarten, daß Täterinnen, die gleichen Bedürfnisse und Interesse haben und auf die gleiche Weise vorgehen, werden wir tatsächlich nie Formen von Inzest zwischen Müttern und Söhnen finden. Erst, wenn wir den Unterschied in sexuellen Interessen akzeptieren, werden wir auch Inzest in dieser Form wahrnehmen können. Dazu gehört aber auch eine dementsprechende Bewertung. Wenn wir den Kontakt zwischen Mutter und Sohn sensuell nennen und den zwischen Vater und Tochter sexuell[34], obwohl beide durch das Entstehen von Lustgefühlen aus körperlichem Kontakt mit dem anderen gekennzeichnet sind, dann wird damit nur betont, daß das eine erlaubt und harmlos ist und das andere nicht.

Wir haben zu wenige männliche Betroffene bis jetzt behandelt, um Aussagen darüber machen zu können, zu welchen Problemen die unfreiwilligen sexuellen Erfahrungen in ihrem späteren Leben führten. Dennoch können wir feststellen, daß auch diese Erfahrungen einen schädlichen Einfluß haben, gerade durch ihre Ungreifbarkeit.

Es gibt kein Geheimnis

Als belastend für den Inzestbetroffenen kommt die positive Bewertung hinzu. Auch wenn er verunsichert ist von dem, was seine Mutter mit ihm gemacht hat, kommt sofort von ihm selbst oder von außen: »Da ist doch nichts Schlechtes daran, die Mama hat dich doch nur liebevoll versorgt.« Zwischen liebevoller Versorgung und Befriedigung der eigenen Bedürfnisse der Mutter kann der Junge nicht unterscheiden. Sogar als Erwachsener ist es schwierig zurückzublicken, wahrzunehmen und zu spüren, wo die Grenze der Intimität und der eigenen Bedürfnisse überschritten wurde. In der Hinsicht ist es für weibliche Betroffene leichter, weil der Täter fast immer vermittelt hat, daß es sich hier um etwas Geheimnisvolles handelt, etwas besonderes, »wovon Mama doch nichts erfahren darf«. Dieses Geheimnis braucht die Mutter nicht auszusprechen. Die Gesellschaft und auch der Vater akzeptieren die völlige körperliche Versorgung durch die Mutter ohne Fragezeichen bis weit in die Pubertät. Deshalb gibt sie dem Geschehen auch nicht den Anschein, etwas Besonderes zu sein und so kann der Junge nicht bemerken, wann die Grenze seiner Intimität überschritten wird und die Mutter ihre eigenen Bedürfnisse erfüllt. Erst viel später spürt der Junge meist, daß hier irgend etwas nicht stimmte. »Es war mir unwohl, obwohl Mutter so liebevoll zu mir war.« Erst jetzt kommt der Klient auf die Idee zu sagen: »Es war mir unwohl, weil Mutter so liebevoll zu mir war. Ich wußte nicht, wie ich auf ihren körperlichen Kontakt reagieren mußte.«

Auffällig ist, daß die Frau als Verantwortliche in einer Inzestsituation mit einem Jungen völlig ohne Verantwortung bleibt. Entweder gibt es das überhaupt nicht, wenn es das aber doch geben würde, sind es nur harmlose sensuelle Kontakte, oder es handelt sich um Erwachsene oder fast erwachsene Söhne, die ihre Mutter vergewaltigen. Auch Freud und Rank entlassen die Frau völlig aus der Verantwortung, indem sie betonen, daß der eifersüchtige Sohn inzestuöse Gefühle, Wünsche und Phantasien entwickelt (Ödipus). In bezug auf die Frage der Verantwortung betrachten wir derartige Gedanken als völlig irrelevant. Es ist ja kennzeichnend für das Kindesalter, daß Kinder zahlreiche Phantasien, Wünsche und Bedürfnisse in jedem Bereich entwickeln können. Es gibt keine Gründe diese zu verbieten. Leider versuchen es viele Erwachsene, weil sie selbst nicht in der Lage sind, auf eine erwachsene, adäquate Weise auf diese Phantasien und Wünsche zu reagieren, weil sie meist dadurch in Konflikt mit ihren eigenen Wünschen und Phantasien kommen. In einer Inzestsituation zwischen Mutter und Sohn bleibt trotz aller Phantasien des Sohnes, die Mutter die einzig Verantwortliche, weil sie in diesem Geschehen die einzige Erwachsene ist. Für die Rolle und Verantwortung des Sohnes gilt exakt das gleiche, wie wir das über Mädchen in den vorhergehenden Kapiteln beschrieben haben: sie sind immer unschuldig.

»Ich könnte ihren massigen Rücken bildhauern«

Über die Therapie mit inzestbetroffenen Männern können wir zur Zeit wenig schreiben was Hand und Fuß hat. Teilweise sind unsere Erfahrungen in diesem Bereich noch zu gering, teilweise sind wir noch mittendrin. Das führt dazu, daß wir nicht zu allgemeineren Aussagen kommen können, wodurch eine bestimmte Struktur klar werden könnte. Beeindruckend für uns ist, daß die betroffenen Männer, die bis jetzt in unsere Therapie kamen, alle eine eher schwermütige Lebenshaltung vermittelten: als ob sie etwas Schweres mit sich tragen. Dies ist vor allem auch im Bereich von Arbeit und Leistung spürbar. Sehr regelmäßig taucht das Gefühl auf, die Arbeit zwar bewältigen zu können, aber nicht gut genug zu sein. Oft fühlen sie das als einen ständigen Druck überfordert zu sein. Wenn wir das in Zusammenhang mit der Inzesterfahrung bringen, kann man vermuten, daß sich der Mann als Knabe in dieser Situation auch überfordert gefühlt hat, denn es wurden Leistungen von ihm erwartet, die er nicht bringen konnte, die der erwachsenen Frau nicht genügen konnten. Dieser Druck hindert diese Männer auch jetzt noch oft an ihrem Spaß in der Sexualität. Die Schwermütigkeit, der Druck und das Gefühl der Überforderung sind Gefühle, die die Klienten in und um sich spüren, gerade noch benennen, aber nichts Konkreteres damit anfangen können. Sie sind da, aber nicht zu packen.

Das ist auch in der Therapie das immer wiederkehrende Problem: die Nicht-Greifbarkeit. Deswegen richten wir unsere Therapie sehr stark darauf aus, sowohl die Erfahrungen als auch die Gefühle zu materialisieren. Dabei gehen wir auf gleiche Weise vor, wie wir es ab Kapitel 3 beschrieben haben. Viel Aufmerksamkeit bekommt dabei die Raumgestaltung (»Wo warst du? Was hast du von der Umgebung wahrgenommen?«) und die Körperhaltung der Mutter (»Kannst du beschreiben wo deine Mutter saß oder stand oder lag und wie ihre Haltung war beziehungsweise wie sie sich bewegt hat?«) Wir fragen dann so lange nach, bis sowohl dem Klienten wie auch für uns ein reales Bild entstanden ist, wie die Situation war und wie die Mutter sich benahm. In dem Moment fragen wir dann den Klienten, wie er diese Konkretisierung am besten ausdrücken könnte. Wenn Rolf dann zum Beispiel sagt: »Ich könnte ihren massigen Rücken bildhauern«, fragen wir ihn, mit welchem Material er das am besten tun könnte. Wir bieten ihm Stifte, Wachskreide, Papier, Ton usw. an. Aber es reicht alles nicht. »Das ist ja alles viel zu klein, damit kann ich das Gefühl dieses Rückens nicht wiedergeben. Ich müßte das in Bronze bildhauern. Ich sehe das jetzt so vor mir, ein riesiger gewaltiger Rücken, der liegt da vor mir. So weit ich gucken kann, sehe ich dieses Fleisch. Und es kommt immer näher auf mich zu. Ich liege hinter meiner Mutter. Sie kommt immer näher zu mir hin. Ich habe Angst, daß sie mich zerdrückt. Sie drückt sich gegen mich an, ich kann kaum noch atmen.«

Der Rolf hat jetzt die Situation zwar nicht mit Material dargestellt, aber das Material hat ihn in seiner Geringfügigkeit angeregt, das Bild ganz plastisch zu beschreiben. Wir alle hatten nach dieser Beschreibung ein klares Bild davon, was da im mütterlichen Bett passierte und vor allem wie der kleine Rolf sich dabei gefühlt haben muß. Mit vielen Fragen und Phantasiereisen in seine Kindheit zurück sind wir zu diesem Bild gekommen. Der Weg zu diesen realen Situationen ist oft ein mühsamer. Sobald er aber greifbar ist, in Materie ausgedrückt, ist es als ob sich viele Türen öffnen. Nachdem Rolf diese Situation beschrieben hat, fallen ihm plötzlich verschiedene Situationen ein, wo er sich genauso gefühlt hat. Er erkennt Situationen, wo er sich oft so mies fühlt, daß er keine Luft bekommt. Es sind die Situationen, wo etwas Massiges auf ihn zukommt. Er fühlt sich wie gelähmt und wird handlungsunfähig.

Diese Erkenntnis bewirkt natürlich noch längst nicht, daß der Betroffene auch anders mit diesen Situationen umgehen kann. Auch das ist ein oft jahrelanger, mühsamer Prozeß. Dabei ist es für den männlichen Betroffenen genauso wichtig wie für die weiblichen Betroffenen, die Lebendigkeit aus ihrer Kindheit und die Unabhängigkeit ihres Erwachsenseins zu finden und miteinander zu verknüpfen.

14
»Ich gebe dir dieses Paket zurück«

Thijs:»*Jetzt machst du schon einige Zeit lang Therapien.*«
Ursula:»*Ja.*«
Thijs:»*Wer bezahlt die?*«
Ursula:»*Einen Teil hat die Krankenkasse bezahlt, den Rest bezahle ich selber.*«
Thijs:»*Hast du mal daran gedacht, ihm, deinem Vater, die Rechnung zu schicken?*«
Ursula:»*Ja, habe ich versucht. Ist nicht. Er denkt gar nicht daran, etwas zu zahlen. Das ist mit Millionen Frauen in Deutschland auch geschehen.*«
Thijs:»*Könnte er zahlen?*«
Ursula:»*Sicher, er hat ein großes Grundstück. Ich habe noch versucht, meine Mutter einzuspannen, daß sie was für mich tut in dieser Richtung. Daß ich noch eine Ausbildung machen will und dafür Geld brauche. Sie hat mir aber fast einen Vorwurf gemacht, daß ich so etwas erwarte. Ich weiß, daß mein Vater eine sehr gute Rente bekommt. Abgesehen davon, interessiert es mich auch gar nicht. Das finde ich auch so entmutigend an dieser Stelle. Zwecklos in dieser Familie. Die interessiert das nicht. Die können das nicht sehen, daß mich das so belastet.*«

Inzestbetroffene haben es auch im Bereich von Schuld und Verantwortung nicht leicht. Über Jahrzehnte wurde versucht, ihnen die Schuld für die Inzestsituationen zuzuschieben und damit die Männer zu entlasten. Es ist faszinierend zu sehen, wieviele Kurven und Ausreden sich Männer ausdenken, um ›Männer – Täter‹ zu entschuldigen. Und immer wieder landen Schuld und Verantwortung in den Händen der Mädchen. Was natürlich nicht verwunderlich ist, weil sowohl Therapie wie auch Justiz bis vor wenigen

Jahren, und meistens auch jetzt noch, ausschließlich von Männern bestimmt werden. Dieser Übermacht an Gewalt ist keines der schweigenden Mädchen gewachsen. So ist in der Gesellschaft das allgemeine Bild entstanden, daß »die Mädchen auch wohl etwas dafür getan haben werden, daß es so weit gekommen ist«. In dieser Umgebung ist es schwierig, das Paket mit Schuld und Verantwortung, das ihr ständig vor die Nase gehalten wird, nicht ernstzunehmen. Wie wir schon in Kapitel 10 beschrieben haben, sind wir der Auffassung, daß die Verantwortung eindeutig bei den Männern liegt. Eindeutig bei den Erwachsenen und nicht bei den Kindern. Es handelt sich in Inzestsituationen nicht um einen Ödipus-Komplex, wobei die Tochter den Vater besitzen will, sondern um einen Antiochus-Komplex, worin der Vater seine Tochter besitzen will. Derartige Theorien, Beweise, Forschungen können unseres Erachtens nicht genug publiziert werden, um die betroffenen Frauen von ihrer Verantwortung zu entlasten. Wichtig dabei ist aber, daß nicht nur Frauen publiziert werden. Einerseits, weil unsere Gesellschaft kein Matriarchat ist und Männer noch oft den meisten Einfluß haben. Andererseits, weil auch die betroffenen Frauen Männern noch immer mehr Macht geben als Frauen. Wir erleben sehr oft, daß das, was Thijs sagt, eine viel größere Bedeutung und viel mehr Wert für den Klienten hat als das, was Gerry sagt. Sogar, wenn sie das Gleiche sagt. Das geht sogar so weit, daß Aussagen Thijs zugeschrieben werden, obwohl wir uns beide eindeutig sicher sind, daß sie von Gerry sind. Ein anderer Aspekt ist, daß das Paket von Verantwortung und Schuld der Betroffenen von Männern in die Hände gelegt worden ist. Deswegen sollten es auch Männer sein, die es ihr wegnehmen. Wir finden es auch wichtig, daß Frauen die Inzestbetroffenen entschuldigen. Mehr als 80% der gegenwärtigen Literatur über Inzest ist von Frauen. Zurecht sind sie es, die das Schweigen durchbrochen haben. Als nächstes sollte aber die Männersolidarität gebrochen werden. Ich, Thijs, möchte mich auch als Mann von den männerschonenden Theorien distanzieren. Ich möchte dazu beitragen, daß Inzestbetroffene auch ein differenziertes Männerbild entwickeln können. Das geht nur, wenn sie erfahren, daß auch Männer sie gegenüber anderen Männern schützen, daß Männer auch in der Lage sind, Fehler von Männern, auch die eigenen, aufzudecken.

Die Symbiose durchbrechen

In einer symbiotischen Situation zerfließen die Grenzen und die Wahrnehmungen von sich selbst und anderen. Die Abgrenzung zu den anderen findet nicht genügend statt und Unterschiede zu den anderen werden nicht mehr wahrgenommen. Das eigene Wohlbefinden wird beispielsweise vom Wohlbefinden des anderen abhängig gemacht. So fühlt das Kind sich nur wohl, wenn es dem Vater oder wenn es der ganzen Familie gutgeht. Wenn es dem Vater schlecht geht, fühlt sich die Tochter verantwortlich. Oft verstärkt der Inzesttäter dieses Gefühl, indem er mit dem Mädchen ein Stillschweigen vereinbart: »Mama erzählen wir nichts über uns.« Dadurch kann auch das Gefühl entstehen, daß etwas Schlechtes geschieht, nicht aber der Vater schlecht ist.

Der erste Schritt aus dieser Situation ist die Abgrenzung. Womöglich unterstützt durch eine räumliche Abgrenzung. Anschließend geht die therapeutische Arbeit in zwei Richtungen. Einerseits soll die eigene Identität aufgebaut werden, wie wir das in den vorigen Kapiteln beschrieben haben. Je mehr das betroffene Mädchen beziehungsweise die betroffene Frau ihre eigenen Bedürfnisse entdeckt und realisieren kann, um so mehr befreit sie sich aus dem symbiotischen Einfluß des Täters. Die andere Richtung ist die der konkreten Lebenssituation. Dabei ist es zum Beispiel wichtig zu sehen, was die Betroffene in ihrem Zimmer beziehungsweise in ihrer Wohnung hat, das etwas mit dem Täter zu tun hat. Zuerst fragen wir die Klientin, ob sie mal beschreiben kann, wie das Zimmer aussieht, wo sie sich am meisten aufhält, die Möbel, Lampen, Bilder, Farben, Bücher... Dann fragen wir sie, ob Sachen dabei sind, die sie von dem Täter bekommen hat oder ob es andere Sachen gibt, die sie an ihn erinnern. Wenn es solche gibt, bitten wir sie, sich diese noch einmal genau vorzustellen und darauf zu achten, was diese Gegenstände in ihr an

Gefühlen auslösen. Das ist deswegen wichtig, weil in einem symbiotischen Kontakt vieles automatisch passiert, ohne nachzufragen, ohne zu spüren, welche Gefühle das auslöst. Außerdem haben Inzestbetroffene sehr oft ihre Gefühle von ihren direkten Handlungen getrennt. In der Therapie versuchen wir beides wieder miteinander zu verbinden. Deswegen ist es bedeutsam, gemeinsam nachzuforschen, ob es in ihrer direkten Umgebung Sachen gibt, die so etwas wie ein verlängerter Einfluß des Täters sind, wodurch die Symbiose aufrechterhalten wird. Wenn der Klientin bewußt wird, daß es solche Sachen gibt und welche Gefühle sie in ihr auslösen, kann sie sich auch entscheiden, ob sie ihren Raum anders gestalten will, ob sie zum Beispiel diese Einflußmittel vorübergehend oder definitiv entfernen will.

Der nächste Schritt aus der symbiotischen Störung ist das Bewußtwerden, daß die Betroffene jetzt nicht mehr das Kind von damals ist und daß sie die ganze Situation als Erwachsene betrachten kann. Dann kann sie auch wahrnehmen, daß in einer Situation, in der Kinder und Erwachsene zusammen sind, eindeutig die Erwachsenen die Verantwortung haben. Mit dieser bewußten Erkenntnis bitten wir die Klientin, sich ihre Erinnerungen als Kind wieder hervorzurufen und zu versuchen, ob sie dieses Wissen um die erwachsene Verantwortlichkeit mit ihrem kindlichen Schuldgefühl verknüpfen kann. Daraus entsteht meistens ein Gefühl von Empörung dem Täter gegenüber und tendenziell ein sich Distanzieren von der eigenen Schuld und Verantwortung. In diesem Prozeß halten wir es für notwendig, daß die Klientin offene und direktive Therapeuten erlebt, die auch die Schuld und Verantwortung eindeutig auf den erwachsenen Täter schieben. Eine Klientin würde in dieser Situation zu viel belastet werden, wenn sie ausschließlich alleine in ihrem wackeligen Wertsystem suchen muß, ob sie vielleicht weniger Verantwortung hat, als sie immer gefühlt hat.

Was wäre ich ohne Schuld?

Hiermit ist das Problem aber noch längst nicht erledigt. Denn keiner läßt sich ein Schuldgefühl gerne nehmen, noch weniger wird er es aus eigener Initiative ablegen. Denn Schuldgefühle vermitteln auch eine Illusion der Macht: »Wenn ich Schuld habe, habe ich Fehler gemacht, das bedeutet, daß ich auch die Macht hätte, es anders zu tun.« Sich von diesem Schuldgefühl zu trennen, bedeutet auch sich von einer Illusion der Macht zu trennen. Zum Teil wird dieser Prozeß dadurch erleichtert, daß die Klientin ihre wirkliche Macht entdeckt und gespürt hat, wie wir es in Kapitel 11 beschrieben haben. Ich kann oft etwas nur weglegen, wenn ich weiß, was es ist und wie es aussieht. Aus diesem Grund lassen wir Klientinnen ihr Schuldgefühl in Material ausdrücken. Wir bitten sie zum Beispiel ihr Schuldgefühl in Ton zu formen. Wie könnte es aussehen: breit, hoch, mit Löchern, schwer, dick, stachelig. Dann fragen wir, ob sie es hinstellen beziehungsweise legen kann und assoziieren, was es sein könnte, das sie da sieht. (Wenn wir diese Aktivität in einer Gruppe machen, bastelt jeder sein eigenes Schuldgefühl und stellt es auf ein Blatt Papier hin. Danach betrachten alle Teilnehmer die verschiedenen Skulpturen und schreiben auf ein Blatt, welche Assoziation sie bei dieser Skulptur haben.) Auch die Therapeuten teilen hier ihre Assoziationen mit. Dann entsteht zum Beispiel folgendes Assoziationsbild: Blume, Muschel, erstarrtes Tier, verwachsener Strauch, unterdrückter Schrei. Wenn wir die Klientin anschließend fragen, was diese Assoziationen und diese Skulptur bei ihr auslösen, sagt sie: »Die Assoziationen stimmen für mich, ich fühle mich oft so verknotet, so abgewürgt und möchte oft schreien und kann das nicht. Ich fühle mich oft ohnmächtig. Ja. Es könnte auch meine Ohnmacht sein, die da liegt.

Gerry: »Möchtest du das behalten?«
Lisa: »Es ist mir sehr vertraut.«
Gerry: »Darin kennst du dich.«
Lisa: »Ja.«
Gerry: »Damit fühlst du dich auch sicher?«

Lisa: »Ich glaube schon, aber unangenehm ist es auch. Ich kenne mich jetzt auch anders und empfinde es dann oft als lästig.«

Gerry: »Was möchtest du damit machen?«

Lisa: »Wieder zusammenkneten.«

Gerry: »Und wieder mitnehmen?«

Lisa: »Nein, dann habe ich es immer noch. Und ich möchte es eigentlich gerne loswerden.«

Gerry: »Und dann? Dann hast du nichts mehr.«

Lisa: »Ich bastele mir meine Freiheit.«

Gerry: »Wo soll dies dann hin?«

Lisa: »Zu dem es gehört.«

Gerry: »Wer ist das?«

Lisa: »Der das in mir gemacht hat.«

Gerry: »Wen meinst du damit?«

Lisa: »Meinen Onkel.«

Der leere Stuhl

An dieser Stelle wäre ein Gespräch mit dem Täter wünschenswert, gleichzeitig aber zu bedrohlich. Fritz Perls hat dazu das hervorragende Mittel des leeren Stuhls entwickelt. Die Klientin stellt sich vor, daß derjenige, mit dem sie sprechen möchte, auf den sie schimpfen möchte, dem sie etwas zurückgeben möchte, auf einem Stuhl sitzt, der vor ihr steht. Zur Unterstützung fragt der Therapeut zuerst, ob sie den Mann beschreiben kann, wie er aussieht, wie er da sitzt, wie sein Gesichtsausdruck ist, seine Haltung, seine Kleidung. Danach folgt ein Monolog: Die Klientin sagt ihm alles, was sie ihm gegenüber loswerden möchte. In vielen Fällen könnte daraus ein Dialog entstehen. Das bedeutet, daß die Klientin sich auf den leeren Stuhl setzt, sich in ihn hineinzuversetzen versucht und aus der Position dieser Person auf ihre eigenen Sätze zu antworten. Diese Phase halten wir für Inzestbetroffene aber für nicht angemessen. Denn wenn sie gerade versucht, sich mühsam abzugrenzen, ist die Wahrscheinlichkeit sehr groß, daß auf diesem Stuhl die Symbiose mit dem Täter wieder voll eintritt. Plötzlich kann sie alles mögliche von seiner Handlungsweise verstehen und vergißt dabei ihren eigenen Ärger, ihre Verzweiflung und ihr Anliegen, die Schuld und Verantwortung zurückgeben zu wollen.

Weil ein Monolog aber für die Klientin oft nicht ausreicht, weil sie das Gefühl hat, daß sie in einen luftleeren Raum spricht, daß alles sowieso nicht beim Täter ankommt, es nichts nützt, übernimmt Thijs oft die Rolle des Täters. Er stellt sich hinter den Stuhl und sagt Sätze, von denen er vermutet, daß der Täter sie sagen könnte. Gerry unterstützt die Klientin, bei sich zu bleiben, sich abzugrenzen auch von diesen Sätzen und ihr Ziel durchzusetzen: das Schuldgefühl zurückzugeben.

Auf diese Weise entstand mit Barbara eine Situation, die sie wie folgt beschreibt:

Thijs fordert mich auf, trotz meinem Versprechen es niemandem zu erzählen und trotz Belohnung (Taschengeld), ein Versprechen zu brechen und es Mutter zu erzählen.
Ich kann mir meinen Vater auf dem Stuhl vorstellen und sage ihm:
Ich habe keine Schuld, ich will keine Verantwortung übernehmen. Ich wiederhole es ein- oder zweimal. Es ist nicht leicht, aber ich schaffe es, weil ich weiß, ich werde gerade beschützt.

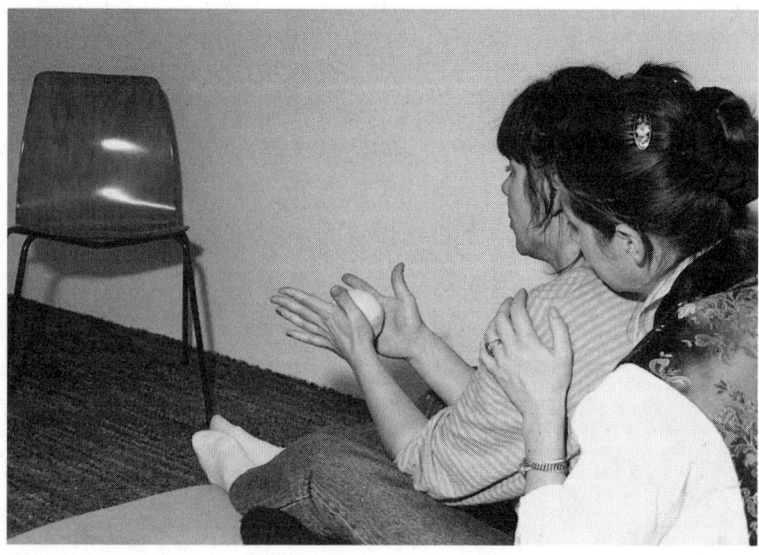

Thijs fragt mich: »Liebst du deinen Vater nicht mehr?« Ich wehre sofort ab und sage: »Nein, ich liebe ihn nicht mehr, aber ich mag ihn noch.« Thijs: »Dann sag es ihm.«
Zum Stuhl schauend: »Vater ich mag dich noch.« Ich spüre, wie ich immer ruhiger werde, die Starre und der Krampf in der Kehle sind weg, ich fühle mich warm und weich. Thijs fragt: »Fühlst du dich schmutzig?« »Nein.« »Dann sag es ihm.«
»Vater, ich bin nicht schmutzig.«
Langsam beginne ich mich in der Runde umzuschauen, ganz vorsichtig mit dem Schutz von Gerry im Rücken, kann ich die anderen anschauen, sehe ich ihre Betroffenheit und auch Wärme bei vielen. Einige weinen. Ich fühle mich schläfrig und wohlig wie nach einer langen schweren Anstrengung.
Die Arbeit mit Gerry und Thijs ist für mich die erste Erfahrung mit diesem Problem, und ich habe das Gefühl, ein gutes Stück dabei weitergekommen zu sein. Besonders wohltuend war die Unterstützung des Bewußtseins, daß ich keine Schuld habe, daß nicht ich die Verantwortung habe, sondern mein Vater. Ich war ein Kind, und ich habe meinen Vater sehr zärtlich geliebt. Das tue ich heute auch noch. Er ist seit fünf oder sechs Jahren tot.

Ergänzend und/oder stellvertretend für die Arbeit mit dem leeren Stuhl kann ein Brief an den Täter geschrieben werden, in dem die Betroffene ihre so lange mit sich herumgetragene Schuld und Verantwortung zurückschickt. Wichtig ist, daß es ein Mittel ist, mit dem sich die Klientin von der falschen Schuld abgrenzt und die wirkliche Verantwortung wahrnehmen kann. Dieser Brief soll auch in der Therapiesitzung besprochen werden. Ob er jemals weggeschickt wird, ist dabei überhaupt nicht von Bedeutung. Denn das ist ein ganz anderes Ziel. Der erste Schritt ist, daß die Klientin sich in der Lage fühlt, diese Belastung auszudrücken, von sich zu geben. Ein nächster Schritt, bei dem eine Klientin auch sicherlich therapeutische Begleitung braucht, ist die mögliche reale Auseinandersetzung mit dem Täter. Es kann sein, daß der Brief tatsächlich weggeschickt wird, daß die Klientin eine Strafanzeige stellt oder daß sie den Täter für ein Gespräch besucht. In allen Fällen fordert das von der Klientin einen starken Kontakt mit ihrer Prinzessin, mit ihrer Eigenständigkeit, mit ihrer Macht, damit sie die sicherlich zu erwartende Enttäuschungen so verarbeiten kann, daß es sie nicht in ihre Geschichte zurückwirft. Denn Inzesttäter fühlen sich nicht schuldig. Sie können nicht mit einem Schuldgefühl leben. Deswegen ist eine Begegnung mit dem Täter auch nach vielen Jahren nie eine leichte Aufgabe.

Der Besuch

Einige Zeit nach der Sitzung, die wir am Anfang dieses Kapitels beschrieben haben, hat Ursula all ihren Mut zusammengefaßt, sich als ihre Prinzessin gekleidet, und ist zu ihrem Vater hingefahren.

Der Besuch bei Leo: Es war der fünfte Jahrestag. Am selben Tag wie damals vor fünf Jahren fuhr ich um drei Uhr los und war um halb sechs Uhr auf dem Grundstück. Fünf Jahre zuvor war ich um drei Uhr aufgewacht, schweißgebadet und stank nach mir, fühlte mich todkrank, hatte aber kein Fieber.

Ich mußte mich auf diesem Grundstück – 280 Meter lang, etwa 20 Meter breit – erst einmal zurechtfinden. Da war das Grundstück meiner Kindheit vor Leos Zeit, das ich nach dem Bombenkrieg 1944 als Paradies sah, den Ententeich, in dem sich Wolken und Bäume spiegelten, die lange Wiese, auf der bunte Blumen wuchsen. Da war der Garten, den ich ab meinem zwölften Lebensjahr fast alleine umgegraben, geharkt, bepflanzt, in dem ich Unkraut gezupft, Beeren gepflückt, Obst und Kartoffeln geerntet habe. Da war der Garten jetzt, heute. Ich weinte sehr lange, genoß die Stille, etwas wie Frieden zog ein. Ich hatte mich schön angezogen, Rock, Bluse aus Seide, rote Schuhe, Schmuck trug ich, hatte lange Haare, die ich endlich tragen konnte, wie ich es wollte: lang, lockig, offen, ich war geschminkt, alles, was ich nie durfte. Ich ging auf das Grundstück, Erinnerungen tauchten auf, vieles war verändert. Dort, wo früher die Hühner ihren Auslauf hatten, hatten jetzt drei Schweine, die Leo für einen Kumpel fütterte, den Boden aufgewühlt. Ich klopfte mit der Faust gegen Leos verschlossene Eisenschutzwände vor den Fenstern und rief laut: »Leo, komm raus!« Zwölf Mal insgesamt mit Pause. Nichts rührte sich! Ich war erleichtert und enttäuscht zugleich. Erleichtert – die Konfrontation findet nicht statt, ein Glück; enttäuscht – alle Bemühungen für diesen Tag umsonst, er ist nicht da. Dennoch entschloß ich mich zu warten. Gegen sieben Uhr kam er wie der Schauspieler Gerd Fröbe in zerrissenem Hemd und Männerhose aus dem Haus und wollte vor der Haustüre pissen. Ich dachte: »Das muß ich nicht haben.« und wollte weggehen. Ich saß, fünf Meter entfernt von der Haustür auf einem Baumstumpf. Leo bemerkte meine Bewegung, sah mich, brüllte wie ein Tier, das angeschossen ist aber nicht tödlich verwundet: »Was wollen Sie hier? Wer sind Sie? Ich rufe die Polizei. Sind Sie die Verrückte von nebenan? Lassen Sie mich zufrieden!« Ich bemerkte, er erkannte mich nicht, bemerkte, daß ich keine Angst mehr vor ihm hatte.

Er holte seine Brille und kam nahe auf mich zu. Dann erkannte er mich, ein kurzes Aufleuchten ging durch sein Gesicht, das sofort wieder weg war. »Ulla, du?« Er war maßlos erstaunt. Dann aber brach Wut aus ihm. »Was willst du? Laß mich zufrieden!« Ich ließ ihn brüllen. Dann sagte ich: »Ich will 20000,- DM als sogenannte Wiedergutmachung!« Seine Wut war unvorstellbar. Und ich dachte: »Er weiß, daß er Unrecht getan hat, deswegen wehrt er sich. Früher hatte mich diese Wut klein gemacht. Das ist vorbei.«

Er wehrte sich noch, dann fragte er unvermittelt: »Willst du mit mir frühstücken?« Ich willigte ein, holte Brötchen vom Bäcker. Ich weinte den ganzen Weg hin und zurück. Er hatte sich Mühe gegeben, den Tisch zu decken. Plötzlich beim Essen sagte er: »Ulla, ich freue mich, daß du gekommen bist.«

Es brach so unvermittelt aus mir heraus: »Du hast mir soviele Jahre wehgetan, warum, warum, warum, ich habe dich so geliebt, du hast mich belogen und betrogen, mein Leben hat keine Erfüllung haben können, weil du es zerstört hast!« Er hörte sich alles an, danach wollte er meinen Zustand bagatellisieren, denn meine Geschwister, die ich jahrelang nicht gesehen hatte, sagten von mir, daß ich entweder drogen- oder tabletten- oder alkoholabhängig oder geistig nicht normal und schwer krank sei.

Mein Zorn flammte auf, und ich brüllte meinen Schmerz, meine Verluste, meine über 30 Jahre alten Ängste heraus. Er hörte zu! Es dauerte wohl eine halbe Stunde mit kurzen Unterbrechungen. Er hatte mich nicht tot-gebrüllt, er sah mich an, und ich erkannte, daß er etwas begriff. Ich weinte und weinte. In das Weinen sagte er: »Ulla, das habe ich nicht gewollt! Wenn ich könnte, ich würde die Zeit zurücknehmen.« Ich war noch nicht auf Versöhnung eingestellt und fragte: »Warum, warum hast du es getan? Mich eingesperrt? Mir Freundinnen, Bücher, Musik, Tanzen, Weggehen verboten, warum, warum?«

Er wurde immer betroffener. Dann sagte er: »Ulla, ich habe dich mit elf Jahren gesehen. Du hattest mich vor deiner Mutter und deinem Großvater verteidigt. Da hatte ich ein Gefühl, das ich nie zuvor in mir erlebt habe.

Es war so schön, dieses Gefühl! Das wollte ich immer behalten! Und dann ist es so geworden, wie ich es nie gewollt habe.«

Ich fragte: »Was war das für ein Gefühl?« Er sah richtig blöde aus! Ich sagte: »Leo, das war Zärtlichkeit, Liebe! Und du hast mit deinem geizigen Verhalten dein Liebstes, wie du sagst, zerstört, mich deine Tochter! Ich wäre die Wärme deines Alters gewesen, hätte Kinder gehabt, du hättest kommen können!«

Ich bemerkte, daß ich ihn noch immer liebte. Das war erschütternd für mich! Aber ich war frei, nicht mehr abhängig von ihm. Ich sagte dann irgendwann:»Ich liebe dich noch immer!«

Er weinte nun auch und sagte:»Du warst der einzige Mensch, den ich wirklich geliebt habe, den ich immer behalten wollte. Niemand sonst hat mir soviel bedeutet!« Ich begriff in diesem Moment die Tragik seines Lebens, war dankbar, nicht Täter zu sein, nur Opfer. Dann sprachen wir Stunden über Einzelheiten. Mein Erstaunen wuchs, weil er zuhörte, nicht unterbrach. Ich fragte ihn, wie er mit dieser Last lebte. Er sagte, er hätte sich als Mensch vergeben und will soweit es in seinen Kräften steht für mich finanziell sorgen. Er gab mir gleich 2000,- DM mit, 5000,- DM wollte er überweisen und 7000,- DM in Raten zu 250,- DM im Monat überweisen. Und bei der Einwilligung, das Geld anzunehmen, bemerkte ich, ich wollte kein Geld, es war nicht mehr so wichtig, denn die Angst, die ich verloren hatte vor ihm, das Eingeständnis seiner Schuld, sein ehrliches Bedauern gab mir meine Würde zurück und das Gefühl, Rechte zu haben. In meinem Gefühl war ich bis zu dem Zeitpunkt würde- und rechtlos.

Irgendwann sagte er: »Tochter, meinst du, daß du dich so kleiden mußt?« Ich antwortete:»Meinst du Leo, daß es dich heute noch etwas angeht?« Wir lachten beide, und ich sagte: »Du willst immer noch bestimmen, kontrollieren, vorschreiben. Leo, deine Zeit und Macht ist vorbei.«

Er äußerte seine Wünsche, mich besuchen zu wollen, mit mir spazieren zu gehen, essen zu gehen. Ich sagte:»Leo, das ist mir alles zu schnell, Spaziergänge jetzt, würden mich an früher erinnern, das halte ich nicht aus. Mich besuchen ja, aber nie bei mir übernachten, nur im Hotel!« Er war sprachlos über meine Direktheit, akzeptierte traurig: »Das ist wohl der Preis, daß ich nie mehr in deine Nähe darf!« Ich sagte: »So ist es!« Wir schwiegen lange.

Der Abschied nach acht Stunden war eine Erlösung. Ich war total erschöpft. Ich dachte daran, daß es niemanden gibt für mich, der sofort da war, wenn ich heimkam. Das tat sehr, sehr weh, aber ich akzeptierte auf der Fahrt nach Hause diese Realität, meine Realität!

Ich war stolz auf mich, das getan zu haben, das jahrzehntelange Verstekkenmüssen war endgültig vorbei.

Von diesem Tag an wuchs noch einmal die Gewißheit, ich werde den Mißbrauch überwinden. Ich freue mich auf die Zukunft, kann in der Gegenwart viele Gefühle leben lassen.

15
Ich möchte so gerne mit jemandem zusammenleben

Ursula:
»Mein erster Kontakt den ich hatte, ich muß gerade lachen, war ein katholischer Priester. Später habe ich mich dafür geschämt, aber irgendwie war das auch schön. Es ist nicht richtig zum Geschlechtsverkehr gekommen. Er hatte noch weniger Ahnung als ich. Es war auch so etwas wie Sünde. Ich war da 26. Die Beziehung hat drei Jahre gedauert. Du weißt, wie oft ein katholischer Priester, der gerade Mönch ist, frei hat. Für mich war das viel. Für mich war das vor allen Dingen, daß ein Mann mich mag. Das war gar nicht so sehr das Sexuelle, sondern, daß ich wie eine Frau für ihn war.
Mit 33 lernte ich Dietrich kennen. Er war verheiratet. Er lebte 160 Kilometer von mir entfernt. Das war ideal für mich, für ihn auch. Den sah ich so alle zwei bis drei Monate, aber nur für einen Tag. Doch, einmal ist er nachts geblieben, weil ich das wollte. Seine Frau durfte das nicht wissen. Damit ist mir nochmal etwas klar geworden. Ich habe nach außen hin verkörpert, daß ich so emanzipiert bin und keinen festen Partner brauche. Aber damit habe ich auch abgewehrt... Es war auch irgendwie komisch. Er war wie ein Schutz. Aber mit dem Bett hatte ich nichts zu tun. Außer, daß er nicht so gemein war, wie mein Vater, war es dasselbe. Wenn ich in der Zeit einen Film gesehen habe, habe ich bei Liebesszenen immer weggeguckt. Aber heimlich Pornos gelesen. Damit ich schöne Gefühle kriege. Das habe ich nur mit Gewaltszenen oder auch mit meinem Tagtraum.
Als ich in die Krise kam, ging die Beziehung mit Dietrich zu Ende. Dann ist er noch etwa ein Jahr gekommen, aber ich konnte nicht mehr mit ihm ins Bett. Das ging nicht mehr. Und wann immer Dietrich wegging, wenn er dagewesen war, habe ich gesoffen. Sechs

oder acht bis zehn Cognac. Ich habe noch einmal mit ihm geschla-
fen, weil ich wissen wollte, wie das ist, wie das ist, wenn er mich
verläßt. Nach dem letzten Mal habe ich ihm einen Brief geschrieben.
Ich wollte wenigstens einmal das Gefühl haben, daß er da ist. Ich
konnte ihn nicht halten. Ich konnte mir das auch nicht vorstellen.
Das ging nicht. Dabei war er so ein schöner Mann. Schlank, sport-
lich, schöne Hände und Füße. Er sieht dir sehr ähnlich, Thijs. Auch
die Art zu gucken, wie du.

Nachdem ich weiß, was Kontakt ist, befürchte ich, daß ich nur noch
Kontakt mit Johannes habe. Manchmal habe ich gedacht, daß ich
Opfer eines Konzentrationslagers geworden bin. Wo Versuche mit
Menschen gemacht worden sind.

Wichtig ist jetzt für mich der Kontakt zu meiner Freundin. Sie ist
die erste richtige Freundin. Mit ihr habe ich erstmals mehr erlebt,
ich liebe sie, sie weiß das aber nicht, weil ich Angst davor habe,
in ihren Augen eine Lesbierin zu sein. Gefühle von Zärtlichkeit,
Wärme wurden durch sie lebendig. Neun Monate haben wir fast
täglich nach der Arbeit bis weit in die Nacht hinein geredet über
die Schule, über unsere Kindheit, über unsere Verletzungen, dabei
stand der sexuelle Mißbrauch nicht im Mittelpunkt. Nach 23 Jahren
war sie die erste erwachsene Person, von der ich mich bei der
Begrüßung, beim Abschied oder wenn sie sich über etwas freute,
was ich ihr geschenkt habe, in den Arm nehmen lassen konnte und
den ersten wirklich unerotischen Kuß bekam, der erotischer war,
als alle Küsse zuvor. Ihr vertraute ich, weil ich sie für mich als den
ehrlichsten Menschen kennengelernt hatte, bezogen auf ihre Ge-
fühle zu mir, und weil sie für mich alle Vereinbarungen so einhielt,
wie sie besprochen waren. Es gibt Konflikte zwischen uns, die wir
offen austragen, aber nie mit der Absicht einander zu zerstören und
beschuldigen.«

Ein zentrales Problem in der alltäglichen Realität von Inzestbetroffenen ist das Aufbauen eines sozialen Netzwerks durch interpersonale Beziehungen. Durch die Inzesterfahrungen sind die fünf Säulen der Identität erheblich gestört (siehe Kapitel 12). Durch den
damit zusammenhängenden, beschränkten oder fehlenden Kontakt

zu Gleichaltrigen, durch das erzwungene Schweigen, ist das grundsätzliche Vertrauen zu anderen Menschen zutiefst erschüttert. Eine ständige, harmonische Abwechslung zwischen Nähe und Distanz, kann weder ausprobiert, noch aufgebaut werden. Inzestbetroffene müssen sich zum Überleben nach den Erfahrungen notgedrungen immer zurückhalten. Sie können sich nie ohne Kontrolle spontan in einen Kontakt hineinbegeben, denn immer ist da die Angst, daß der andere diesen Kontakt ausbeuten könnte. Gleichzeitig ist da die endlose Sehnsucht nach einem warmen, herzlichen, verständnisvollen Kontakt. Der Wunsch, angenommen zu werden, und die Angst, wieder im Stich gelassen zu werden. Von dem Moment an, in dem die Inzesterfahrungen stattgefunden haben, fehlt den Betroffenen das spielerische Ausprobieren. Alles wird sofort ernst. Damit gehen den Betroffenen viele Erfahrungen verloren, und sie müssen, ähnlich wie wir das in Kapitel 9 beschrieben haben, oft wieder ganz von vorne anfangen. Das ist natürlich nicht möglich, weil ihnen die Unbeschwertheit fehlt. Es ist jetzt alles viel ernster geworden.

Bevor wir uns aber ansehen, wie diese Frauen einen unterstützenden sozialen Kontakt aufbauen können, erscheint es uns sinnvoll, mit ihnen gemeinsam zu diagnostizieren, wie sie bis jetzt ihre Kontakte aufgebaut, gepflegt und abgeschlossen haben. Vielleicht können sie, wenn sie die Struktur der wichtigsten Kontakte in der vergangenen Zeit nebeneinander sehen, ein bestimmtes Kontaktmuster entdecken, das sich unbemerkt in ihr Leben eingeschlichen hat.

Beziehungspanorama

Wir bitten die Klientin, sich bequem hinzusetzen beziehungsweise hinzulegen:

Spüre deinen Körper, mach dich so schwer wie möglich, spür deinen Kontakt mit dem Boden, beziehungsweise mit dem Stuhl. Versuche die Spannung, die du im Körper spürst, abzugeben. Mache dich schwer. Laß Gedanken, die kommen, kommen, wenn sie weggehen, laß sie wieder weggehen. Versuche nichts festzuhalten. Achte auf deine Atmung, spüre sie in deinem Körper, versuche sie bis in die Bauchhöhle gehen zu lassen. Atme ruhig, nicht tiefer und schneller als sonst. Wenn du bemerkst, daß du nicht bequem sitzt beziehungsweise liegst, dann ändere deine Position. Gehe mit deiner Aufmerksamkeit in deine Kindheit zurück, soweit wie du dich erinnern kannst. Betrachte jetzt die Zeit zwischen deiner Geburt und etwa zwei bis drei Jahren. Welche Menschen waren in der Zeit wichtig für dich, welche sind gekommen, welche sind weggegangen? Welche waren da?

Gehe jetzt mit deiner Aufmerksamkeit zu der Zeit zwischen deinem zweiten und sechsten Lebensjahr. An welche Beziehungen erinnerst du dich? Welche Menschen waren da wichtig für dich, mit wem hattest du viel Kontakt? Wie entwickelten sich diese Kontakte?

Betrachte dich jetzt in der Zeit zwischen sechs und zwölf Jahren. Die Schulzeit. Sind neue Kontakte dazugekommen, alte Kontakte abgebrochen beziehungsweise abgeschlossen worden? Waren da negative Beziehungen, positive Beziehungen?

Gehe jetzt mit deiner Aufmerksamkeit zu der Zeit zwischen deinem zwölften und 18. Lebensjahr. Welche Beziehungen sind für dich in dieser Zeit im Vordergrund gestanden? Welche haben dir viel Freude bereitet, welche viele Schmerzen?

Schaue jetzt in die Zeit zwischen deinem 18. und 24. Lebensjahr. Wenn dein Alter erreicht ist, kannst du da verweilen und nochmal ruhig zurückblicken. Welche Kontakte waren in dieser Zeit für dich wichtig? Von welchen Menschen hast du dich verabschiedet, sind Leute gestorben, weggegangen, hast du dich getrennt, hast du neue Kontakte angefangen?

Gehe auf diese Weise weiter in Abschnitten von etwa sechs Jahren, bis du dein jetziges Alter erreicht hast. Betrachte jetzt nochmal dein ganzes Leben. Was war wichtig für dich, wo möchtest du noch einen Moment verweilen? Komm jetzt mit diesen Erinnerungen in den jetzigen Raum zurück, öffne langsam die Augen, bringe Bewegung in deinen Körper, betrachte den Raum.

Kannst du diese Beziehungserinnerungen jetzt in einem sogenannten Beziehungspanorama malen. Auf dem Blatt machst du eine horizontale Linie, worin die Abschnitte von etwa sechs Jahren als deine Lebenslinie angedeutet werden. Die Beziehungen, die für dich wichtig sind, malst du jetzt auf diesem Bild. In Beziehung zu deiner Linie. Oberhalb der Linie erscheinen die positiven Kontakte, unterhalb der Linie die negativen Kontakte. Wenn positive Kontakte zu negativen geworden sind, überschreiten sie also diese Linie. Wenn eine Beziehung aufhört, hört auch die Linie auf. Du kannst jede Person, die du in das Bild aufnehmen willst mit einer Farbe und/oder einem Symbol andeuten.

Nachdem die Klientin ihr Bild gemalt hat, erklärt sie dieses Bild dem Therapeuten beziehungsweise den TherapeutInnen und den Gruppenmitgliedern.
Als Beispiel zeigen wir hier das Beziehungspanorama von Bärbel:

Thijs: »Was fällt dir an deinem Bild auf?«

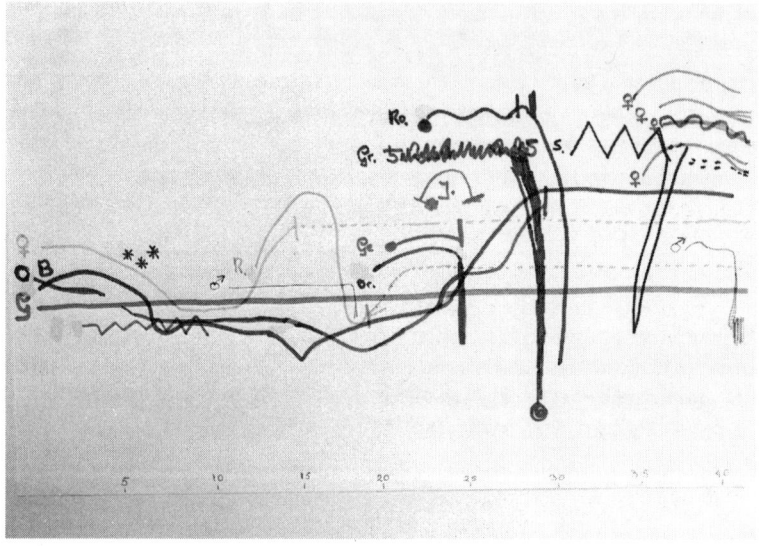

Bärbel: »Daß es unheimlich voll ist, wieviele Menschen tauchen da auf, mit denen ich zu tun hatte. Viele verschwinden auch wieder.«
Thijs: »Magst du das Bild mal beschreiben?«
Bärbel: »Ich selber bin die gelbe Linie (G). Oberhalb meiner Linie sind die positiven Kontakte und wenn sie heruntergehen, dann werden die Kontakte negativ. Die orange Linie (O) ist meine Mutter. Die war zwar immer da, hatte aber immer unheimlich viel zu tun. Sie hat den Haushalt und den Garten gemacht, wir hatten Schweine, die sie morgens fütterte. Sie war immer beschäftigt. Zeit hatte sie für uns nicht. Sie hat immer für uns gesorgt. Das war mir

274

oft sehr lästig. Sie hat sich um alles gekümmert, das wurde mir als Kind schon oft zuviel. Deswegen geht die Linie mit vier auch herunter. Dann wird sie mir fast nur lästig. Als ich dann älter wurde, so in der Pubertät, da habe ich mich von ihr ganz unverstanden gefühlt. Sie war ja schon 43 Jahre alt, als ich geboren wurde, und ich habe sie auch immer als sehr alt empfunden. Ich habe mir immer eine jüngere Mutter gewünscht, eine die auch Zeit für mich hatte, die so wie eine Freundin für mich wäre. Ich wollte auch nie so werden wie sie. Sie hat immer nur für ihre Kinder und für meinen Vater gelebt, sie hat alles immer tip top in Ordnung gehabt. Es ist auch bewundernswert, was sie alles so gemacht hat. Heute finde ich das auch ganz toll, aber als Mädchen fand ich das... Ihre einzige Sorge war immer nur, daß ich ihr mit einem unehelichen Kind nach Hause komme. Als ich dann meine Tage bekam, sie hatte mich auch nie aufgeklärt, ich habe sie in der ganzen Zeit auch nie nackt gesehen, darüber wurde bei uns gar nicht geredet. Wenn die beiden etwas Intimeres miteinander hatten oder auch auszutragen hatten, mein Vater und meine Mutter, dann haben sie auch immer polnisch gesprochen. Sie kamen aus Polen, und wir haben als Kinder kein Polnisch verstanden. So bekam ich meine Tage und wußte überhaupt nicht was los war. Ich bekam irgendwann eine Binde in die Hand, und dann sagte sie: ›Das ist jetzt immer so.‹ Meine Schwester konnte ich auch nicht danach fragen, die ist viel älter als ich und war zu der Zeit schon ausgezogen.

Mein Vater, das ist die blaue Linie (B), vor dem habe ich eigentlich immer nur Angst gehabt. Er erschien mir oft so übermächtig. Er hat mich nie geschlagen, er hat meine Brüder geschlagen. Da hing bei uns ein Gürtel an der Wand, da stand *Gott mit uns* darauf, und es war immer so eine Redewendung. Es hieß dann: ›Ich hole mal wieder den *Gott mit uns*‹, und das hieß dann immer, daß sich einer über den Stuhl legen mußte und dann Prügel bekam. Und das war meistens mein Bruder. Das waren dann oft Sachen, in die ich auch verwickelt war. Wir haben viel zusammen draußen gespielt. Dann mußte ich oft zusehen, wie er geschlagen wurde. Ich kann mich überhaupt nicht erinnern, daß ich jemals auf dem Schoß meines Vaters gesessen habe. Bei uns im Haus lebten auch drei Nichten und Neffen, die etwas jünger waren wie ich, von denen weiß ich, daß die das wohl gemacht haben. Mit 18 bin ich von zu Hause weggelaufen. Nach dem Abitur bin ich für ein dreiviertel Jahr nach Schweden gegangen. Danach habe ich in der Nähe meiner Eltern gewohnt und studiert. Dann habe ich auch wieder Kontakt zu ihnen aufgenommen, und dann habe ich einen ganz anderen Kontakt zu meinem Vater bekommen. Da habe ich erst angefangen, mich mit ihm zu verstehen. Seitdem mochte ich die beiden auch, und die Linien sind wieder auf die positive Seite gekommen.

Die rote Linie (R), die ungefähr mit zwölf anfängt, im positiven Bereich, ist eine gute Schulfreundin von mir, die, als ich 18 war, nach Frankreich gegangen ist. Damit war der Kontakt auch abgebrochen.

In der Zeit, als ich studierte, begannen auch die Männerfreundschaften. Zuerst hatte ich eine Beziehung mit diesem Mann, die ich hier mitten auf dem Blatt mit einer orangen Linie (Or) angedeutet habe, die in diesem Viereck anfängt. Das war eine schöne Beziehung. Ich wurde von ihm schwanger. Er ist dann nach Amerika gegangen. Ich war in der Zeit in solch einer linken politischen Szene, wo alle derartig freie Beziehungen hatten. Da fand ich für mich überhaupt nichts, weil dabei die Frauen die Opfer sind. Dann habe ich meinen Mann kennengelernt, das ist diese gelbe Kurve (Ge) oberhalb meiner beendeten Beziehung. Ohne daß ich wußte warum, habe ich geheiratet, ohne daß ich das meinen Eltern mitgeteilt habe und nach vier Jahren sind wir auseinandergegangen. Gleichzeitig bin ich dann aus dieser ganzen Szene rausgegangen. Dann habe ich in einem Internat gearbeitet.

Da lernte ich einen Mann kennen, das ist diese dicke grüne Linie (Gr), die mit diesem Wirrwarr anfängt. Den mochte ich ganz gerne. Ich konnte mir vorstellen, mit ihm eine Zukunft aufzubauen. Aber es war auch alles sehr chaotisch. Er kam gerade aus einer Beziehung heraus, hatte zwei Kinder, und nach einem Jahr fing er ständig Beziehungen mit anderen Frauen an. Das konnte ich nicht mehr ertragen. Wir haben uns dann getrennt. Er ist nach Australien gegangen. Mit ihm war es das erste Mal, daß ich Sexualität als Lust erlebt habe. Davor war das immer sehr schwierig. Ich habe mich oft vergewaltigen lassen oder eben ohne Gefühl mit jemandem geschlafen. Mit meinem Mann, und vor allem auch mit dem Mann, von dem ich schwanger wurde. Ich konnte oft überhaupt nicht mehr mit ihm schlafen. Wenn ich es dann doch gemacht habe, habe ich das als Demütigung empfunden. Ich fühlte mich sehr oft benutzt und habe es nur gemacht, weil ich dachte, daß es dazugehörte.«

Thijs: »Wie ist dieses Gefühl der Sexualität überhaupt zustandegekommen. Bis zu diesem Moment, mit etwa 18, hast du noch nicht über sexuelle Erfahrungen gesprochen. Da fängt es dann gleich so negativ, so hart, so unschön an.«

Bärbel: »Ja, hier fehlt auch eine Linie. Die habe ich nicht eingetragen. Das ist der Mann, mit dem ich das erste Mal geschlafen habe, oder… Er war älter als ich. Ich kenne ihn, seit ich zwölf bin. Er kam oft zu uns, er hat bei uns in der Nachbarschaft gewohnt. Er hat das ganz brutal mit mir gemacht.«

Thijs: »War das mit ihm deine erste sexuelle Erfahrung?«

Bärbel: »Nein, da war noch ein Erlebnis vorher. Das war mit meinem Schwager. Er ist 15 Jahre älter wie ich. Ich war da 12. Kurz danach ist er mit meiner Schwester nach Australien gegangen.«

Thijs: »Wie war diese Erfahrung, was ist geschehen?«

Bärbel: »Das war ganz ambivalent. Ich mochte ihn ganz gerne. Aber ich bin auch sehr erschrocken.

Die rote Linie am Anfang der rechten Seite (Ro), das ist eine Frau, die ich auch im Internat kennenlernte. Mit ihr hatte ich einen ganz schönen Kontakt. Wir wurden ganz enge Freundinnen, ähnlich wie damals mit der Freundin, die nach Frankreich gegangen ist. Dann kam so ungefähr nach zwei Jahren eine andere Frau hinzu, und die beiden hatten immer mehr Kontakt und dann habe ich mich zurückgezogen. Die Freundin ist dann nach München gegangen, und wir haben nie mehr Kontakt gehabt.

Dann habe ich nochmal eine Beziehung angefangen mit einem Mann, der 800 Kilometer weiter weg wohnte. Das ist diese schwarze Zickzacklinie am Ende (S). Der hat viel abgekriegt, von dem, was ich bei allen anderen Männern erlebt habe. Wenn wir zusammen waren, war es gut, aber ich mußte wissen, daß ich auch wieder zurückkonnte. Wenn ich dann wieder hier war, war das auch gut. Ich konnte mich nicht entscheiden, endgültig zu ihm zu ziehen. Ich wollte hier nicht alles abbrechen, um zu ihm zu ziehen. Und er wollte auch nicht kommen. Dann haben wir die Beziehung beendet. Was in den letzten Jahren stärker geworden ist, sind Frauenbeziehungen. Nachdem diese Beziehung mit dem Mann beendet war, habe ich mir zum ersten Mal zugestanden, daß ich in einer Krise stecke. Dann habe ich auch den ersten Kontakt zu Therapie und Selbsterfahrung bekommen. Da sind für mich viele schöne Frauenkontakte entstanden, die auch noch bis jetzt anhalten.«

Thijs: »Was fällt dir am gesamten Bild auf?«

Bärbel: »Daß es alles sehr hektisch ist. Unruhig. Ich habe auch immer Angst vor Ruhe gehabt. Ruhe hat für mich immer bedeutet: ein großes Loch. Ich mußte immer weg und immer unterwegs sein. Ruhe bedeutet für mich einsam sein, allein sein. Das kann ich erst in den letzten Jahren einigermaßen ertragen.

Dieses Bild zeigt mir auch nochmal, daß mein ganzes Leben eigentlich ein ständiges Hinterherrennen ist, mit dem Bedürfnis, gemocht und geliebt zu werden. Ich renne immer um meine Anerkennung. Ich gehe nicht normal, sondern ich renne auch immer. Ich habe es auch nie Menschen abgenommen, wenn sie zum Beispiel gesagt haben: ›Ich mag dich.‹ Ich konnte es nicht glauben. Da habe ich auch jetzt noch meine Schwierigkeiten. In allen Beziehungen kam heraus: ›Siehst du, es geht ja doch nicht.‹ Ich hatte dann auch nur eine Möglichkeit: Kontakte wie beschrieben abzubrechen. Dann entstand auch immer noch eine ganz große räumliche Entfernung. Bei den Kontakten mit den Männern habe ich auch immer schmerzhaft erfahren, daß sie nur Interesse an meiner Sexualität hatten. Darüber wollten sie sich definieren. Für mich, als ganze Bärbel, hatten sie oft überhaupt kein Interesse. Sobald mir das klar wurde, habe ich dann die Beziehung abgebrochen, damit ich schneller war und nicht sie sie abbrechen konnten. Ich spüre diesen Punkt jetzt viel schneller in Beziehungen. Mache nicht mehr so lange mit.«

Thijs: »Wie geht es dir, nachdem du mir dein Beziehungspanorama erzählt hast?«

Bärbel: »Ich bin erschöpft. Ich bin verwundert über die vielen

Bilder, die ich gesehen habe. Manche kommen von ganz weit her, liegen weit zurück. Ich hatte sie wohl sehr weit weggepackt. Mein Leben ist wie in einem Film an mir vorbeigegangen und plötzlich sehe ich Zusammenhänge, die mir vorher überhaupt nicht bewußt waren.«

Mancher Klientin, die ihr Bild anschaut, wird mit Hilfe des Therapeuten klar, wie sie ihre Beziehungen bis jetzt gestaltet hat. Wie Bärbel hier zum Beispiel nicht nur erinnert, sondern auch noch einmal klar sieht, daß sie Beziehungen nur abschneiden kann. Es gibt kein Ausklingen, kein Aussprechen, kein Sich-Verabschieden, nein, ein plötzliches Wegsein. Auffällig ist bei ihr natürlich auch, daß alle Menschen, mit denen sie für sich wichtige Beziehungen hatte, dann auch wirklich ganz weit weg sind: Frankreich, Australien, Amerika, München. Diese räumliche Distanz sehen wir auch bei Ursula und bei vielen anderen Betroffenen als wesentlichen Teil um eine Beziehung überhaupt zu ermöglichen. Es ist, als ob es die Sicherung dafür sei, daß eine Beziehung nie zu eng werden kann. Obwohl wir dieser Beziehungsratlosigkeit bei Inzestbetroffenen in unserer Praxis am häufigsten begegnen, gibt es auch manche Inzestbetroffene, die in festen Partnerschaften leben. Auch das ist oft nicht einfach. Viele unserer Klientinnen können sich dann auch in den Schwierigkeiten, wie Spring sie einsichtig beschreibt, wiederfinden: »Ich heiratete einen Mann mit guten Absichten (...). Als ich ihn gefunden hatte, hängte ich mich an ihn, wurde ihm zur Last, zog ihn mit meinem schweren Gewicht der Angst hinunter, mit meinem Ärger auf Dich, meiner Ablehnung von Dir und Mama. Allmählich verlor er dann seinen Glanz, seine Begeisterung, seine Lebensfreude und hüllte sich in einen gleichbleibenden Mantel der Angst und Sorge um mich. Dein Opfer. So wurden wir nicht Mann und Frau, sondern Erlöser und Opfer.«[35]
An dieser Stelle möchten wir alle Psychotherapeuten, die mit Inzestbetroffenen zu tun haben, noch einmal nachdrücklich vor einer völlig falschen Schiene warnen. Das ist in unseren Augen nämlich die Trennung. Viele Frauen melden sich bei einem Therapeuten, zum Beispiel weil sie Schwierigkeiten in der Beziehung haben. Sie

schweigen, sie können dem Mann nichts erzählen, sie haben Schwierigkeiten mit der Sexualität. Zu oft haben wir erleben müssen, daß Klientinnen dann schnell empfohlen wird, über eine Trennung von ihrem Mann nachzudenken. Bevor der Therapeut überhaupt entdeckt hat, daß hinter diesen Beschwerden womöglich eine traumatische Inzesterfahrung steckt. Mit aller Kraft, die Inzestbetroffene in sich haben, versuchen sie ihre Beziehung aufrechtzuerhalten. Ständig in Frage gestellt durch ihre Selbstzweifel. Es ist zwar das, wonach sie sich sehnen, aber es ist nicht so, wie sie es sich ersehnt haben. Sie kriegen ihre Gefühle in der Beziehung oft nicht auf die Reihe. Das, was passiert, paßt nicht zu ihren Wünschen und wird von plötzlichen Bildern aus der Geschichte gestört. Die Hilfe, die diese Frauen bei Therapeuten suchen, besteht nicht darin, unterstützt zu werden, wieder alleine zu stehen. Es ist eine Bitte um Unterstützung, in ihrer Beziehung mit ihrer Geschichte zurechtzukommen. Dieses Problem wird nicht gelöst, wenn sie aus der Beziehung herausgeht. Sie versucht nämlich eine nicht einfache Verbindung herzustellen, von erlebten zerstörerischen Beziehungen und dem Aufbau einer harmonischen Beziehung. Der therapeutische Weg ist hier nicht, dem Neuen auszuweichen, weil es nicht gleich gelingt, sondern das Neue mit in die Therapie einzubeziehen. Praktisch bedeutet das, daß der Partner erstmal eingeladen wird, die Therapie mitzumachen. Hauptaufgabe des Therapeuten ist es, die Situation dieser Partner zu entlasten. Denn unter Druck kann nichts wachsen. Und diese Beziehung steht unter dem unheimlichen Druck der Geschichte.

Eine wichtige Entlastung kann dadurch entstehen, daß dem Partner klar wird, daß die betroffene Frau viele Schwierigkeiten mit ihm hat, nicht wegen seiner Person, sondern wegen seines Mann-Seins. Ohne daß die Betroffene es will, werden in das Bild ihres Mannes ständig Eigenschaften der Inzesttäter eingebaut. So kann eine zärtliche Hand auf dem Rücken plötzlich zu der Hand des Täters werden, dann zieht die Frau sich zurück, reagiert sogar ärgerlich, und der Mann versteht überhaupt nicht, warum seine Frau so auf seine zärtliche Berührung reagiert.

Inzestbetroffene können durchschnittlich schlecht über ihre Erfahrungen reden. Das wird auch in der Partnerschaft peinlich klar. Maria: »Ich rede nicht mehr mit ihm, ich kann ihm nichts erzählen. Ich fühle mich leer, mir ist es egal.« Auf die Frage, ob ihr Mann denn nicht zuhört, ob er sich nicht für sie interessiert, sagt sie: »Sicher tut er das, aber er versteht mich nicht, ich kann mich nicht verständlich machen. Ich kann auch überhaupt nicht darüber erzählen. Er ist ein Mann.«

Aus diesem Grund fragen wir die Klientin, ob sie ihren Partner bitten kann, das nächste Mal mitzukommen. Nicht, damit wir eine Partnertherapie anfangen, auch nicht, damit er therapiert wird, sondern damit er erleben kann, wie es seiner Frau geht. Wenn sie das schwierig findet, fahren wir zu ihr hin und laden den Partner persönlich ein. Oft nimmt das viel Angst weg, weil der Partner sofort assoziiert, daß er offensichtlich schuld ist an der Stimmung in der seine Frau ist. In der ersten Phase der Therapie, wenn der Partner dabei ist, machen wir dann auch keine ›Partnertherapie‹. Wir arbeiten mit der Klientin weiter, wie wir auch bis jetzt mit ihr gearbeitet haben. Mit dem einzigen Unterschied. Es gibt einen Zuschauer: ihren Partner. Wenn der Partner sich einbringen will oder in den Prozeß mit einbezogen sein möchte, ist das in jedem Moment möglich. Aber es muß nicht sein. Das Hauptziel besteht nämlich darin, daß er erlebt, was in seiner Partnerin vorgeht. Wir sind wie ein Medium. Wenn sie uns erzählt, was sie erlebt, hört der Partner es auch. Manchmal können wir die Klientin dann auch bitten, nachdem sie es uns erzählt hat, es auch ihrem Partner zu erzählen. Dadurch wird der Kommunikationsweg zwischen den beiden wieder freigemacht. Der Partner kann entdecken, daß vieles, was seine Partnerin erlebt, nicht direkt mit ihm zu tun hat, sondern aus ihrer Geschichte resultiert. Das nimmt ihm ein Stück Belastung, wodurch auch seine Fähigkeit wächst, mit ihr wieder stärker in Kontakt zu treten. Dadurch kann den beiden klar werden, welche Probleme aus der Geschichte sie gemeinsam zu bewältigen haben und welche Probleme wirklich reale Probleme zwischen den beiden sind. In unserer Therapie richten wir uns hauptsächlich auf die erste Kategorie der Probleme. Wir haben es als sehr wichtig empfunden, wenn die Partner erreichen können, daß sie eine offene Kommunikation zustandebringen. Das bedeutet, daß die Partnerin klar ihre Ängste und Bedürfnisse mitteilen kann, ohne die Phantasie dabei haben zu müssen, daß der Partner sich daraufhin wieder völlig zurückzieht. Andererseits ist es auch wichtig, daß der Partner seine Wünsche und Bedürfnisse und Ängste aussprechen kann, damit die Partnerin auch für sich klarstellen kann, wie sie mit diesen Erwartungen umgehen kann.

Eine Beziehung aufbauen

Das Aufbauen und Pflegen von zwischenmenschlichen Beziehungen ist, glauben wir, wohl das komplizierteste, was wir uns in unserem Leben vorstellen können. Zwei Fähigkeiten, über die betroffene Frauen in dieser Hinsicht oft nicht verfügen, sind: sich in Gesellschaft von anderen zu entspannen und ihre Welt mit anderen zu teilen. Diese Fähigkeiten kann man natürlich am besten entwickeln, indem man es ausprobiert, immer wieder, und nicht, indem man nur darüber denkt und redet. Deswegen wäre es für diese Aktivitäten auch sinnvoll, sie in einer Gruppe zu machen. Denn die Beziehung zu den Therapeuten ist in diesem Fall ein sehr beschränktes Übungsfeld. Außerdem haben auch diese Beziehungen immer mit einem Machtgefälle zu tun. Auch wenn die Therapeuten noch so freundlich und einfühlsam sind, sie stehen auf der anderen Seite.
In einer Gruppe entwickeln wir dann verschiedene Entspannungsübungen. Dabei geht es nicht nur um Aktivitäten, bei denen alle Gruppenmitglieder sich gleichzeitig entspannen, zum Beispiel mit geleiteten Phantasien. Diese sind zwar wichtig, um überhaupt die Fähigkeit sich zu entspannen zu lernen, hier liegt aber nicht der Grund des Problems. Es ist vielmehr die fehlende Fähigkeit, in Situationen mit anderen Menschen gelassen zu bleiben. Sich nicht sofort bedroht, angesprochen, verantwortlich zu fühlen, sich zurückziehen zu müssen und so weiter. Entspannen bedeutet hier dann auch nicht so etwas wie: Augen zu und abschalten, sondern sogar Augen auf und wahrnehmen. Betrachten ohne mitgezogen zu werden.

Sowohl das Entspannen in Gesellschaft, wie das Teilen seiner Welt sind Erfahrungen, die am eindringlichsten sind, wenn sie körperlich erlebt werden können. Obwohl Teilen seiner Welt sehr viel damit zu tun hat, sich ›mit-teilen‹ zu können, beginnen wir aber erst mit einem wirklichen Teilen. Das bedeutet, daß wir Aktivitäten entwikkeln, worin Klientinnen etwas herstellen, das sie anschließend mit einem Gruppenmitglied teilen können. Dabei ist nicht so sehr interessant, ob sie wirklich ihren Gegenstand, ihre Objekte teilen, sondern vielmehr, was sie dabei erleben, wenn sie das Teilen ausprobieren sollen: Möchten sie es teilen? Ruft das Ängste hervor? Interessiert der andere sich dafür?

Auf diese Weise kommen wir zu den folgenden Erfahrungsschritten der menschlichen Beziehung:

Wahrnehmen

Die erste Phase von Kontakt ist die des Wahrnehmens. Zuerst in der Distanz: sehen, riechen, hören. Diese Wahrnehmung üben wir zuerst mit Gegenständen, Räumen und in der Natur. Wir stellen dazu folgende drei Fragen:

- »Kannst du beschreiben was du wahrnimmst?« (Dies soll eine reine Wahrnehmungsbeschreibung sein, ohne Interpretationen, ohne Gefühle, zum Beispiel die Blume hat scharfe hellgrüne Blätter und eine Blüte. Die Blüte ist an den Rändern weiß und nach innen hin rot. Sie hängt ein wenig.)
- »Was löst diese Wahrnehmung in dir aus?« (Zum Beispiel Erinnerungen: »Ich habe früher oft Blumen gepflückt, mit meiner Freundin, das war eine schöne Zeit.«)
- »Was ist dein Impuls, was möchtest du machen?« (»Ich möchte dort hingehen, sie riechen, ihr Wasser geben.«)

Wir beginnen mit der Wahrnehmung von Gegenständen, weil damit kein Dialog, kein Erwartungsmuster entsteht. Außerdem ist die persönliche Betroffenheit bei der Wahrnehmung von Gegenständen durchschnittlich geringer als bei der Wahrnehmung von Menschen. Das führt dazu, daß die Wahrnehmung als solche besser geübt werden kann.

Der nächste Schritt ist also, sich einen Partner auszusuchen, zueinander auf Distanz zu gehen, einander wahrzunehmen und die drei gleichen Fragen zu beantworten. Mit diesen Aktivitäten versuchen wir Inzestbetroffenen die Möglichkeit zu bieten, die oft fehlende Verbindung zwischen Wissen und Fühlen und zwischen Fühlen und Aussprechen wiederherzustellen. Wichtig ist dann auch vor allem, ihre Wahrnehmung nicht für sich zu behalten, sondern dem anderen mitzuteilen. Damit können sie die Erfahrung machen, daß Menschen nicht nur Rätsel und unberechenbar sind, sondern daß man auch gemeinsam eine wohltuende Transparenz aufbauen kann.

Aufeinander zugehen
Der nächste Schritt im Kontakt: Jetzt erhalten die Partner die Möglichkeit aufeinander zuzugehen, ohne aber dabei einander zu berühren. Wichtig ist, es langsam zu machen, damit Veränderungen bei sich selbst und den anderen auch klar wahrgenommen und gespürt werden können. Bei dieser Bewegung aufeinander zu werden auch wieder die gleichen drei Fragen wie in der ersten Phase gut wahrnehmbar für den Partner beantwortet.

Kontakt herstellen
Die Partner haben sich einander genähert und ihren Annäherungsprozeß beschrieben. Jetzt können die Partner Körperkontakt miteinander aufnehmen und ausprobieren, wie weit sie den Kontakt wünschen, wieviel Kontakt und womit sie sich berühren möchten, und sie können ihre Nähe und Distanz bestimmen. Wichtig dabei ist auch, inwieweit sie selbst bestimmen können, in welchem Ausmaß sie bestimmt werden und sich bestimmen lassen. Das wird zum Beispiel dadurch klar, indem sie sich fragen, an welchen Körperstellen sie den anderen berühren möchten, an welchen Stellen sie selbst berührt werden möchten und an welchen Stellen nicht. Wie reagiert die Klientin, wenn sie gegen ihren Willen an dieser Stelle doch berührt wird. Hier kann ein Spiel mit den persönlichen körperlichen Grenzen entstehen, wobei die Klientin sich darüber klarwerden kann, wie sie bis jetzt mit ihrer Grenze umgegangen ist und wie sie das jetzt erlebt. Will sie Grenzen früher ziehen, Grenzen erweitern, fühlt sie ihre Grenze respektiert, wie geht sie mit den Grenzen des anderen um.

Kontakt intensivieren und pflegen
Die bisherigen Aktivitäten können wir in der Therapiesitzung gut ausprobieren, erfahren, wahrnehmen. Sie haben auch einen hohen Realitätsgehalt. Bei diesem Schritt, Kontakt zu intensivieren und zu pflegen, wird das aber schwierig. Wir können uns da der Realität nur annähern, weil das Problem der Intensivierung des Kontaktes meistens mit Zeit verbunden ist. Es geht oft darum: »Kann ich soviel Nähe aushalten, ohne mich gefangen zu fühlen, ohne Ansprüche zu spüren, die ich nicht beantworten kann?« oder »Wenn das alles so schön ist, wie ich es mir immer gewünscht habe, kann ich es plötzlich nicht mehr aushalten und muß aus dieser Beziehung heraus. Ich breche sie plötzlich ab, obwohl ich sie so gerne länger behalten möchte.« »Es ist kaum auszuhalten, nach so vielen Jahren zu spüren, daß ich wirklich liebenswert bin. Ich kann das dann nicht glauben. Mein Zweifel und Mißtrauen ergreift plötzlich Besitz von mir.« »Ich bin gerne schön, werde gern schön empfunden, kann es aber sehr schlecht aushalten, wenn jemand es mir sagt.« Diesem Zeitfaktor können wir uns in der Therapie nur minimal annähern. Wir können Klientinnen helfen, indem sie ihre grundsätzlichen Fähigkeiten zu einer Beziehungspflege erfahren, sie wertschätzen lernen und indem wir sie in diesem realen Prozeß so viel wie möglich begleiten. Wir haben erfahren, daß die zentrale unterstützende Fähigkeit die der deutlichen Kommunikation ist: Mitteilen von Wahrnehmungen, Gefühlen und Impulsen, damit jeder der Partner für den anderen transparenter und eindeutiger in seinem Verhalten wird. Denn gerade Zweideutigkeit verursacht bei Inzestbetroffenen Panik.
Wir bitten die Partner, ihren Körperkontakt zu intensivieren, nicht nur räumlich (mehr Körperkontakt herstellen), sondern auch zeitlich (länger aushalten von bestimmten Kontakten). Als sehr schwierig, manchmal bedrohlich wird der Zeitfaktor erfahren, wenn wir Partner bitten, sich einander gegenüberzusetzen, die Hände festzuhalten und sich in die Augen zu schauen. Denn in den Augen bekommen wir alles mit und zeigen alles von uns, was unsere Persönlichkeit ausmacht. Unsere Ausstrahlung, unsere Sicherheit, unsere Unruhe, unsere Ängste, unsere Erschöpfung, unsere Freude: all dieses zeigt sich in den Augen, wenn wir sie wahrnehmen

wollen. Eine wesentliche Beziehung zwischen Menschen fordert von beiden Partnern die Bewegung aufeinander zu und das Füreinander-verfügbar-Sein, das Interesse-aneinander-Haben. Der Zeitfaktor wird am besten erfahrbar, wenn die Partner während dieser Aktivität schweigen. Erst danach werden die drei Fragen besprochen.

Sich verabschieden
Wir bitten die Partner, sich voneinander zu verabschieden und dabei den Körperkontakt abzuschließen. Anschließend werden auch hier die drei Fragen wieder besprochen.
Eine der häufigsten Störungen in zwischenmenschlichen Beziehungen ist die Unfähigkeit mit Abschied umzugehen. Hier sind Inzestbetroffene keine Ausnahme, obwohl es bei ihnen oft ausgeprägt ist. Das Sich-nicht-Verabschieden ist ein allgemein gesellschaftliches Problem. Durchschnittlich fehlt die Zeit, die Ruhe und das Interesse dafür, oder besser gesagt, man will sie sich dafür nicht nehmen, wahrscheinlich weil Abschied zu viele Gefühle hervorruft, mit denen man schlecht umgehen kann. In Inzestsituationen findet fast nie ein Abschied statt. Es sind Situationen, die plötzlich beginnen und plötzlich aufhören. Die Betroffene denkt nicht an Abschiednehmen, sondern an Flüchten: weg, weg, weg. Es scheint, daß sich hieraus ein Muster entwickelt, daß sich in vielen Beziehungen durchsetzt: Wegrennen, und damit ist es abgebrochen. Eine abgebrochene Beziehung ist aber keine abgeschlossene Beziehung. Sie wirkt unruhig in einem nach. Wenn eine Beziehung abgeschlossen ist, kann man ihr nachtrauern, aber sie hat uns nicht mehr so im Griff. Wir können sie oft schweren Herzens beiseite legen. Es ist klar und deutlich, und damit bist du frei für etwas Neues. Wenn eine Beziehung aber nicht abgeschlossen wird, sondern abgebrochen, wirkt sie in einem nach. Die unverdauten Reste schleppen wir in uns mit. Wir stellen uns das so vor, daß jede abgebrochene Beziehung in unseren Händen liegt, ohne daß wir sie weglegen können. Mit jeder neuen abgebrochenen Beziehung werden die Hände voller. Und wenn beide Hände voll sind, ist es sehr schwierig, einem anderen Menschen seine Hand zu reichen. Das führt

dazu, daß Menschen, die eine Geschichte voller abgebrochener Beziehungen haben beziehungsweise die Hände voll haben, sich nie völlig auf eine neue Beziehung einlassen können, weil sie nie den Partner frei umarmen können. Hieraus entstehen Beziehungsschwierigkeiten, nicht weil derjenige nicht zu einem Beziehungsaufbau in der Lage ist, sondern weil es ihm an Abschiedsfähigkeit fehlt. Hier geht es um loslassen und weglegen können. Therapeutisch kann es oft sehr hilfreich sein, wenn die Klientinnen die Möglichkeit haben, ihre nicht abgeschlossenen Beziehungen jetzt noch abzuschließen. Es geht dabei nicht um das reale Ende mit dem Partner, sondern um das Einordnen und Abschließen der eigenen unruhigen Gefühle. Hierzu hat der Therapeut verschiedene Möglichkeiten. Er kann der Klientin die Möglichkeit anbieten, einen Brief zu schreiben, worin sie dem Partner mitteilt, wovon sie sich verabschiedet, was sie schön gefunden hat, was sie ihm zurückgeben will, was sie gestört hat, was sie behalten will. Er kann sie fragen, was von ihrem Partner noch in ihr nachwirkt und das in einer Skulptur oder in einem Bild ausdrücken. Anschließend ist es wichtig klarzumachen, was die Klientin mit dieser Skulptur beziehungsweise diesem Bild machen will: mitnehmen, aufbewahren, abgeben, zerstören. Er kann sie auch bitten, den nicht vollzogenen Abschied mit dem leeren Stuhl, mit dem Therapeuten, mit einem Gruppenmitglied nachzuholen. Beim Verabschieden vom Partner kann folgendermaßen darüber nachgedacht werden:

»Was bedeutet das Wort Abschied für dich? Womit hat das zu tun? Mit Weggehen? Verlassen werden? Jemanden verlassen? Schmerz, Traurigkeit? Frei werden, nicht mehr gebunden sein, keine Erwartungen mehr zu spüren? Auf etwas Neues zugehen können? Stell dir vor, du würdest diesen Partner nicht mehr sehen. Was bedeutet dir jetzt dieser Abschied? Was löst das bei dir aus? Was läßt du zurück, was kannst du loslassen? Was nimmst du mit? Was behältst du von diesem Kontakt? Verabschiede dich jetzt. Wie machst du das? Wie möchtest du das machen? Stimmt das mit dem, was du machst überein? Was hältst du zurück?«

Unterstützend, um den Kontakt zu den eigenen Gefühlen in bezug auf Abschied herstellen zu können, kann es oft sein, wenn die Therapeuten bestimmte Musik spielen. Als sehr hilfreich haben wir empfunden: Miles Davis: *Katia, Time after Time*, Robert Long: *Abschied*, Teresa Berganza singt Vivaldi.

Voneinander weggehen

Nachdem die Partner sich verabschiedet haben, gehen sie voneinander weg. Nicht indem sie zurückgehen, sondern indem sie weggehen. Nach einem Abschied gehe ich nicht zurück, sondern weiter. Wir können nie auf unserem Lebensweg rückwärts gehen. Beim Weggehen geht es auch darum wahrzunehmen, wie man das macht, schnell, langsam, mit großen Schritten, mit kleinen Schritten und so weiter. Auch hier werden wieder die drei Fragen beantwortet. Wichtig im Weggehen ist zu spüren, ob man belastet geht oder frei für neue Beziehungen.

Nachdem alle Phasen des zwischenmenschlichen Kontakts durchlaufen sind, ist es gut, wenn die Partner sich noch einmal zusammensetzen, um darüber zu reden, inwieweit sie sich in diesem Partner von anderen Partnern verabschiedet haben. Ob der Partner zum Beispiel mit Bildern aus der persönlichen Geschichte vermischt worden ist. In diesem Fall ist es auch notwendig, den Partner wieder aus dieser Rolle zu entlassen. Damit sie einander nicht weiter mit dieser Belastung begegnen müssen.

Die anschließende Frage ist, was die Klientinnen mit diesen Erfahrungen in ihrer alltäglichen Realität, in Beziehungen mit anderen Menschen anfangen können. Ursula sagte:

»Es hat mir sehr geholfen zu entdecken, daß ich einem Partner gegenüber klar aussprechen kann, daß ich ihn gerne habe und daß ich aber auch Angst habe. Ich merke daß ich diese Angst aussprechen kann und daß der Mann dann nicht gleich wegrennt. Ich bekomme allmählich mehr Mut und Vertrauen in Beziehungen.«

Sexualität: Spaß und Lust

Ein sehr schwieriger Bereich innerhalb der zwischenmenschlichen Beziehung ist wohl die Sexualität. Und auch das wieder nicht nur für Inzestbetroffene. Es ist ein Bereich voller Erwartungen und Spannungen, wo sich jeder zurecht finden muß, ohne darin von

Vorbildern begleitet zu werden. In diesem Bereich hinterlassen Erziehung und Unterricht meistens einen großen leeren Fleck, höchstens einige Andeutungen und Verbote. Trotzdem gibt es viele Erwartungen, Befürchtungen, Bedürfnisse, Vorstellungen und viel Druck. Für jeden ist es schwierig, sich darin zurechtzufinden, vor allem auch noch, weil gerade über diesen Bereich so wenig Austausch mit anderen möglich ist. Für Inzestbetroffene kommt dann die Extra-Belastung der negativen, viel zu früh gemachten Erfahrungen hinzu. Sexualität wird verbunden mit Ohnmacht, mit dem Gefühl als Besitz, als Eigentum behandelt zu werden. Es ist offensichtlich ein Bereich, in dem sie selbst keine Rolle spielen. Gleichzeitig hat es ihre lebendige Neugierde verschwinden lassen. Oft reduzieren diese Frauen ihre Sexualität auf Verfügbar-Sein:

Ich kriege dann Mitleid mit meinem Mann, weil wir so lange nicht miteinander geschlafen haben. Mich interessiert es ja überhaupt nicht. Dann sage ich:»Komm, ich lege mich mal hin, dann kannst du es machen.« Für ihn ist das nicht schön, aber ich empfinde überhaupt nichts dabei. Ich habe keine eigenen Wünsche. Oft spüre ich nur Ekel.

In Kapitel 11 haben wir beschrieben, wie wir Inzestbetroffene dabei begleiten können, ihre eigenen Bedürfnisse und ihre Würde zurückzufinden. Den Bereich der Erotik haben wir in Kapitel 10 beschrieben. Im Bereich der Sexualität geht es jetzt darum, diese verschiedenen Elemente miteinander zu verknüpfen: Zentrales Anliegen dabei ist das Entdecken der eigenen Bedürfnisse in der Sexualität und vor allem, daß dabei die eigene Würde bestehen bleibt. Das Entdecken kann oft sogar ein Wecken sein, weil selbst eine lange Entdeckungsreise manchmal keine Begegnung ergibt. Denn was ausgelöscht ist, kann man nicht mehr entdecken.

Das Entdecken beziehungsweise Wecken der eigenen sexuellen Bedürfnisse geht oft einher mit dem neuen Wahrnehmen beziehungsweise Entdecken des eigenen Körpers. Wir machen den Klientinnen Mut, ihren eigenen Körper wahrzunehmen, erstmal gekleidet, vor dem Spiegel, mit den Augen, zunächst mit den Händen. Beim Betasten ist es wichtig keine Stelle zu vergessen, vor allem natürlich nicht Busen, Beine, Möse. Auch diese Wahrnehmungen begleiten wir wieder mit den drei Fragen: »Was nimmst du wahr? Was löst das aus? Was möchtest du machen?« Am besten ist es, wenn eine Klientin diese Aktivität bei einer Therapeutin macht. Sicherlich nicht bei einem männlichen Therapeuten alleine. (Siehe dazu unsere Ausführungen in Kapitel 8). Wenn Gefühle und Impulse auftauchen, aufhören zu wollen, wäre es wichtig, darauf einzugehen, ihren Grund zu überprüfen und die Klientin zu ermutigen, sich mit ihrem sexuellen Körper weiterhin vertraut zu machen. Unser nächster Schritt ist, die Klientin zu bitten, das, was sie in der Sitzung bekleidet gemacht hat, zu Hause mit ihrem nackten Körper auszuprobieren. Wir bitten sie, darüber in der nächsten Sitzung zu berichten.

In einer späteren Phase bitten wir die Klientin, dieses Körperberühren mit einem Partner zu machen. Das kann sowohl mit einem Gruppenmitglied gemacht werden, wie auch mit ihrem Lebenspartner. Auch hierbei haben wir erfahren, daß es für Klientinnen sehr wohltuend ist, wenn sie aussprechen, wie es ihnen geht, und wenn das vom Partner gehört und verstanden wird. Hinzu kommt der Wunsch bestimmen zu können, ohne zu verletzen beziehungsweise wegzustoßen.

Wir bitten den Partner, seine Partnerin an irgendeiner Stelle zu berühren, anschließend zu streicheln und es so zu machen, wie er es in diesem Moment möchte. Die Klientin bitten wir zu spüren, wie das für sie ist und ob sie in sich entdeckt, was sie möchte: was sie selbst tun möchte, was sie möchte, daß ihr Partner tut. Meistens entstehen hierbei zuerst passive Wünsche, daß der Partner sie berührt. Aktive Wünsche, eigene Initiative, entstehen oft später. Es kommt zum Beispiel zu folgendem Dialog:

Peter nimmt Hilles linke Hand in seine beiden Hände. Er drückt und streichelt die Hand.
Hille: »Das ist mir zuviel.«
Peter schreckt zurück und nimmt eine Hand weg. Er bewegt die Hand nicht mehr, hält Hilles Hand nur fest.
Hille: »Jetzt hast du dich wieder zurückgezogen.«
Peter: »Ich war doch zuviel.«

Hille: »Aber jetzt machst du nichts mehr. Nur festhalten. Das finde ich nicht so schön. Das wird klebrig.«

Peter: »Was soll ich denn machen.«

Hille: »Weiß ich auch nicht, du kannst doch versuchen.«

Peter streichelt und drückt Hilles Hand.

Hille: »Das ist mir zuviel.«

Peter: »Ja, was willst du dann.«

Hille: »Das weiß ich eben nicht. Ich will dich, aber weniger. Dies ist mir zuviel, das kann ich nicht spüren. Versuch es doch mal mit einem Finger.«

Peter streichelt Hilles Hand mit einem Finger.

Hille: »Ja, das ist schön so. Das spüre ich gut, das macht mich auch ganz warm, geht auch tiefer, regt mich auch auf. Mit dem wenigen kann ich viel mehr anfangen als mit dem vielen. Ich finde das viel differenzierter und auch viel sexueller.«

Anschließend fragen wir Hille, wo sie möchte, daß Peter sie jetzt berührt.

Hille: »Meinen Busen.«

Peter: »Das wird schwierig.«

Hille: »Wieso?«

Peter: »Deinen Busen hielte ich am liebsten mit meinen beiden Händen ganz fest. Und ich vermute jetzt, daß das dir wohl nicht so gefallen wird.«

Gerry: »Wie hat dir eben das mit dem einen Finger gefallen.«

Peter: »Das war überraschend, ich habe dabei auch viel mehr gespürt. Ich achte offensichtlich selten darauf, das passiert einfach so intuitiv, daß ich mit beiden Händen voll anpacke. Aber ich fand das mit weniger auch viel aufregender. Mit meinen vollen Händen ist das so ein totales Gefühl, mit einem einzelnen Finger ein viel differenzierteres.«

Hille: »Das habe ich ja auch gesagt, dann empfinden wir das ja nicht so unterschiedlich.«

Peter: »Vielleicht nicht.
Es ist alles ein bißchen fremd, ungewohnt für mich.«

Hille: »Für mich ja auch.«

Peter: »Na gut, dann kann ich das mal versuchen.«

Peter geht mit einem Finger über Hilles Busen, streichelt, drückt, bewegt, ruht. Unbemerkt geht er mit zwei Fingern weiter.

Peter: »So ist es aber schöner.«

Hille: »Wie?«

Peter: »Mit zwei Fingern, dann spüre ich mehr.«

Hille: »Das ist für mich auch okay, ich habe den Unterschied nicht so gespürt. Es regt mich aber auf.«

Peter: »Mich auch. Ich möchte jetzt eigentlich aufhören. Ich finde das schwierig mit den beiden Therapeuten dabei.«

Hille: »Ich könnte noch weitermachen, ich finde die Begleitung dabei sehr schön. Ich fühle mich darin sehr geschützt. Ich weiß, daß ich hier sicherlich nicht überrollt werde und daß ich mich hier für dich auch verständlich machen kann. Das finde ich zu Hause oft schwierig.«

Gerry: »Könnt ihr euch vorstellen, zu Hause einige Male in der Woche ähnliche Spiele durchzuführen und einander Schritt für Schritt zu erzählen, wie es euch dabei geht.«

Hille: »Ich würde das gerne machen.«

Peter: »Ich will das auch versuchen, aber ich vermute, daß das schwierig ist.«

Thijs: »Ich kann das gut verstehen von dir Peter, denn ich erlebe die sexuellen Kontakte mit Gerry zum Beispiel oft auch als sehr spannungsvoll. Wenn ich dann etwas anfange, sie zum Beispiel berühre, sie drücke und dann ihren Busen festhalte, denn das tue ich ja unheimlich gerne, dann passiert es öfters, daß Gerry irgendeine Bewegung macht, womit ich mich leicht zurückgedrückt fühle. Ich fühle mich dann oft sofort beleidigt, denke, daß sie sowieso nicht will, ziehe mich zurück und mache dann fast nichts mehr. Dann kostet es mich immer wieder Kraft und Selbstüberredungs-fähigkeit zu sagen: ›Stell dich bloß nicht so an, du hast nicht richtig geguckt, vielleicht will sie etwas anderes.‹ Und wenn ich dann ganz ruhig bin, dann kann ich auch sagen, daß ich mich erschrocken habe, und sie fragen, was sie denn möchte. Ich kann ihr dann auch sagen, daß ich sie gerne im Arm habe und sie an ihrem Busen berühre. Oft gelingt mir das auch nicht. Dann nehme ich eine Zeitung und hoffe hinter den Blättern, daß sie kommt und meinen

Kopf streichelt. Denn ich kann auch Hille verstehen. Mit einem Finger über den Körper finde ich aufregend. Das kann bei mir viele sexuelle Gefühle auslösen.«

Gerry: »Ich finde es manchmal am schönsten wenn Thijs mich nur festhält. Nichts bewegt, nichts drückt, kein Gefummel, kein Gestreichel, nur einfach festhalten. Sein Bauch gegen meinen Bauch, unsere Beine zwischeneinander.«

Aus den vielen Rückmeldungen von Inzestbetroffenen, die bei uns Therapie gemacht haben, möchten wir noch folgendes als sehr hilfreich erwähnen:

Kontrakte zwischen Partnern und Therapeuten

Positiv ist das regelmäßige Nachfragen durch den Therapeuten nach Aufträgen, die sich Klientinnen für die Zeit zwischen den Sitzungen selbst gegeben haben. Das Nachfragen wird nicht als Kontrolle erlebt, es ist klar, daß manches auch nicht gelingt. Es wird als Interesse empfunden und als Erleichterung darüber reden zu können. (»Ich hatte schon befürchtet, du würdest überhaupt nicht nachfragen, was ich damit gemacht habe.«) Es fällt manchen nämlich noch schwerer mitzuteilen, wie toll sie bestimmte Sachen gemacht haben, als mitzuteilen, daß es mißlungen ist.

Die Therapeuten gehen mit Sexualität um, wie mit allen anderen Themen. Sie tun nicht, als ob das etwas sehr Geheimnisvolles und Besonderes ist. Es kann genausogut detailliert nachgefragt werden, wie wir miteinander geschlafen haben, als wie ich im Park spazieren gegangen bin. Dieses hat mir sehr geholfen mich in meiner Sexualität zu entlasten.

Sehr hilfreich war, daß ihr manchmal über euch erzählt habt, was ihr erlebt. Nicht nur, was für Schwierigkeiten ihr früher hattet oder was ihr alles bewältigt habt, sondern auch, was jetzt ist. Damit habe ich mich sehr ernstgenommen gefühlt. Ich bin wertvoll und wichtig, daß ihr mir das erzählt. Ich bin nicht nur etwas, das repariert werden muß. Das hat es mir oft erleichtert, vieles über mich zu erzählen.

Einige
Schlußbemerkungen

Die Verarbeitung einer Inzesterfahrung dauert oft sehr lange. Nicht nur wegen der Aufarbeitung und Neuintegration dessen, was passiert ist, sondern auch, weil verlorengegangene Bedürfnisse entdeckt und neue Fähigkeiten aufgebaut werden müssen. Die therapeutische Begleitung dauert durchschnittlich zwei bis fünf Jahre. Die ersten Jahre intensiv (wöchentliche Sitzungen), die letzten Jahre mehr als begleitende Unterstützung (eine Sitzung alle zwei – drei Monate). Die erste Zeit ist es eine Einzeltherapie bei zwei Therapeuten (eine Frau und ein Mann), nach der Aufarbeitung der Inzesterfahrungen und der damit zusammenhängenden ambivalenten Beziehungen eine Einzeltherapie bei einem Therapeuten (Frau oder Mann) und in der letzten Phase, wenn eine persönliche Stabilität und ein neues Gleichgewicht hergestellt sind, eine Therapie mit dem Partner (wenn das der Situation entspricht) und/oder in der Gruppe, dann meist wieder mit einem Therapeutenpaar. Wenn wir Psychotherapie vergleichen mit einer Renovierungsarbeit, dann ist es ein Renovierungsstil, der das Alte, Charakteristische des Hauses wieder hervorheben will. Das machen wir nicht, indem wir die Türen, die schon wenigstens sechsmal neu lackiert worden sind, entfernen und da neue Edelholztüren hinhängen. Das geht zwar schnell, sieht vielleicht auch gut aus, aber es sind Fremdkörper in diesem Haus. Es paßt nicht. In der richtigen Renovierungsarbeit wird die Farbe Schicht nach Schicht abgeschliffen. Wenn Sie das mal mit einer Tür, mit einem Relief gemacht haben, dann haben Sie eine Ahnung, wie lange eine solche Arbeit dauert und mit wieviel Geduld und Vorsicht, Aufmerksamkeit und Liebe man so etwas machen muß. In diesem Buch haben wir die wichtigsten Themen des therapeutischen Prozesses beschrieben. Wenn Sie es bis hierher gelesen haben, haben Sie vielleicht den Eindruck, daß man eins nach dem anderen macht und daß die Entwicklung der

Klientin eine lineare Entwicklung ist, wobei es der Klientin immer besser geht.

Das ist es vor allem nicht. Wir stellen uns diesen therapeutischen Prozeß wie eine spiralenartige Entwicklung vor. Nach der einen Windung kommt die nächste. Die nächste kann zwar etwas größer sein als die vorhergehende, sie berührt aber die gleichen Punkte, ähnliche Situationen. Graphisch stellen wir das dann so dar:

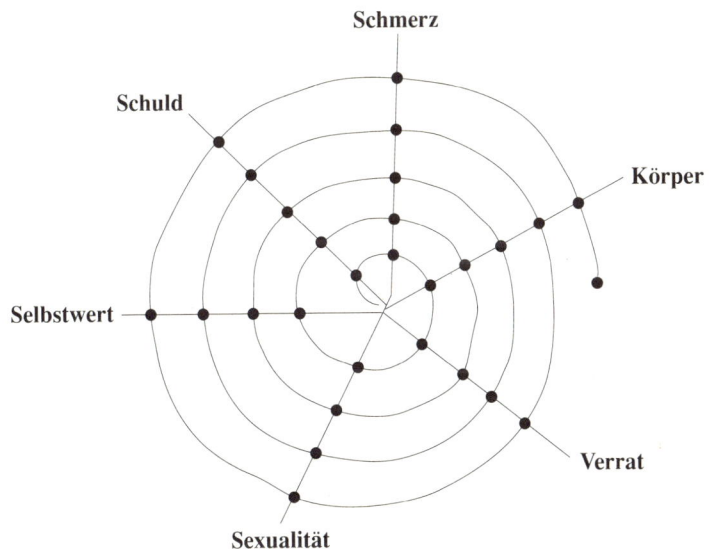

Die Kurve stellt den Prozeß der Klientin dar. Die Linien sind die unterschiedlichen Themen, die wir in diesem Buch aufgeführt haben. Praktisch bedeutet das, daß die Themen nacheinander in den Therapiesitzungen bearbeitet werden und daß danach oft das gleiche Thema wieder behandelt wird. Die Klientin kommt mit ähnlichen Problemen, mit ähnlichen Themen, mit ähnlichen Fragen, die schon einmal aufgetaucht sind. Nur auf eine andere Weise. Mehr Distanz, tiefere Betroffenheit, mehr Spaß, es scheint das Gleiche, es ist aber etwas anders. So werden im Laufe der therapeutischen Begleitung die meisten Themen und Erfahrungen verschiedene Male bearbeitet. Jedesmal mit neuen Aspekten. Verführen lernen wir nicht in einer Stunde, ebensowenig wie das Realisieren unserer

Bedürfnisse. Gemachte Erfahrungen nehmen wir in uns auf, da reifen sie, wirken längere Zeit nach und kommen dann wieder an die Oberfläche, um mit neuen, ähnlichen Erfahrungen ergänzt zu werden.

Dieser Prozeß erfordert Geduld, Einfühlungsvermögen und Zutrauen in die eigene Kraft, von den TherapeutInnen, aber vor allem auch von den Betroffenen.

Anmerkungen

1 Draijer, S. 15
2 Sandfort
3 Rijnaarts, S. 224
4 Miller, 1980, S. 42
  dies., 1981, S. 61
5 Spring, S. 63
6 dies., S. 69/70
7 dies., S. 108
8 dies., S. 67/68
9 dies., S. 87, 95
10 dies., S. 72-76
11 Miller, 1981, S. 394
12 VSK, S. 31
13 Aghassy, Noot
14 Spring, S. 146
15 dies., S. 93
16 VSK, S. 25
17 Spring, S. 53
18 Freud: *Die Frauen erzählen die Wahrheit*
   Spring: »Am schlimmsten war die Angst, daß sie mir nicht glauben könnten.« S. 103
19 Frenken, S. 134
20 Petzold, 1980, S. 248
21 Spring, S. 48
22 Perls, S. 49
23 Spring, S. 51
24 Frenken, S. 145
25 Kwast, S. 194
26 Rijnaarts, S. 267
27 Miller, 1981, S. 408
28 Verstöße gegen die sexuelle Selbstbestimmung. (Kavermann/Lohstöter)
29 Meiselmann, S. 165
30 Die Waschphobie, die wir bei manchen Betroffenen vorfinden, akzeptieren wir dann auch erst einmal, weil sie in diesem Zusammenhang eine wirklich wichtige Funktion hat. Meistens betonen wir auch bei diesen Frauen die Wichtigkeit des Waschens. Viel Positives wird erreicht, indem wir nicht versuchen, den Betroffenen ihre Waschzwänge zu nehmen. In dem Moment, in dem wir sie akzeptieren, sogar unterstützen, hat die Betroffene nicht das Gefühl, daß sie hier ihr Ständig-die-Hände-waschen-Müssen verteidigen muß, weil wir es ihr nicht wegnehmen wollen. Dadurch kann sie ihre Handlungen bewußt wahrnehmen und sich fragen, was sie für sie bedeuten. Wenn sie entdeckt, daß es für sie ein Ausdruck dafür ist, daß sie sich schmutzig fühlt und sich reinigen möchte, wird es ihr klar, welchen Sinn es hat. Wenn wir gemeinsam gucken, wie sie sich wirklich gründlich von den schmutzigen Erfahrungen reinigen kann und vor allem auch von der schmutzigen Moral, kann sie für sich einen Weg finden, auf dem sie ihre Waschzwänge nicht mehr braucht.
31 Petzold, 1983, S. 430
32 Rijnaarts, S. 277
33 dies., S. 23
34 vgl. Malinowski in: Rijnaarts, S. 38
35 Spring, S. 41

Literatur

Aghassy/Noot: in: *Volkskrant*. Amsterdam 1988

Armstrong, L.: *Kiss Daddy Goodnight*. Frankfurt/M. 1985

Bachmann, I.: *Malina*. Frankfurt/M. 1971

Backe, L. u.a. (Hg.): *Sexueller Mißbrauch von Kindern in Familien*. Köln 1986

Berne, E.: *Spiele der Erwachsenen*. Reinbek 1980

Besems, T.: *Philosophisch-anthropologische Bemerkungen zur Integrativen Therapie/Gestalttherapie*. in: *Integrative Therapie* 3/4 (1977), S. 176-186

Besems, T.: *Integrative Therapie als Ansatz zu einer ›kritischen‹ Gestalttherapie*. in: *Integrative Therapie*. 3/4 (1977), S. 187-194

Besems, T.: *Gesellschaft und Arbeit als Schwerpunkte der Therapie*. in: *Integrative Therapie*. 1 (1980), S. 3-19

Besems, T.: *Wer paßt sich an? Therapeut oder Klient?* in: *Gestalttherapie und Gestaltpädagogik zwischen Anpassung und Auflehnung*. Latka u.a. München 1987, S. 141-153

Besems, T./Vugt, G.van: *Störungen körperlicher und psychischer Art als Folgen geistiger Behinderung*. in: Heilpädagogisches Centrum Augustinum am Hasenbergl e.V. (Hg.): *Der Erwachsene mit geistiger Behinderung: Seine Lebensbewältigung, ein Ergebnis von Fortbildung und Anregung – Tagungsbericht*. München 1986, S. 91-115

Diesing, U.: *Psychische Folgen von Sexualdelikten bei Kindern*. München 1980

Dorpat, C.: *Welche Frau wird so geliebt wie Du. Eine Ehegeschichte*. Berlin 1982

Draijer, N.: *Een lege plek in mijn geheugen*. Den Haag 1988

Jonker, D./Egmond, M.V.: *Zelfstandig na mishandeling*. in: *Tijdschrift voor Psychiatrie*. 1988

Gardiner-Sirtl, A. (Hg.): *Als Kind mißbraucht – Frauen brechen das Schweigen*. München 1983

Frenken, J./Stolk, B.: *Hulpverleners en incestslachtoffers*. Deventer 1987

Freud, S.: *Zur Ätiologie der Hysterie*. Meppel 1984

Gutjahr, K./Schrader, A.: *Sexueller Mädchenmißbrauch*. Köln 1988

Hirsch, M.: *Realer Inzest. Psychodynamik des sexuellen Mißbrauchs in der Familie*. Berlin 1987

Kavermann, B./Lohstöter, I.: *Väter als Täter*. Reinbek 1984
Kempe, R./Kempe, H.: *Kindermißhandlung*. Stuttgart 1980
Kwast, S. van der: *Over incest*. Meppel 1963
Lichtenburcht, C. u.a.: *Verder na incest*. Baarn 1986
Kieck, J./Söhre, F.: *Kaum bin ich allein...* Rowohlt 1986
Lohstöter, I.: *Sexueller Mißbrauch von Mädchen*. Berlin 1985
Maisch, H.: *Incest*. Utrecht 1968
Malinowski, B.: *Sex and Repression in Savage Society*. London 1927
Masson, J.: *Was hat man dir, du armes Kind, getan?* Reinbek 1984
Meiselman, K.: *Incest*. San Francisco 1978
Miller, A.: *Du sollst nicht merken*. Frankfurt/M. 1981
Miller, A.: *Am Anfang war Erziehung*. Frankfurt/M. 1983
Miller, A.: *Das Drama des begabten Kindes*. Frankfurt/M. 1987
Miller, A.: *Das verkannte Wissen*. Frankfurt/M. 1988
Moggach, D.: *Rot vor Scham*. Reinbek 1985
Perls, F.: *Grundlagen der Gestalttherapie*. München 1976
Perls, F.: *Gestalttherapie in Aktion*. Stuttgart 1986
Perls, F.: *Das Ich, der Hunger und die Aggression*. Stuttgart 1987
Perls, F.: *Gestalt, Wachstum Integration*. Paderborn 1987
Perls, F. u.a.: *Gestalt – Therapie. Lebensfreude und Persönlichkeitsentfaltung*. Stuttgart 1985
Perls, F.S./Hefferline, R.F./Goodman, P.: *Gestalt – Therapie. Wiederbelebung des Selbst*. Stuttgart 1987
Petzold, H. (Hg.): *Die Rolle des Therapeuten und die therapeutische Beziehung*. Paderborn 1980
Petzold, H. (Hg.): *Psychotherapie und Arbeitswelt*. Paderborn 1983
Polster, L./Polster, M.: *Gestalttherapie*. München 1975
Rijnaarts, J.: *Lots Töchter*. Düsseldorf 1988
Rush, F.: *Das bestgehütete Geheimnis*. Berlin 1982
Sandfort, T.: in: *Volkskrant*. Amsterdam 1988
Schieder, K.: *Widerstand in der Gestalttherapie*. in: Petzold, H.: *Widerstand – Ein strittiges Konzept in der Psychotherapie*. Paderborn 1981
Spring, J.: *Zu der Angst kommt die Scham*. München 1988
Stein, R.: *Inzest und Liebe*. Fellbach 1981
Trube-Becker, E.: *Gewalt gegen das Kind*. Heidelberg 1982
VSK: *De straf op zwijgen is levenslang*. Amsterdam 1983
Wachter, O.: *Heimlich ist mir unheimlich*. Köln 1985

Kinderbilderbücher, die sich für die Therapie eignen

Damjan, M./Rothmayr, Y.: *Die Maus, die an das Gute glaubte.* Hamburg 1979

Suhodolcan, L.: *Der Zappelzappelzappelmann.* Herrsching 1985

Peet, B.: *Ella.* Hamburg 1983

Godina, F.: *Der Drache im Fenster.* Herrsching 1985

Hofbauer, F.: *Katze schwarz und Wolke weiß.* München 1980

Böer, C.: *Wenn es dunkel wird im Park.* Hannover 1980

Andersen, H.Ch.: *Die Nachtigall.* Herrsching 1985

Kette, D.: *Das Zauberscherchen.* Herrsching 1985

Balzola, A.: *Munia und die roten Schuhe.* Spain 1983

Pavlovic, J.: *Prinzessin Wassertröpfchen.* Bayreuth 1980

Bourquain, K.: *Vom Veilchen, das nicht duftete.* Berlin 1987

KÖSEL   **Jacqueline Spring**

Zu der Angst kommt die Scham

Die Geschichte einer sexuell mißbrauchten
Tochter
157 Seiten. Kartoniert

Als Kind sexuell mißbraucht worden zu sein ist eine traumatische Erfahrung, die oft bis ins Erwachsenenleben hineinreicht. Mutig, engagiert und in hohem Maße einfühlsam berichtet eine Betroffene von ihrer Heilung, die sie mit Unterstützung einer Selbsthilfegruppe erfahren konnte.

Das Buch enthält einen ausführlichen Anhang mit Adressen von Selbsthilfegruppen und Kontaktstellen für den deutschsprachigen Raum.

KÖSEL

Irène Kummer

Wendezeiten im Leben der Frau
Unter Mitarbeit vonNina Disler
248 Seiten. Gebunden mit Schutzumschlag

Schwellen überschreiten, Altes zurücklassen und Neues erfahren bedeutet für viele Frauen Angst und Verunsicherung. Zu oft mußten sie in der Vergangenheit erfahren, daß das Bedürfnis nach Wachstum und individueller Lebensgestaltung nicht mit dem konventionellen Rollenverständnis übereinstimmte. Schwere Identitätskrisen folgten. Irène Kummer behandelt die Wendepunkte im Leben der Frau (Menstruation, Schwangerschaft, Geburt, Alter) mit dem Ziel, sich von selbstentfremdeten Normen zu befreien und die jeweils individuelle Lebensdynamik zu finden. Ein Weg dorthin führt über die Entdekkung und Bejahung der eigenen Körperlichkeit. Solange die Frau ihren Körper durch die Augen des Mannes als Objekt betrachtet, bleibt der Weg zur Quelle ihrer Kraft versperrt. Erst ein liebevoller Umgang mit sich selbst ermöglicht ihr ein Leben nach eigenen Vorstellungen und Wünschen. Ein ermutigendes Buch, das neben scharfsichtigen Analysen konkrete Wege zur Bewältigung von Krisen aufzeigt.